JN175158

〈増補改訂版〉

コーズ・リレーテッド・マーケティング

社会貢献をマーケティングに活かす戦略

世良耕一　著
KOICHI SERA

Cause Related Marketing

eco

北樹出版

Contents

コーズ・リレーテッド・マーケティング

社会貢献をマーケティングに活かす戦略

【増補改訂版】

　「景気が悪いので社会貢献を行う余裕がない」、「企業規模が小さいので社会貢献を行うにはまだ早い」、「株主に対して社会貢献をどう説明したら良いのだろうか」といった問題を解決すべく、景気動向や企業規模にかかわりなく、株主にも理解を得られるかたちで、社会貢献を行う手段はないのだろうか。このような要望に応えることができる手段として、本書では「社会貢献」をマーケティング活動の一環と位置づけるコーズ・リレーテッド・マーケティング（Cause Related Marketing：CRM、以下 CRM と表記）に着目した。

　CRM と同様に、「企業の社会貢献活動」を意味する用語に「フィランソロピー」がある。しかし、フィランソロピーには、直接的な見返りを求めず、「啓発された自己利益（enlightened self-interest）」という巡り巡って回ってくる間接的な利益のみを求めるという含意があり、企業が自社の社会貢献活動をマーケティングとして戦略的に活用するうえでの足かせとなっている。そこで、日本の陰徳の精神から生ずるこの呪縛から企業を解き放ち、「新しい企業と社会の関係」を構築する手段として、CRM が重要な役割を果たすことになる。

　マーケティングの泰斗であるコトラー（Philip Kotler）が 2000 年に、「近いうちに起こるであろうマーケットにおける 8 つの重大な進展」を予測した際、「CRM の隆盛」をその 1 つとしてあげている [1]。CRM 以外にあげられている 7 つの重大進展は、①「高齢化を中心とした人口統計学的変化」、②「娯楽産業の爆発的発展」、③「高所得層と低所得層への 2 極化」、④「ホームショッピング等の発展による利便性の向上」、⑤「顧客の反応を集積できる新しいメディアの登場」、⑥「ブランドの重要性の高まり」、⑦「品質、価格、サービスの重要性の高まり」である。これらの進展と併記するほどコトラーも、CRM の重要性を認識していたことになる。その後は、後述するように（図表 1-4 参照）、CRM はますます盛んに行われるようになり、コトラーの予測は的中したといえよう。

本書の構成は以下のようになっている。第1章において、CRMとは何かを明確にした後、第2章ではその効果について述べていく。第3章では、「企業と社会の関係」を整理したうえでCRMを援用する。第4章ではCRMのマーケティングにおける位置づけを示し、そのうえで、第5章では、CRMを用いた戦略の検証を行い、第6章ではCRM実施時の留意点について触れ、その検証を行う。そして、最後に第7章では、日本において陰徳の壁を乗り越えるために、CRMを納税を含めて俯瞰的に捉えることの必要性に言及していく。

ここでは、本書を読み進めていただく指針として、CRMに関する疑問に答えるかたちで、本書の要旨を押さえていく。読者ご自身の疑問と合致する箇所があれば、該当箇所から読み進めると、効率よく本書を活用していただけるであろう。

 コーズとはどのような意味か（「第1章①コーズとは」p.16～参照）

本書ではコーズを以下のように定義づけている。

　「コーズの定義：公益性のある支援対象」

コーズを「大義」と訳している事例をみかけるが、以下の2点において、それは誤りである。

1. コーズは「大義」のように仰々しいものではない。そのことは、CRMの起源が芸術活動支援であったことからも明らかである。
2. コーズは「大義」のような抽象的なものではなく、組織や、計画や、活動といった具体的なものを指す。

 CRMとはどのような意味か（「第1章②CRMの定義」p.20～参照）

本書では、CRMを以下のように定義づけている。

　「CRMの定義：組織がコーズ支援を行い、それをコミュニケーションすることにより、マーケティング目標の達成を促進するための戦略」

この定義において重要な点は以下の3点である。

1. コーズ支援をマーケティングと位置づけていること。

2. コーズ支援をコミュニケーションし、マーケティングに結びつけていること。

3. 企業以外の組織もCRMの主体となり得ること。

疑問 CRMとフィランソロピーの違いは何か
（「第1章②2. フィランソロピーとCRMの相違点」p.25〜参照）

図表1　コーズ支援活動と寄付付き商品とCRMとフィランソロピーとマーケティングの関係

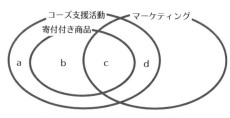

a、b＝フィランソロピー　c、d＝CRM

　本書ではCRMとフィランソロピーの違いは図表1で示しているように、コーズ支援活動をマーケティングと位置づけているかどうかの違いであるとしている。CRMの場合は、コーズ支援をマーケティング活動の一環として行うが、フィランソロピーの場合はコーズ支援を見返りを求めずに行う。

　しかし、企業名を公表して、コーズ支援を行えば、ブランド・イメージに対して、何らかのマーケティング効果はあることは想像できるため、企業が陰徳の精神でその効果を認めず、見返りを求めないフィランソロピーであると主張すれば、「消費者が思い浮かべる企業の目的」と「企業が掲げる目的」に齟齬が生じ、消費者は企業の行為を偽善と受け止めることになる。

疑問 「CRM＝寄付付き商品」か
（「第1章③『CRM＝寄付付き商品』という誤解」p.29〜参照）

　本書では、マーケティングと位置づけられていない「ボルヴィックの1リッター・フォー・10リッター・プログラム」は寄付付き商品であるが、CRMではなく、フィランソロピーであることを述べている（図表1のbの部分）。寄付付き商品のうち、マーケティングと位置づけられているものはCRMである（図表1のcの部分）が、マーケティングと位置づけられていないものは、フィランソロピーと

なる（図表1のbの部分）。

一方、ケンタッキー・フライド・チキンがコーズ支援として、道路を補修したうえで、それをコミュニケーションし、マーケティングに結び付けた事例のように（p.31参照）、寄付付き商品でなくとも、コーズ支援活動がマーケティングと位置づけられているのであれば、それはCRM（図表1のdの部分）ということになる。

寄付付き商品の場合、寄付額が商品の売れ行きと連動しているため、販売促進効果があるのであろうということが、消費者からも容易に想像がつく。そのため、きちんとマーケティングと位置づける必要がある。

疑問 **CRMの起源はいつか**（「第1章④ CRMの起源」p.34〜参照）

本書では、1981年のカリフォルニア州の4都市におけるアメリカン・エキスプレスの芸術団体支援をCRMの起源としている。同社は、その際に初めてCRMという用語を使用し、米国特許商標庁でサービス・マークとして登録している。なお、CRMの起源としてあげられることが多い同社の1983年の「自由の女神修繕キャンペーン」は、CRMを有名にしたキャンペーンと位置づけられる。

疑問 **CRMは「BtoB企業」でも導入可能か**
（「第2章①2.長期的効果」p.65〜、および「第4章②1.(1) 商品開発手段としてのCRM」p.107〜参照）

本書では、CRMは、従業員や株主や社会に対して長期的な効果をもたらし、商品開発手段としても有効であることについて言及している。こういったかたちで、消費者に直接的に働きかけを行わないマーケティングにおいて、「B to B企業」においてもCRMを活用できる。

疑問 **CRMはCSRやCSVに援用可能か**
（「第3章『企業と社会の関係』とコーズ・リレーテッド・マーケティング」p.77〜参照）

本書では、「CSR（Corporate Social Responsibility：企業の社会的責任）」は「コ

ンプライアンス」、「企業倫理」、「社会貢献」から構成され、「CSV（Creating Shared Value: 共通価値の創造）」と共存しえると捉えている。そして、「社会貢献」をマーケティング・ツールとして活用し、利益に結びつける CRM と同様に、「コンプライアンス」や「企業倫理」や「CSV」という「本業を通したコースへの貢献」をマーケティング・ツールとして活用し利益に結びつける活動を「本業を通した CRM」と名づけている。

疑問

CRM と「企業と社会の構図」の関係はどのように捉えられるか。
（「第3章『企業と社会の関係』とコーズ・リレーテッド・マーケティング」p.77 〜参照）

本書では、「コンプライアンス」、「企業倫理」、「CSV」、「納税」、「社会貢献」という「企業の社会対応活動」を①本業を通した活動か、それとも本業以外の活動か、②自主的な活動か、それとも強制されて行っている活動か、③社会的価値のみを創造するか、それとも共通価値（社会的価値と経済的価値を創造するか）を創造するか、という3つの視点で分類し、「企業と社会の構図」を整理している。その構図と、「CRM」および「本業を通した CRM」との関係を示したものが図表2である。

図表2　CRM、「本業を通した CRM」と「企業と社会の構図との関係」

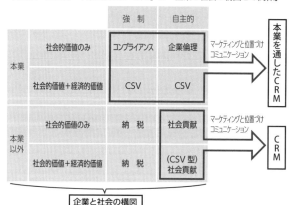

疑問

企業のコーズへの貢献方法には、CRM を含め、どのような種類があるか
（「第3章④企業のコーズへの貢献方法による3類型」p.95 〜参照）

本書では、企業のコーズへの貢献方法を3類型に分類している。図表3-12に

あるように、社会貢献として行われる「本業以外のコーズへの貢献」を「第1類型」、「コンプライアンス」、「企業倫理」、「CSV」を通して行われる「本業を通したコーズへの貢献」のうち、「調達・生産・廃棄過程におけるコーズへの貢献」を「第2類型」、「企業が提供する商品の機能を通したコーズへの貢献」を「第3類型」と名づけた。そして、「第1類型」のコーズへの貢献をマーケティングとして活かしたものがCRMということになる。

疑問 **CRMはソーシャル・マーケティングか**
（「第4章① 2. マネジリアル・マーケティングに位置づけられるCRM」p.105 ～参照）

　本書では、CRMはソーシャル・マーケティングではなく、マネジリアル・マーケティングであるとしている。ソーシャル・マーケティングは、営利追求のマネジリアル・マーケティングでは説明しきれない社会貢献へ対応するために登場した概念であるが、CRMでは、社会貢献を営利追求活動の一環として行うため、社会貢献をマネジリアル・マーケティングで説明できることになる。

疑問 **CRMと4P（マーケティング・ミックス）の関係はどうなっているのか**
（「第4章② マーケティング・ミックスとの関係」p.107 ～参照）

　本書では、CRMはプロモーション戦略のみならず、プロダクト戦略、プライス戦略、プレイス戦略の4Pすべてとして機能するとしている。

疑問 **CRMを用いた戦略にはどのようなものがあるか**
（「第5章　コーズ・リレーテッド・マーケティングを用いた戦略の検証」p.129 ～、および「第4章③ CRMとブランド戦略との関係」p.118 ～参照）

　本書では、サンプリング促進と懸賞に対するCRMの効果を実証している。サンプリング促進については、試乗距離に応じた寄付がなされることにより、試乗しやすくなることが判明している。また、懸賞応募ごとに寄付がなされる仕組みにより、懸賞応募意欲向上効果と懸賞落選時の応募先企業の印象改善効果があることが判明している。

また、ブランド戦略として、ブランド特性と同じ分野のコーズを支援することにより、ブランド特性を補完することができるとしている。さらに、ブランドを拡張する際、拡張する分野と関係のあるコーズをあらかじめ支援しておくことにより、ブランド拡張が失敗するリスクを軽減できることを述べている。

疑問 CRM 実施時にどのような点に留意すればいいのか
（「第6章① CRM 実施時の留意点」p.167 ～参照）

本書では、CRM の効果に以下のような点が影響するため、実施時に留意する必要があるとしている。

「企業に対する倫理面での事前評価」

「コーズの地域性・緊急性」

「消費者の性別」

「企業と支援先コーズの適合度」

「消費者と支援先コーズの関係」

「実施期間」

「関連づける商品の特性（娯楽品と実用品、商品価格、商品の量等）」

「関連づける寄付の特性（寄付の多寡、寄付形態、寄付表記）等」

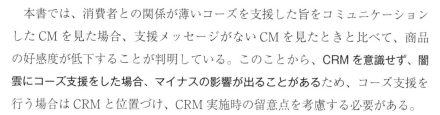

疑問 CRM を意識せずに社会貢献をした場合、どのような危険性があるか
（「第6章② 1.『消費者と支援先コーズの関係』が CRM に与える影響の検証」p.185 ～参照）

本書では、消費者との関係が薄いコーズを支援した旨をコミュニケーションした CM を見た場合、支援メッセージがない CM を見たときと比べて、商品の好感度が低下することが判明している。このことから、**CRM を意識せず、闇雲にコーズ支援をした場合、マイナスの影響が出ることがある**ため、コーズ支援を行う場合は CRM と位置づけ、CRM 実施時の留意点を考慮する必要がある。

CRM は景気に影響されるか

（「第 6 章②2. 寄付表記が CRM に与える影響の検証」p.197 ～参照）

　本書では、高額商品において「売上の 1% の寄付」と「利益の 1% の寄付」を同額と捉えてしまう PEP（Profit-Equals-Price）効果が確認できた。したがって、寄付額を利益と連動させることにより、売上と連動させたときと変わらぬ効果を得られることになる。そこで、**寄付を利益と連動**させることにより、不景気で赤字になったときに、無理をして寄付をする必要がなくなり、**利益があがったときにのみ無理なく寄付をすることにより、CRM の仕組みを景気の変動の影響を受けずに維持**することができる。

陰徳を重視する人に CRM をどうすれば受け入れてもらえるか

（「第 7 章②納税を含めて俯瞰的に CRM を捉えることの必要性」p.225 ～参照）

　本書では、納税も含めて俯瞰的に「社会貢献」を捉える必要性を指摘している。フィランソロピーの場合、見返りを求めずに社会貢献がなされるため、企業の利益は減少し、それに伴って納税額も減少し、納税を通した間接的な公益については、減少することになる。一方、CRM を通して社会貢献がなされれば、社会貢献をコミュニケーションすることにより発生する利益から納税がなされ、減少した納税を補完することができる。そのため、**納税も含めて俯瞰的に捉えると、CRM はフィランソロピーよりも、公益に寄与することになる**（図表 7-6 参照）。

　CRM 導入を考えている企業の方で、陰徳を重視する同僚から批判を受けたときには、この納税も含めて俯瞰的に捉えた構図を用いて対応していただきたい。

　＜注＞
(1) Kotler, Philip（2000a）, "Future Markets," *Executive Excellence*, Vol.17, Iss.2, Feb., p.6.

Chapter 1.

第1章

コーズ・リレーテッド・マーケティングとは⁽¹⁾

本章では、CRM におけるコーズの意味を明確にするところから始め、CRM の定義づけを行い、「寄付付き商品 = CRM」という誤解を解き、同様に誤解がある「CRM の起源」についても明確にし、そのうえで、CRM 普及の背景について述べていく。

 コーズとは

1. コーズの定義

「コーズ・リレーテッド・マーケティング」と聞いたときに、ひっかかるのは、「コーズ」という用語であろう。日経流通新聞が、一面で CRM の特集を組んだときに⁽²⁾、コーズの訳を「大義」としている。同様に、コーズを「大義」と訳している事例を他にも多くみかけるが、CRM のコーズの訳は「大義」ではない。英和辞典でコーズと引くと「大義」や「信条」といった抽象的で、仰々しい訳のみが登場するため、これらの訳のなかから無理矢理に、CRM のコーズの訳を探した結果の誤りである。

後述のように、1981 年に初めてアメリカン・エキスプレスが CRM という用語を用いたときの支援先コーズは、地域の芸術団体であったことから、そのために殉ずることすらある「大義」といった仰々しいものではないことがわかるであろう。

さらに、コーズが「大義」という「実体のない抽象概念」を表すのであれば、CRM に関する文献において「実体のある組織」や「実体のある活動」がコーズの例としてあがっている[3]理由を説明できない。したがって、コーズは「大義」といった「実体のない抽象概念」ではないことがわかる。

　しかし、英和辞典の中のコーズの訳は抽象的な言葉ばかりであり、適訳が見あたらない。そのため、英英辞典[4]から探すと、"An organization, plan, or activity that you are willing to support because it provides help or benefit to people who need it." という意味がある。この意味と CRM に関する文献におけるコーズの意味を鑑み、筆者はコーズを「良いことなので、援助をしたくなる対象」と定義づけてきた[5]。この定義は西尾[6]や丸岡[7]や竹内[8]等[9]で採用されている。しかし、「良いこと」という言葉の曖昧性から「公益性がなく、自分だけにとって良いこと」も、含まれるという問題があった。そこで、この点も考慮し、コーズを以下のように定義づけたい。

「コーズの定義：公益性のある支援対象」

　このコーズの定義における「支援対象」には、「組織 (organization)」と「計画 (plan)」と「活動 (activity)」が含まれる。そして、支援対象となる「組織」には NPO や公益法人等が、「計画」・「活動」には環境・文化財等の保護や、疾病・虐待防止等の啓発や、教育・途上国・芸術・災害等の支援が含まれることになる。

2. コーズの範囲

　CRM に関する文献のなかにはコーズの対象を社会問題に限定して捉える social cause という言葉が多く登場する。しかし、後述するように、CRM の起源は 1981 年の芸術活動支援であり、CRM を有名にした 1983 年の自由の女神修繕活動は世界遺産（文化財）修繕の文化活動支援であるため、コーズのなかに芸術・文化活動が含まれることは自明である。そのため、コーズの範囲を social cause に限定する定義づけは成り立たないことになる。

また、causeのなかにsocialでないものが存在しないのであれば、あえてsocial causeと、causeにsocialという形容詞を付ける必要はないため、causeのなかには、socialでないものがあることになる。同様にcharitable causeという表現があることから、causeのなかにはcharitableでないものがあることになる。また、Liuら[10]では、NPOをコーズにより、Art Cause NPO、Social Cause NPO、Health Cause NPO、Youth and Educational Cause NPOに分類していることからも、コーズはsocialなものだけではないことが裏づけられよう。

　Cone[11]では、米国人に企業が支えるべきコーズについて尋ねた結果、1位が健康関連のコーズになっているが、Davidson[12]によると、エイズ啓発運動が突破口を開くまで、病気に商業的な潜在力をみいだすことはなく、米国の乳がん団体同盟（National Alliance of Breast Cancer Organization）はエイズ啓発運動の成功に倣ったという。これが、今日のピンクリボン運動の隆盛に繋がっていると考えられよう。なお、第6章で後述するように、日本においては、環境問題に関するコーズが他のコーズを圧倒し、企業が取り組むべきコーズとして支持を集めている。

　アメリカン・エキスプレスの芸術団体支援と連動したCRMに関する1982年の記事[13]において、芸術界から政治的に人気のある社会問題へ企業の寄付がシフトすることを危惧している。そして2001年のRentschlerら[14]では、その後の20年で、CRMの焦点は「芸術」から「健康や社会問題」へシフトしていることに警鐘を鳴らしていることから、前述の危惧は的中したことになる。

　一方、スポーツに関しては、McGloneら[15]ではスポーツメーカーのコーズ支援活動を、Royら[16]ではスポーツ選手やチームの社会活動を、Irwinら[17]とLachowetzら[18]ではスポーツ・イベントと社会貢献を結び付けた活動を、それぞれCRMのコーズとして取り上げている。しかし、スポーツ自体をコーズの範疇に入れている文献は見当たらない。なお、Barnesら[19]では、「Special Olympics」を「Social Cause」の一例としてあげているが、健常者のオリンピックはコーズとしてあげられていない。

　これを、コーズの定義に照らし合わせて考えてみると、「芸術は公益性があ

るので、支援対象になるが、スポーツは公益性があるとはいえないので、支援対象にならない」ということになってしまう。この点に関して日本サッカー協会（当時）の川淵三郎氏が「企業スポーツの消滅を防げ」と題し、「ちょっと視点を変えよう。景気後退を理由に、植林などほかのチャリティー活動を取りやめようとする経営者は少ないはずだ。植林が直接企業に金銭的な利益をもたらさなくても、経営者が理念をきちんと説明すれば、株主は共感してくれる。不景気のたびにスポーツが経費削減のやり玉に挙がるのは、経営者が企業スポーツを『趣味』の１つと軽く考えている証だろう」[20]と疑問を呈している。同様に、Ｊリーグ湘南ベルマーレ社長（当時）の真壁潔一氏も、「やはり、日本人の心の中には、プロスポーツは『興行』であり、『道楽』の産物という見方が深く根を張っているのだろう。『道楽』だから支援の優先順位は低くなるし、下手に支援して『そんな余裕があるのか』と株主、従業員の双方から突き上げられたくもない。そんな評価を根底から変える努力がまだまだ私たちに足りないのだろう」[21]と、企業の支援先としてのスポーツの位置づけの低さに言及している。

芸術はコーズだが、スポーツは趣味の１つであるのでコーズの範疇に入らないのであれば、川淵氏が指摘しているようにスポーツを軽視していることになる。筆者も「芸術はコーズの対象になるが、スポーツはその対象にならない」というのは不自然であると考える。そこで、日本において、CRMを広げていく際のコーズの範囲としては、社会問題、芸術、文化の他に、スポーツも加えて捉えていくことを提唱したい。本書のコーズの定義とコーズの範囲をまとめて図示すると図表 1-1 のようになる。

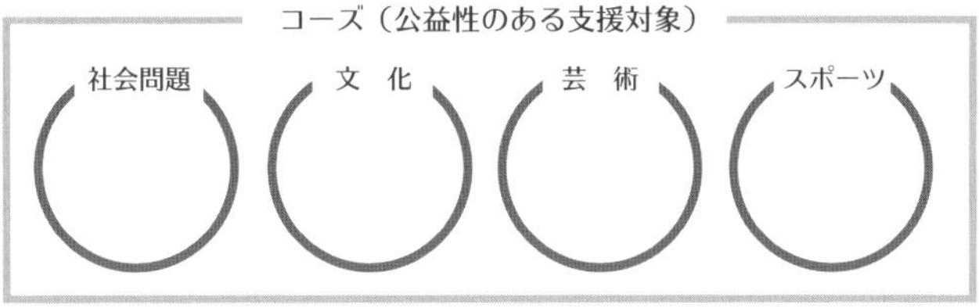

なお、前述の定義において、コーズの組織形態については、

図表 1-1　コーズの範囲

コーズ（公益性のある支援対象）

| 社会問題 | 文　化 | 芸　術 | スポーツ |

特に限定を加えていない。それは、コーズは非営利組織である必要はなく、株式会社であってもコーズとなりえるからである。実際、Jリーグのチームの大半は株式会社であるが、企業から支援を受けるコーズと捉えることができる。例えば、Jリーグのコンサドーレ札幌は北海道フットボールクラブという株式会社であるが、サッポロビールは北海道地域限定生ビール「サッポロクラシック」を1缶売るごとに、1円をコンサドーレ札幌のスポンサー料に加算していくCRMキャンペーンを行った[22]。同様に、社会的企業と呼ばれる存在のなかにも株式会社の形態をとりながら、コーズとして他の企業からの支援を受けている場合がある。具体的に、株式会社リバネスは教育に資するコーズとして、他の企業から支援を受けながらサイエンス教室等を開催している。同様に、KCJ GROUP株式会社も教育に資するコーズとして、キッザニアという子供たちが職業体験をする場をスポンサー企業の支援を得て提供している。さらに、東日本大震災の被災企業に対する投資等の支援も、企業を震災復興に取り組むコーズと捉えた例といえよう。

 ## CRM の定義

CRMを直訳すると、「コーズと関連づけられたマーケティング」ということになる。この直訳した定義の「関連づけられた」という部分の解釈により、CRMには狭義と広義の定義が存在する。狭義には、CRMを行っている企業の商品の売上高に応じて、その一定割合をコーズに寄付する寄付付き商品のかたちによってのみ、関連づけられると定義されている。一方、広義には、売上の一定割合を寄付するという形式にとらわれず、様々なかたちで企業がマーケティングとコーズを関連づけていくと定義されている。

CRMの定義について検討していく前に、まず、CRMの定義について再考する契機をあたえてくれた出来事を紹介することから始めたい。ハンバーガー・チェーンとしては函館でナンバーワンの店舗数を誇る「ラッキーピエロ」の社長（当時）の王一郎氏に授業内で講演をしていただいたことがある。その際、同

社の社会貢献活動について語っていただくようお願いした。そこで、クリスマスの日にカレーライスを10円で提供し、その売上を全額ユニセフへ寄付するという活動を紹介していただいた。その話を聞いた学生の書いた感想に、「10円カレーは知っていたが、それがユニセフへの寄付とは知らなかった」という意見があったので、僭越とは思いつつ、王社長へその学生の感想を伝達すると共に、CRMについて論じた拙稿を送り、社会貢献活動とマーケティングを結び付けるために、CRMの導入を提案させていただいた。すると、王社長が興味を示され、具体的なCRMの導入策について話しをする機会をいただいた。しかし、狭義のCRMの定義に縛られていた私は、売上の一定割合を寄付するという方法が不可能である場合の良き解決策をみいだすことができなかった。

一方、CRMの精神をくみ取り、自主的に柔軟に対応した王社長は、10円でカレーライスを提供するという手法を改め、その代わりに店頭にユニセフの募金箱を設置し、募金箱に10円以上を寄付した顧客に無料でカレーライスを提供するというかたちを考案され、さっそく次年度（2000年）のクリスマスから実践した。顧客は自ら募金箱にお金を入れるという行為により、同社がコーズ支援活動へ参加していることを認識するため、ユニセフとラッキーピエロが、顧客の頭の中で結び付いていくことになる。このような戦略の転換も、ブランド・イメージ構築というマーケティング戦略に資するものであるが、寄付付き商品に限定した狭義のCRMでは、これはCRMとは認められないことになる。

この出来事が契機となり、1つの形式に固執しているため、その援用範囲が狭くなっている狭義のCRMの定義に疑念を抱くようになった。そこで、CRMの定義について、英米での動向を参考にしながら再検討し、より実用的で、より効果的なCRMの定義を提示し、その必要性を論証することを課題とするようになった。

本節では、まず、狭義のCRMから広義のCRMへの拡張動向についてみていく。そして、「社会貢献」にかかわる概念であるフィランソロピーとの違いを明確にし、CRMを行う主体の範囲について確認したうえで、本書が提唱するCRMの定義を提示する。

1. 狭義 CRM と広義 CRM

(1) 狭義 CRM とは

当初、CRM を「寄付付き商品のみ」と捉える狭義の CRM が一般的に用いられるようになった理由としては、その起源のあり方によるところが大きい。そこで、まず CRM という用語の起源に言及する必要がある。CRM の起源については「本章④ CRM の起源」で詳述しているので、ここでは、簡単に紹介する。

それは、アメリカン・エキスプレスの CRM 活動にまで遡ることができる。アメリカン・エキスプレスが、1981 年に初めて CRM という用語を用いて、地域でキャンペーンを行い、その後も全米各地で CRM の実績を積み上げたうえで、1983 年に初めて全米規模のキャンペーンを行った。そのキャンペーンの内容は、同社のカードが使用される度に 1 セントを、カードの新規発行 1 件ごとに 1 ドルを、自由の女神の修繕のために寄付するというものであった[23]。この「自由の女神修繕キャンペーン」が CRM として有名になったことから、CRM を売上の一定割合の寄付と捉える狭義の定義が一般的に用いられるようになった。狭義の CRM の定義のなかでも特に古典的に用いられているのが Varadarajan ら[24] の定義である。それは、「消費者と企業のあいだで、それぞれの目標を達成するための交換が行われた結果、消費者が企業に収入をもたらした場合に、その企業が一定条件の金額を特定のコーズに寄付するという提案によって特徴づけられるマーケティング活動を計画・実行するプロセスである」と定義づけられている。これは未だに CRM の定義として多くの研究で採用されている。

(2) 狭義 CRM から広義 CRM への拡張

CRM の適用範囲を狭義の CRM のように寄付付き商品に限定するのではなく、その適用範囲を広げて考えることもできる。ここでは、CRM の適用範囲をどこまで広げるかにより、どのような定義が存在するのかをみていく。

①一部のプロモーション・ミックスまで CRM の適用範囲を広げたもの

Andreasen[25] は CRM の適用範囲を一部のプロモーション・ミックスまで

拡張して捉えている。具体的に、「狭義のCRM（Transaction-based promotion）」に、「協働で問題に取り組むプロモーション（Joint issue promotions）」と「ライセンシング」を加え、CRMには3つの型のコーズと企業の連携方法があるとしている。

「協働で問題に取り組むプロモーション」は、企業とコーズが、商品や販促品の分配や広告等の戦術を用いて、社会問題に取り組む合意に基づく関係にあると定義づけている。そこでは、企業とコーズ間の金銭の授受の有無は問題ではないとしている。具体例として、1992年からGlamour誌と靴下等の販売会社であるHanes社とthe National Cancer Institute等の3つのコーズによって始められた「Hand in Hand」と名づけられた乳がん予防キャンペーンをあげている。このキャンペーンでは、乳がん予防意識向上に資する雑誌記事を掲載したうえで、その資料を1億2,000万足の靴下と共に配付した。その結果、乳がん予防意識向上という公益面と、両社のターゲットとする顧客の支持を得るという企業利益面の両面にわたる成功を収めた。

また、「ライセンシング」は、コーズがその名前やロゴを企業に使用を許可し、その見返りとして、手数料や収益の一定割合を受け取るというかたちで収入を得る仕組みと定義づけられている。「ライセンシング」はCRMという概念が登場する以前から存在していたとし、その例として、大学がロゴの使用を許可していた事例をあげている。

②すべてのプロモーション・ミックスまでCRMの適用範囲を広げたもの

Adkins[26]では、Andreasen[27]が提示したCRMの3類型はCRMの適用範囲としては、不十分であると指摘している。マーケティング・ミックスを構成する要素を、プロダクト・ミックス、プロモーション・ミックス、プライス・ミックス、プレイス・ミックスの4Pとすると、CRMの適用範囲は、そのうちの1つであるプロモーション・ミックス全般にわたるとしている。そして、プロモーション・ミックスの構成要素として、広告、セールス・プロモーション、パブリシティー、スポンサーシップ、ライセンシング、ダイレクト・マーケティングをあげ、これらすべての要素をCRMの適用範囲とすることを提唱

している。さらに、プロモーション・ミックスの概念は、日々進化しており、それに伴って、CRM の適用範囲も拡張していると指摘している。

③すべてのマーケティング・ミックスまで CRM の適用範囲を広げたもの

Adkins[28] は、前述の Andreasen[29] の3類型を批判している箇所では、CRM の適用範囲をプロモーション・ミックス内と限定している。それにもかかわらず、一方では、CRM は「マーケティングの予算や技術や戦略を使い、コーズを支えると同時に、ビジネスを成立させる手法」と適用範囲をマーケティング全般まで広げて定義づけてもいる。したがって、CRM の適用範囲がマーケティング全般にわたるのか、それともプロモーション・ミックス内のみなのかは、明確に区別して考えていないといわざるをえない。しかし、CRM の適用範囲を明確にすることは重要な問題である。

この点に関して、Barone ら[30] では、CRM を「社会的なコーズを支援することによって、マーケティングの目標達成を促進するための戦略」と、適用範囲をマーケティング全般に広げて CRM を定義づけている。

(3) CRM の望ましい適用範囲

狭義の CRM における問題点として、適用範囲の狭さがあげられる。CRM の適用範囲は狭義の CRM のように、寄付付き商品というセールス・プロモーションの1つの形に固執するのではなく、マーケティング全般に拡張することが望ましい。

成果が出る時間に目を向けると、狭義の CRM は売上に直結し、短期間に成果が出るセールス・プロモーションだけに限定している。しかし、Pringle ら[31] が主張しているように、CRM を通し、長い時間をかけて、ブランドの精神を構築するということも可能である。この時間上の特徴を捉えて Arnott[32] では、狭義の CRM を「the old cause marketing」と揶揄し、その目的が短期間の売上増にあるのに対し、広義の CRM の目的は長期間にわたりブランドを構築することにあるとしている。Gray[33] においても、CRM は過去においてはセールス・プロモーションに近い概念として捉えられていたと、狭義の CRM を過

去のものとして扱っている。また、Cone[34]では、この定義の拡張を、「cause promotion」から「cause branding」への進化と名づけている。

　実業界のCRMに関する年次大会である「The 2003 Annual Cause Related Marketing Conference」ではCRMの戦術は以下の3種類に分類できるとしている[35]。1つ目は「Transactional CRM」と名づけた狭義のCRMに該当する取引と連動して寄付を行う戦術である。2つ目は、「Message promotion」と名づけられた共同キャンペーンをあげている。このキャンペーンを通し、コーズのメッセージの認知度の向上や、ファンドレイジングや海岸清掃等の活動への参加者の増加と共に、スポンサーに対する好印象（positive association）の構築を目指しているとしている。3つ目が「ライセンシング」である。これはチャリティーのロゴ等を企業の商品やサービスに使用する契約としている。これらの戦術から、CRMは米国の実業界においては、広義に捉えられていることがわかる。

2. フィランソロピーとCRMの相違点

　CRMと同様の企業の社会貢献活動に関わる用語として、フィランソロピーがある。フィランソロピーの場合、社会貢献を行う際に、直接的に利益を求めてはいけないという呪縛がある。そのため、そこから発生する利益に対し、「啓発された自己利益（enlightened self-interest）」という表現を用い、巡り巡ってまわってくる間接的な利益のみを認めるというかたちをとっている。したがって、フィランソロピーは、「直接的な見返りを求めない『企業の社会貢献活動』」と位置づけることができる。この両者の関係を図示すると、図表1-2のようになる。つまり、企業の社会貢献活動のうち、マーケティングと重なった部分がCRMであり、重なっていない部分がフィランソロピーと整理することができる。

　この相違点を踏まえたうえで、実際にフィランソロピーとCRMを分かつものは何であろうか。それは、社会貢献をマーケティングと位置づけたうえで、コミュニケーションし、積極的に利益と結び付けるのか、それとも、社会貢献をマーケティングと位置づけず、コミュニケーションせずに「啓発された自己

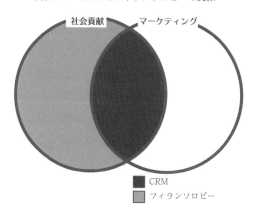

図表 1-2　CRM とフィランソロピーの関係

社会貢献　マーケティング

■ CRM
■ フィランソロピー

利益」という「間接的な利益」に期待を寄せるのかの違いと捉えることができる。社会貢献を行い、それをコミュニケーションした時点で、ブランド価値向上という直接的な利益に結び付き、もはやその活動は、「啓発された自己利益」と呼ぶことはできなくなることから、社会貢献を行った後のコミュニケーション

の有無が CRM とフィランソロピーを区別するうえで、重要な意味を持つことになる。そのことは以下の事例を通してみるとわかりやすい。

　2009 年 3 月、米国においてケンタッキー・フライド・チキンは、作業を終えた場所にスプレーで「Re-freshened by KFC」と記載することを唯一の条件に、穴の開いた道路のアスファルトによる補修を無償で請け負った。Nation's Restaurant News ではこの事例を「Cause Marketing[36] Takes KFC's 'Freshness' Message to The Streets」と題して報じている[37]。どうして、この事例をCRM と呼ぶことができるのであろうか。それは、道路の補修作業を行ったうえで、スプレーで企業名のコミュニケーションを行い、マーケティングに結び付けているからである。この事例において、ケンタッキー・フライド・チキンが、道路の穴を埋めただけで、特に何もコミュニケーションを行わなかったのであれば、消費者はその穴が誰によって埋められたのかを認知することができないため、マーケティングに結び付くことはなく、CRM と呼ぶことはできないことになる。このように、コーズ支援後のコミュニケーションの有無がコーズ支援活動が CRM と位置づけられるか、それともフィランソロピーと位置づけられるかを決定することになる。そこで、CRM の定義においては、コーズ支援を「コミュニケーションし、マーケティングに結び付ける」という点を

加えなければならない。

　企業名を公表して、コーズ支援を行えば、ブランド・イメージ向上や従業員の意欲向上等何らかのマーケティング効果があることは消費者から容易に想像できる。それにもかかわらず、企業が陰徳という美意識で、その効果を公に認めず、見返りを求めないフィランソロピーであると主張すれば、「消費者が思い浮かべる企業の目的」と「企業が掲げる目的」に齟齬が生じ、消費者は企業の行為を偽善と受け止めることになる。したがって、企業名を隠さずにコーズ支援を行ったならば、その効果を認め、きちんとCRMと位置づける必要がある。

　なお、フィランソロピーと関連したCRMと近い概念として、「戦略的フィランソロピー」という用語を使用している文献も多く存在するが、「博愛主義」というフィランソロピーの語源を考えると、戦略的フィランソロピーという用語は、「戦略的な博愛主義」ということになり、自己矛盾を抱えることになる。

3. CRMの主体

　NPOや公益法人や公共団体等の「企業以外の組織」はコーズとして支援対象となる一方、CRMを実施する主体ともなり得る。以下ではその事例についてみていく。

　一般財団法人日本モーターボート競走会は、競艇の収益金をもとに、公益財団法人日本財団を通して、コーズ支援を行っている。そして、そのことをテレビCMを通して、積極的にコミュニケーションし、マーケティングに結び付けている。その内容は以下の通りである。「ていちゃん」と名づけられたあざらしが登場し、「知ってました？」と問いかける。そして、「競艇ってレースをしているだけじゃないんです。その売上は学校を作ったり、伝統文化を守ったり、お城の整備とかにも使われてるんだって」と語りかける。同時に、競艇の売上が、学校建設（尼崎市立小学校）、伝統文化の保護（丸亀市うちわの港ミュージアム）、文化財整備（唐津市唐津城）等に役立てられていることがテロップで紹介される。そして、「結構、競艇って身近なところで役立っているんですね」

と結んでいる。また、別のCMでは競艇の環境に関するコーズ支援に焦点を当て、「またまたあざらしです」とていちゃんが登場し、「今日は競艇と地球の素敵なお話です。競艇の売上は海岸の整備や川の近くでの植樹、それに、貝を使って水をきれいにする研究にも使われているんだって」と語りかける。そして、テロップで、海岸整備（常滑市大野海岸）、流域植樹活動（福岡都市圏かっぱリング事業）、水質浄化研究（戸田市戸田漕艇場）と具体的な活動が紹介される。そして、「だからほら、僕らの仲間も大喜び、考えてますね競艇」と結んでいる。

　財団法人JKAは、競輪とオートレースの収益を基に、コーズ支援活動を行っている。そして、そのことを日本モーターボート競走会と同様に、テレビCMを通して、積極的にコミュニケーションし、マーケティングに結びつけている。その内容は以下の通りである。「みんなの夢を形にすること」というメッセージと共に、次世代航空機の開発というテロップ、「明るい未来を形作ること」というメッセージと共に、再生水の技術開発というテロップ、「がんばるみんなを応援すること」というメッセージと共に、車いすテニスの支援、高齢者スポーツ大会の支援というテロップがそれぞれ流れ、最後に、「夢への補助輪。競輪の補助事業です」という言葉で結ばれるというものである。

　地方公共団体が発行する宝くじの収益金もコーズ支援に充てられている。そのことを、同様にテレビCMを通し、積極的にコミュニケーションしている。その内容は以下のようなものである。「子供たちが元気に走り回れる場所を作る。それも、宝くじの大切な役割の1つです。買ってくれたすべての人にありがとうを」というメッセージの後に、「宝くじの収益金は、公園整備など、幅広く、地域のために役立てられています」というテロップが表示される。また、当選番号を伝えると共に、それぞれの地域でどのようなコーズ支援活動を行っているかについてのCMも流している。

　これらの事例は企業ではない組織も、コーズ支援を行っていることを、CMを通してコミュニケーションすることにより、マーケティングに結び付けていると捉えることができる。そのため、CRMの主体を企業に限定することがで

きない。そこで、CRM の定義において、その主体は企業ではなく組織とする
必要がある。

4. 本書が提唱する「CRM の定義」

　本節では、CRM を定義づけるにあたり、「狭義 CRM と広義 CRM」、「フィ
ランソロピーと CRM の相違点」、「CRM の主体」について論じてきた。これ
らの論点を踏まえ、CRM の定義を提示したい。まず、狭義と広義の CRM に
ついては、狭義の CRM の問題点を克服すべく、CRM の適用範囲について、
マーケティング・ミックス全般と広く捉える広義 CRM の定義を採用する。ま
た、コーズ支援活動をマーケティングと位置づけたうえで、コミュニケーショ
ンし、マーケティングに結びつけることにより、CRM が成立すると捉え、
フィランソロピーとの区別を明確にしたい。さらに、CRM の主体を、「企業」
ではなく「組織」とする。そうすることにより、CRM を NPO や公益法人や
公共団体等も援用することができることになる。以上の 3 点を鑑み、本書の提
唱する CRM の定義を以下のように提唱する。

　　「CRM の定義：組織がコーズ支援を行い、それをコミュニケーションすること
　により、マーケティング目標の達成を促進するための戦略」

　なお、以下では、企業の CRM について論じていく。NPO や公益法人や公
共団体等の関係者で CRM 導入を検討される際は、企業の部分をそれぞれの組
織に読み替えて応用していただきたい。

 「CRM ＝寄付付き商品」という誤解

　狭義の CRM の定義として、多く採用されている前述の Varadarajan ら[38]
の定義においても、「マーケティング活動を計画・実行するプロセス」とされ
ていることから、適用範囲をマーケティング全般に拡張した広義の CRM のみ

ならず、狭義の CRM においてもマーケティングとして計画されなければならないことがわかる。

　そのため、「寄付付き商品」であっても、マーケティングと位置づけられていないのであれば、CRM ではなく、フィランソロピーということになる。ここでは、CRM はマーケティング目標設定が必要であることを踏まえ、CRM の代表例として紹介されることの多い、ボルヴィックの「1 リッター・フォー・10 リッター・プログラム」はマーケティングと位置づけられていないため、CRM ではないことを論証しつつ、「CRM= 寄付付き商品」という誤解を解いていく。

1. CRM において重要なマーケティング目標の設定

　CRM はマーケティング戦略の 1 つであるため、それを実施する際には、マーケティング上の目標設定が必要になる。CRM を実施している企業がマーケティング目標の設定を行っていることは、CRM 評価の尺度として「報道機関による報道」や「イメージの追跡調査」や「売上増」や「顧客満足度調査」といったマーケティング上の目標評価基準があがっている[39]ことから明らかである。また、「本章 ④ CRM の起源」の節で後述するが、CRM はその始まりから、当時、旅行のみで用いられていたクレジット・カードを、日常生活でも使用してもらう[40]という明確なマーケティング上の目標設定がなされていたことがわかる。

　マーケティング目標がない寄付き商品が CRM とみなされてしまうのはどうしてであろうか。それは、「CRM ＝寄付付き商品」という先入観から、寄付付き商品であれば、それを CRM と誤認してしまうためであろう。前述のように、CRM であるかどうかは、コーズ支援活動をマーケティングの一環と位置づけているかどうかによって決まるのであり、どのような仕組みでコーズ支援がなされるかによって決まるわけではない。したがって、寄付付き商品以外の仕組みのコーズ支援であっても、その支援がマーケティングと位置づけられているのであれば CRM であるし、寄付付き商品であっても、その目的がマーケティングでないのであれば、それは CRM と呼ぶことはできない。

前述のケンタッキー・フライド・チキンの「Re-freshened by KFC」とスプレーで記載することを唯一の条件に、穴の空いた道路のアスファルトによる補修を請け負った事例の場合[41] は、「寄付付き商品」とは全く異なるコーズ支援の仕組みを用いながら、「Re-freshened by KFC」に思いを込めた、冷凍したチキンは使用せず、新鮮 (fresh) なチキンを使用しているというメッセージの伝達と、顧客や潜在顧客からの信頼獲得という2つのマーケティング目標を設定したうえで、道路の補修作業を行い、同社が実施したことをコミュニケーションしているため、CRM と位置づけられる。この事例のように、寄付付き商品以外の形式であっても、コーズ支援を行い、それをコミュニケーションし、マーケティングと結びつけていれば、それは CRM ということになる。

2. 1 リッター・フォー・10 リッター・プログラムの事例研究

このように、寄付付き商品以外のコーズ支援形態であっても CRM である場合とは逆に、寄付付き商品であっても、CRM と呼べない場合もある。その事例として 1 リッター・フォー・10 リッター・プログラムを取りあげていく。

(1) 1 リッター・フォー・10 リッター・プログラムとは

1 リッター・フォー・10 リッター・プログラムは、フランスの食品企業であるダノン社によって、2005 年にドイツ、2006 年にはフランス、2007 年からは日本へと広がっている。いずれの国においても 3 ヶ月前後のプログラム期間中のボルヴィックの売上の一部が、ユニセフを通してアフリカの水支援にあてられている。具体的には、ドイツではエチオピア連邦民主共和国、フランスではニジェール共和国、日本ではマリ共和国をそれぞれ支援対象国とし、井戸作り等の支援を行っている[42]。

このプログラムは多くの新聞や雑誌において、CRM の代表的な事例と位置づけられている。日経流通新聞[43] で CRM の紹介記事が組まれた際には「CRM の日本での火付け役はダノンウォーターズ・オブ・ジャパンの『ボルヴィック』キャンペーンだ」と紹介されている。また、朝日新聞[44] で組まれ

た CRM の紹介記事においても「ボルヴィックの取り組みをきっかけに CRM が注目を集め、日本ユニセフ協会には『協力したい』という相談が相次ぐ」としている。

　このように CRM の代表例として紹介されている 1 リッター・フォー・10 リッター・プログラムであるが、このプログラムが前述の CRM の成立要件を満たしているかについてみていく。

（2）マーケティング目標のない 1 リッター・フォー・10 リッター・プログラム

　2007 年 8 月度（調査対象期間：7 月 20 日～8 月 19 日）には放送回数ランキングで 13 位に位置する 498 回[45]、2009 年 7 月度（調査対象期間：6 月 20 日～7 月 19 日）には同ランキングで 9 位に位置する 534 回[46] という大量の 1 リッター・フォー・10 リッター・プログラムの CM を投入したのにもかかわらず、同プログラムにマーケティング上の目標はなく、目標は社会貢献のみにあるという。そのことは、同プログラムのホームページと、プログラム担当者の発言によって裏づけられる。

　まず、ホームページ[47] において、2007 年の成果について公表する前置きとして、「『1ℓ for 10ℓ』プログラムは、アフリカの水問題の解決のための支援、アフリカの水問題への関心を日本において高めることを目標に掲げたプログラムであり、販売効果の向上は目標に掲げていません」としている。

　さらに、宣伝会議[48] において、ダノンウォーターズ・オブ・ジャパン「1ℓ for 10ℓ」プログラム・プロジェクト・リーダー（当時）の吉沢直大氏は「売上だけを目的としたマーケティング活動として誤解されるケースが多いが、本プログラムは自社の事業発展とともに社会の発展を目指すダノングループの姿勢が現れたひとつの例にすぎず、当社では活動の目標にマーケティングの課題の解決を掲げていない」としている。

（3）CRM とはいえない 1 リッター・フォー・10 リッター・プログラム

日本における CRM の代表的な事例として紹介されることの多い 1 リッター

・フォー・10 リッター・プログラムであるが、前述のようにマーケティング上の目標を設定していないこのプログラムを CRM と呼ぶことはできない。それでは、このプログラムはどのように位置づけられるのであろうか。1 リッター・フォー・10 リッター・プログラムの場合、マーケティングではないため、図表 1-3 において、寄付付き商品とマーケティングが重なった CRM の部分（c の部分）には位置せず、フィランソロピーの部分（b の部分）に位置することになる。

つまり、寄付付き商品のうち、マーケティングと位置づけられているものは CRM であり、図表 1-3 の c の部分に位置し、マーケティングと位置づけられていないものは、フィランソロピーであり、図表 1-3 の b の部分に位置することになる。

一方、前述のケンタッキー・フライド・チキンの事例のように、寄付付き商品でなくとも、コーズ支援をしたうえで、それをコミュニケーションし、マーケティングに結び付けていれば、それは CRM であり、図表 1-3 の d の部分に位置することになる。

寄付付き商品の場合、寄付額が商品の売れ行きと連動しているため、販売促進効果があろうことが容易に想像がつくため、マーケティングと位置づけられていなければ、消費者は違和感を抱くことになるであろう。Forehand ら[49] では CRM における正直なコミュニケーションの必要性についての調査を行っている。同稿では、企業活動における 2 つの動機を、公共のため（public-serving）と企業のため（firm-serving）と名づけ、前者を企業外の人々の幸福に対する配慮を含む動機とし、後者を企業自身のニーズのみに焦点を合わせた動機としている。そして、従業員を通したコーズ支援

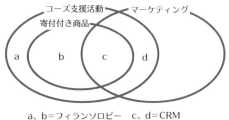

図表 1-3　コーズ支援活動と寄付付き商品と CRM とフィランソロピーとマーケティングの関係

a、b＝フィランソロピー　　c、d＝CRM

のシナリオを被験者に提示する調査を行った結果、企業によって述べられた動機が、誰がみても存在することが明らかな企業のための動機と齟齬が生じたときに懐疑心が生まれるとし、消費者の否定的な反応は企業がCRM等の活動[50]を通して利益を得ていると思われることから生ずるのではなく、企業が得ている利益について嘘をついていると認識されることから生ずるとしている。そのため、CRM等の活動に携わる企業は、企業に生ずる利益に対し、包み隠さず正直になることにより消費者に懐疑心が生まれるのを避けることができるとしている。

 ## CRM の起源

CRM の起源について論じていく。

1.　米国の各地域で行われた初期 CRM

アメリカン・エキスプレスは、1981 年までに同社の基金から、コーズへ、毎年 750 万ドルの寄付を行っており、これをクレジット・カードの利用促進に結び付けることができるのではないかと考えるようになった[51]。そして、1981 年に、「Cause Related Marketing」という用語を用いたキャンペーンが初めて実施された。

　この 1981 年のアメリカン・エキスプレスの CRM キャンペーンに言及している研究は多数存在する。そのなかでも、Kelley[52] は同社の社員（American Express Travel Related Services の Canto 氏）にインタビューしたうえで、このキャンペーンについてまとめているため信憑性が高いといえよう。以下がその内容である。

　「このキャンペーンでは当初から明確な目標設定がなされていた。その目標は会員のカード利用促進とカード加盟店の増加であった。そのような目標が設定されたのは、当時同社のカードは旅行時に使用するものであり、通常の外出時には持ち歩かないものと認識されており、この認識を変える方法を模索した

結果、コーズ・イベントに目を付けたという。同社はカリフォルニア州の4つの都市（ロサンゼルス、サンフランシスコ、サンディエゴ、サンホセ）をターゲットにして初めてのCRMキャンペーンを行った。どのイベントを支援するかを決める際、これらの都市において何が重要であるかを探るため、これらの地域の企業や市民と話す機会を設けた。その結果、サンホセ・シンフォニーといった地域の様々な芸術団体を支援することになった。この支援には同社のイメージに合致するばかりでなく、幅広く受け入れられるであろうとの思惑があったという。仕組みはシンプルなもので、3ヶ月の間、カードが使用されたり、発行されたりする度に、一定の決められた額が決められた組織に寄付されるというものであった。数値は公表できないが、カードの使用の増加は劇的なものであったという」。

インタビューでCRMの起源とされているカリフォルニア州の4都市のうち、サンフランシスコを取りあげ、CRMの起源としている文献が多く見受けられる[53]。それらのうち、Hemphill[54] と Mescon ら[55] と Stoolmacher[56] では、さらに詳しく、同市の芸術祭に対して、3ヶ月間にわたり、カード使用時に2セントの寄付をする仕組みにより、100,000ドルの寄付がなされたとしている。一方、Andreasen[57] と Davidson[58] では、サンフランシスコのいくつかの芸術団体に対して、カード使用時に5セント、カード加入時に2ドルの寄付がなされた結果、カード利用が促進され、寄付額は108,000ドルにのぼり、地域の商店との関係がはっきりと改善し、同社カードに加盟するようになったとしている。このように、カード使用時にいくら寄付されたかについては、「2セント」としている文献と「5セント」としている文献があり、寄付額についても「100,000ドル」としている文献と「108,000ドル」としている文献がある。なお、Andreasen[59] ではこれを1981年ではなく、1982年としているが、他に1982年としている文献は見当たらないので、これは誤りであろう。

続いて、前述のインタビューでCRMの起源としてあげられているカリフォルニア州の4都市のうち、サンフランシスコ以外の都市について言及している文献をみていく。Mescon ら[60] では、サンフランシスコでの活動をCRMの

起源としたうえで、サンホセでのキャンペーンを CRM の成功例として紹介している。さらに、Wall[61] では自由の女神修繕キャンペーン以前の CRM 活動の一例としてサンホセのキャンペーンを紹介している。そして、共に、このキャンペーンの成果として、サンホセ・シンフォニーに対して、30,000 ドルの寄付がなされたうえ、205,000 ドルのパブリシティー効果に加え、カード利用と新規加入が 25% 上昇する効果があったとしている。サンディエゴでのキャンペーンに言及したものとしては、「Combined Arts & Education Council of San Diego」がアメリカン・エキスプレスの最初の芸術プログラム支援により 100,000 ドルを受け取ったという記事[62] がある。なお、ロサンゼルスでの活動に言及している文献は見受けられなかった。4 都市のなかで、サンフランシスコ以外の都市を、その起源と指摘している文献は存在しないため、1981 年のカリフォルニア州での CRM キャンペーンが 4 都市同時に行われたのではないとすると、最初に行われた都市はサンフランシスコである可能性が高いといえよう。

なお、同社において CRM キャンペーンに携わった Welsh 氏は、カリフォルニアとテキサスを地域 CRM の起源としている[63] が、他にテキサスを地域 CRM の起源としている研究は見受けられない。

寄付の方式については、前述のように、カード使用およびカード発行に連動した寄付がなされたとされているが、Miller[64] では、1981 年に、カード使用時と加入時に加え、トラベラーズチェックや旅行サービスと連動した寄付もなされたとしている。

このキャンペーンの目的については、前述の Kelley[65] のアメリカン・エキスプレスの Canto 氏の発言と同様に、Josephson[66] では同社の Welsh 氏が、その目的として休暇やビジネスでの利用から、地域のコーズを支援することによる地域での消費へのカード使用範囲の拡張を狙ったものであったとしている。

このキャンペーンとフィランソロピーとの関係については、キャンペーンをデザインした同社の Welsh 氏によると、期間中に、それぞれの地域において、テレビ CM や新聞広告・POP 広告等に 3,000,000 ドルがプロモーション費から

拠出されたため、CRM 活動支援のために、フィランソロピーの基金からの資金拠出は一切なかったという。

その後、同社は 3 年間にわたり全米各地で、地域のコーズを支援するキャンペーンを行った[67]。この間の実施対象については、「San Jose Symphony Orchestra」、「the Sacramento International Track & Field Assn.」、「the Dallas Ballet」、「the Fort Lauderdale Symphony」、「the Greater Miami Opera」等の 30 ヶ所以上といった記述[68] や「Cape Hatteras Lighthouse」から「the San Jose Symphony」までの 31 ヶ所といった記述[69] が見受けられる。Adkins[70] では、同社は 1981 年から 1984 年の間に 45 以上のコーズ支援を行ったとしている。

この間の CRM キャンペーンの内容に言及したものとしては、1982 年の 10 月 1 日から 11 月 30 日にかけて、アトランタ近郊の 15 の郡において、カード使用時とトラベラーズチェック購入時に 5 セントが、カード発行時に 2 ドルが、航空運賃を除いた金額が 500 ドル以上の旅行サービス利用時に 5 ドルが、「Atlanta Arts Alliance」に寄付されるキャンペーンを行ったというものがある[71]。

また、この間の CRM の成果に目を向けると、1981 年夏のロサンゼルスにおける現代美術館のキャンペーンでは、前年同期比で、利用額が 40%、利用回数が 35% 増加し、同年のヒューストンにおける「Theatre Under the Stars」支援 CRM では、前年同期比で、利用額が 45%、利用回数が 30% 増加し、1982 年の「Washington D. C.'s Mount Vernon Ladies Assn」のキャンペーンでは、前年同期比で、利用額、利用回数ともに、20% 増加したという[72]。

2. 自由の女神修繕キャンペーン

アメリカン・エキスプレスは、1981 年から全米各地で地域のコーズと連携した CRM を実施したのち、1983 年に初めて全米規模で、自由の女神修繕の CRM キャンペーンを実施した。前述の同社の Canto 氏に対するインタビュー[73] では、それについても言及している。以下がその内容である。

「このキャンペーンの成功が 1983 年の自由の女神修繕キャンペーンへ結び付

くのだが、1981 年当初から、地域のキャンペーンが成功すれば、全国キャンペーンを行う予定であった。そして、全国展開の際の支援先コーズとして何がふさわしいかについて議論した結果、自由の女神修繕が選ばれた。自由の女神が国家のシンボルであることに議論の余地はなく、教育に関するコーズのように、複雑でないことがその選定理由であった」。

　この Canto 氏の発言によると、同社は当初から、全米各地での CRM キャンペーンが成功すれば、全国規模での CRM キャンペーンを実施することを計画していたことになる。また、同氏は、支援先コーズ選定理由については、教育に関するコーズのように複雑でない点をあげているが、同社 CEO 兼会長（当時）の Robinson 氏は「同社は 1885 年に自由の女神の台座建立のための資金調達キャンペーンに参加した最初の企業の 1 つであり、自由の女神と密接な関係がある」[74] としている。

　このキャンペーンの内容は、アメリカン・エキスプレス・カードが使用される度に 1 セントを、同カードの新規発行 1 件ごとに 1 ドルを、自由の女神修繕のために寄付するというものであった[75]。このキャンペーンは 1983 年の 10 月〜 12 月の 3 ヶ月間、アメリカン・エキスプレスの旅行関連サービス部門が実施した[76]。

　その効果に目を向けると、キャンペーン期間（1983 年の第 4 四半期）における前年同期比のカード利用の増加率に関しては、20% とした文献[77] と、28% とした文献[78] と、30% とした文献[79] がある。これらの文献から 20% から 30% の利用増があったものと推察できる。これは、18% という当初の予想を上回った[80] ことになる。

　新規のカードホルダーは期間中に「45% 以上」の増加となったとしている文献[81] と、「45%」の増加となったとしている文献[82] がある。いずれにしても、少なくとも新規加入者は 45% 増加したことになる。さらに、このキャンペーンの結果、同社に対して「責任感があり、公共心があり、愛国的な企業」といった良い印象を持つようになったという[83]。

　次に、コーズ支援の成果に目を向けていく。このキャンペーンを通した寄

付額については「1,700,000 ドル以上」としている文献[84] と、「1,700,000 ドル」としている文献[85] がある。いずれにしても、少なくとも 1,700,000 ドルの寄付がなされたことになる。この額は予測の 2 倍近くの寄付額であったという[86]。寄付金の受け渡し方法に関しては、Massengill[87] によると、100 周年記念祭が 1986 年に迫りつつあったため、エリス島および自由の女神像修復支援キャンペーンへの着手を 1983 年 10 月に発表し、献金が 100 万ドルを超えるとの予想に基づき、アメリカン・エキスプレス旅行関連サービスの社長（当時）Gerstner 氏は、自由の女神・エリス島財団会長（当時）Sargent 氏に 1,000,000 ドルの小切手を贈呈したという。つまり、キャンペーン開始時に、1,000,000 ドルを、キャンペーン終了後に残りの額が支払われたことになる。

　続いて、どのように行われたかについてみていくと、同社の広告代理店の Ogilvy and Mather 社によると、このキャンペーンには 4,000,000 ドルが投じられ[88]、その 4,000,000 ドルは新聞、ラジオ、テレビ、ダイレクトメール、POP 等に使われたという[89]。具体的にどのようなコミュニケーションが行われたかについては、テレビ CM では「女神を見たことがありますか？　女神はその手の中に何百万もの夢を抱えているのです」と謳い[90]、新聞広告では「アメリカン・エキスプレス・カードを利用するのは大変理にかなったことですが、実はこうしたセンチメンタルな理由も存在するのです」とのメッセージが伝えられた[91]。

　以上のような経緯から、正確には 1981 年が CRM の起源ということになる。しかし、1983 年の自由の女神修繕キャンペーンをその起源としている文献も多く見受けられる[92]。これらの文献と同様に、日本のアメリカン・エキスプレスのホームページ[93] においても、「カードを利用してチャリティー：Cause-Related Marketing」と題して以下のような説明がなされ、1983 年を CRM の起源としている。「アメリカン・エキスプレスでは、社会貢献型のマーケティング・プログラムを 1983 年に初めて実施しました。米国で行われた『自由の女神修復プロジェクト』は、カードの発行 1 枚あたりや、カードの利用 1 回ごとにアメリカン・エキスプレスが寄付を行い、自由の女神修復基金として、

170万ドルを寄付しました。以来、世界各国で社会貢献型のマーケティング・プログラムを実施しています」。

CRMという用語はアメリカン・エキスプレスによって、1981年に米国特許商標庁でサービス・マークとして登録されている[94] ことからも、正確には1981年がCRMの起源である。しかし、1981年から行われたCRMは地域限定であったため、初めての全国キャンペーンであり、CRMの名を一躍有名にした、1983年のアメリカン・エキスプレスの「自由の女神修繕キャンペーン」がその起源であると誤解が生じているものと思われる。Smithら[95] ではその起源として1981年のサンフランシスコの芸術団体とのプロモーションを紹介し、同年サービス・マークとして登録されたことに言及しつつも、1983年の自由の女神修繕キャンペーンが、最も多く最初のCRMとして紹介されているとしている。

アメリカン・エキスプレスがCRMと名づけ、それが広まる前のCRMの黎明期には、CRMと同様の行為を行い、異なった名前を命名した事例がいくつか存在した。例えば、1982年には、「National Easter Seal Society」がペプシ・コーラ社とのCRM活動を、「social responsibility marketing」と登録したのを始め、CRMと同義の用語としては「charitable sales promotion」、「joint venture marketing」等が登場している[96]。その後、CRMが市民権を得ると共に、これらの用語はCRMに統合されていった。しかし、CRM誕生から4半世紀以上経過した2009年においても、Eikenberry[97] とNickelら[98] では、CRMを批判的に捉え、あえて、CRMの別名として「consumption philanthropy」と命名している。

なお、日本においても、CRMという用語が登場する以前から、ベルマークのように、企業がマーケティングと位置づけることにより、CRMとして活用可能な仕組みが存在している。

一方、CRM研究に関しては1988年のVaradarajanら[99] を嚆矢とし、長きにわたり継続的に研究蓄積がなされている。

 **普及の背景**

　図表 1-4 にみられるように、北米における CRM の年間支出額は急速に拡大している。そこで、CRM の当事者である「企業」、「コーズ」、「消費者」についてそれぞれ、どのような背景があったかについてみていく。

1. 企　業

　企業については、「企業の地位の相対的上昇」と、新たな差別化戦略の必要性が生じたことがあげられる。

（1）企業の地位の相対的上昇

　CRM が盛んに行われる背景として、企業の地位の相対的上昇があげられる。このことを示すデータとして、Adkins[100] と伊藤[101] では、企業の規模を売上の面から捉え、その数値を国家の GDP と比較し、企業が国家と同等の規模を有していることを示している。このことから、規模の面での企業が及ぼす影響力の大きさがうかがえる。

　さらに、規模の面だけでなく、精神的にも企業の存在が大きいことを示したデータとしては The Henley Centre の「Planning for social Change」がある[102]。

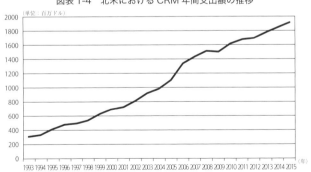

図表 1-4　北米における CRM 年間支出額の推移

出所：IEG Sponsorship Report（IEG 2016、Cause Marketing Forum 2013 および Nelson, Kanso and Levitt 2007 をもとに筆者が作成）。

これは、英国において「大いに信頼がおける」と回答した割合を団体ごとに比較したものである。その結果では、キリスト教国である英国において、教会に信頼がおける人は、わずか25％であるのに対し、米国企業であるケロッグに信頼がおけると回答した割合は84％に達している。また、Pringleら[103]においても、The Henley Centreが英国で行った同様の調査結果を紹介している。そのデータによると、教会に対して、1983年には信頼がおけると回答した人は52％であったが、1998年には30％にまで低下している一方、調査対象となった企業のなかで、最も信頼度が高かったMarks & Spencer（英国のスーパーマーケット）は80％の信頼度を獲得している。これらのデータから、企業の地位は、規模の面だけでなく、その信頼度という面からも向上していることがわかる。

　筆者は、日本においても同様の調査を行った。The Henley Centreの調査項目を参考にし、宗教関係では、日本での調査であるため、寺院と神社を加えた。企業に関しては、英国では高い信頼があり日本においてもなじみのあるケロッグに加え、日経BP社が実施した「環境ブランド調査2013」の結果[104]をもとに、環境ブランド全体の指数で1位となったサントリーと、「省エネルギーに努めている」と「地球温暖化防止に努めている」という項目において1位になったトヨタ自動車と、「消費者や顧客への対応がしっかりしている」と「社会や地域に対する貢献活動に取り組んでいる」と「災害からの復興支援を積極的に行っている」という項目において1位になったイオンと、マイナス・イメージのすべての項目で1位となった東京電力を加えた。さらに、代表的なコーズとして、ユニセフとベルマークを加えた。また、被験者が大学生であるため、大学も追加した。

　その結果が図表1-5である。環境ブランド調査で高い評価を得ていたトヨタ自動車、イオン、サントリーといった企業は、ユニセフ、ベルマークといったコーズと同等の高い信頼を獲得しており、英国と同様に日本においても良いイメージのある企業に対する信頼度が高いことがわかる。一方、環境ブランド調査で悪いイメージのあった東京電力や環境ブランドのランキングのトップ100に入っていない[105]ケロッグに対する信頼は低いものになっている。

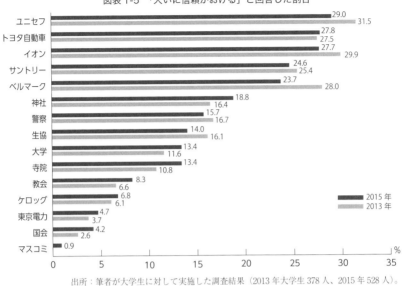

図表 1-5 「大いに信頼がおける」と回答した割合

	2015年	2013年
ユニセフ	29.0	31.5
トヨタ自動車	27.8	27.5
イオン	27.7	29.9
サントリー	24.6	25.4
ベルマーク	23.7	28.0
神社	18.8	16.4
警察	15.7	16.7
生協	14.0	16.1
大学	13.4	11.6
寺院	13.4	10.8
教会	8.3	6.6
ケロッグ	6.8	6.1
東京電力	4.7	3.7
国会	4.2	2.6
マスコミ	0.9	

出所：筆者が大学生に対して実施した調査結果（2013年大学生378人、2015年528人）。

(2) 新たな差別化戦略の必要性

コモディティー化（同質化）した商品における差別化をはかる手段として、CRM の重要性が高まっていることも普及の背景としてあげられる。そのことは、宣伝会議[106] のコーズ・マーケティング特集における以下の2社の発言で裏づけられよう。「ホッカイロ」の売上の一部をユニセフに寄付し、世界の子供たちを支援している活動について、白元のプロダクトマーケティング部長（当時）大久保芳則氏が「使い捨てカイロの選択基準が価格のみとなっていたなかで、『ホッカイロ』ブランドの価値向上を目指した」としている。また、サカタのタネの国内小売営業本部（当時）の本田秀逸氏は虹色スミレの売上の一部が骨髄バンク支援に充てられたキャンペーンについて「園芸市場においてパンジー苗がコモディティー化するなか、大きな起爆剤となった」としている。

2. コーズ

　CRM を普及させるためには、コーズ側も、良いことを行っているので、支援をしてもらって当然と、待ち構えているのではなく、企業が参加しやすい仕組みを能動的に作っていく必要がある。

　図表 1-6 は日本におけるメセナ[107] の対象やプログラムの選定方法の推移を表したものである。コーズが能動性を発揮し、支援に至ったと捉えることができる「直接要請を受けたものから検討（アーティストや芸術文化団体からの協賛依頼など）」の数値は、1992 年の 86.1% をピークに減少傾向にあり、最近は 60% 前後で推移しているため、40% 近くの支援は、コーズ側からの能動的な働きかけがないまま支援に至ったことになる。したがって、コーズ側が能動性を発揮する余地は大きいといえよう。そこで、ここでは、コーズ側が能動性を発揮するうえで、参考になるであろう事例を紹介していく。

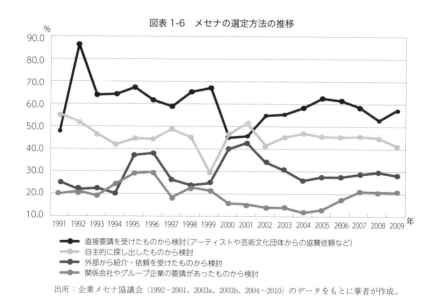

図表 1-6　メセナの選定方法の推移

出所：企業メセナ協議会（1992～2001、2003a、2003b、2004～2010）のデータをもとに筆者が作成。

（1）ベルマーク

　日本において、コーズ側が能動性を発揮し、企業が参加しやすい仕組みを構築している事例がベルマークである。企業はマーケティング目標を設定し、この仕組みに加わることにより、CRM として活用することができる。1957 年にへき地学校の先生たちが朝日新聞に対して、教育設備がほとんどない窮状を訴え、援助を求めてきたことが契機となり、1960 年に「財団法人教育設備助成会」（現・財団法人ベルマーク教育助成財団）が設立された[108]。

　その仕組みは図表 1-7 のようになっている。なお、協賛会社とは商品にベルマークを付けている会社であり、協力会社とは学校で購入する教材・備品を取り扱っている会社を指す。ベルマークの付いている商品を購入（①）した PTA 等の関係者たちはベルマークを切り取り、PTA 等に拠出する。PTA 等では、ベルマークを集めて仕分けをし、ベルマーク財団へ送付する（②）。ベルマーク財団では、PTA 等から届いたベルマークを確認し、協賛会社へ送付する（③）。協賛会社は、ベルマーク 1 点を 1 円として計算し、点数分を PTA 等のベルマーク預金として入金する（④）、PTA 等はそのベルマーク預金を使用し、備品を注文する（⑤）。ベルマーク財団はその注文を協力会社へ依頼する（⑥）、協力会社は注文を受けた商品を配送する（⑦）と共に、その品代金の

図表 1-7　ベルマークの構図

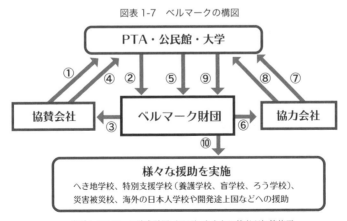

出所：ベルマーク助成財団（2009）をもとに筆者が加筆修正。

10% を PTA 等へ割戻す（⑧）。PTA 等はそのお金を援助資金としてベルマーク財団へ寄付する（⑨）、ベルマーク財団は、その寄付金を使って、へき地学校、特別支援学校（養護学校、盲学校、ろう学校）、災害被災校、海外の日本人学校や開発途上国などへの援助等の様々な援助を実施する（⑩）[109]。

　この仕組みを通したベルマークに参加している企業の利点についてみていく。まず、学校で購入する教材や備品を取り扱っている協力会社においては、利ざやが、割戻分の 10% を超えていれば、注文を受けた商品の販売により利益に結び付くことになる。それでは、ベルマークを付けた商品を販売している協賛会社にはどのような利点があるのであろうか。

　その点を検証すべく、2010 年 5 月に大学生 118 名を対象に、ベルマークが付いていることを、テレビ CM でコミュニケーションしていた「生茶（キリンビバレッジ）」を用いて調査を実施した。まず、被験者に生茶に対する購買意欲を 5 段階（1：買わない、2：どちらかといえば買うつもりはない、3：どちらともいえない、4：どちらかといえば買うつもり、5：必ず買うつもり）で尋ねた。そして、ベルマークに関する質問を 4 つ尋ねた後、最後に、生茶にベルマークが付いていることを知っていたかどうかを尋ねた。その結果、生茶にベルマークが付いていることを知っていた被験者は 27 名で、知らなかった被験者は 91 名という結果になった。そして、それぞれの被験者の購買意欲の違いは図表 1-8 のようになっている。生茶にベルマークが付いていることを知っている被験者の購買意欲は 3.81 であるのに対し、知らなかった被験者の購買意欲は 2.93 となっている。この違いを検定（対応のない t 検定）した結果、危険率 1% 水準で有意となった。したがって、ベルマークの有無が購買意欲へ影響

図表 1-8　ベルマークが付いていることを知っているかどうか
　　　　　による生茶の購買意欲の違い

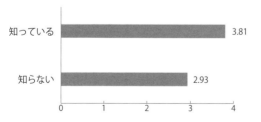

出所：筆者が 2010 年 5 月に大学生 118 人に対して実施した調査結果。

を及ぼしていると考えられる。ベルマークを付けることにより購買意欲が高まる点が協賛会社のメリットといえよう。

なお、同調査の結果、98.3% の被験者がベルマークを知っており、過去にベルマークを集めたことがあると回答した被験者も 79.5% にのぼった。しかし、図表 1-7 の⑧、⑨、⑩にあたる「集めた点数分の学校備品を注文すると、注文代金の 10% 分が、注文を受けた会社から寄付され、開発途上国や災害校援助等の様々な援助にあてられていること」を知っていた被験者は 20.7% に過ぎず、この点を知らしめることにより、ベルマークの購買意欲へ与える効果がさらに向上する余地があるといえよう。

(2) 国際赤十字

国際赤十字の HelpAd のスキーム[110] を、最初に採用した食パン会社の事例を通して説明すると以下のようになる。

まず、食パン会社が HelpAd へ、食パンのパッケージの一部分を提供し、そのスペースを他の会社へ、広告媒体として販売することを許可する。HelpAd はその提供された食パンのパッケージ上のスペースを、そこで広告を出すことによって、ターゲットを絞った広告ができるバター会社へ販売し、その売上はすべて国際赤十字へ行く。その広告の片隅に小さく HelpAd のロゴと共に「バター会社からの広告の収入は国際赤十字へ寄付される」というコメントがプリントされる。そのため消費者はその広告の趣旨を理解することができるようになっている。

このスキームにより、食パン会社である Hovis は、資金負担なしに、パッケージの一部を提供することによって、社会貢献していることをアピールすることができたことになる。その結果、イメージアップと売上増という 2 つの成果を得たうえ、新規顧客をひきつけ、顧客のベースが 75% 増加した。また、ターゲットを絞った広告戦略ができたバター会社である Anchor も、広告を掲載したバターの売上が食パン購入者において 36% 伸びた。この仕組みを採用した国際赤十字も、広告費として、バター会社（Anchor）から 100,000 ポンドを

獲得した。さらに、消費者にはこの商品を購入することによって、費用負担することなく、社会貢献したという気分を味わうことができるというメリットがあった。つまり、このスキームにかかわった国際赤十字、食パン会社、バター会社、消費者の4者がWin-Winの関係にあるといえる。

3. 消費者

英国の調査会社MORIによると、3割の英国人が倫理的な理由で商品を選択またはボイコットしたという結果が出ている[111]。また、米国においても、購買決定に際して、企業行動の倫理性は重要な関心事であるとの調査結果が出ている[112]。

日本においても、「どんなに価格が安く、品質が良くとも、社会的責任を果たしていない、反倫理的な企業の商品は購入しない」と回答した割合は図表1-9で示したように推移し、最近は30%台で安定している。

間々田[113]では、このような社会性のある消費者を社会的消費者と名づけている。CRMが普及する背景にはこのような社会的消費者の誕生があると考えられる。ここではその背景について考察したい。

図表 1-9　どんなに価格が安く、品質が良くとも、社会的責任を果たしていない、
反倫理的な企業の商品は購入しないと回答した割合の推移

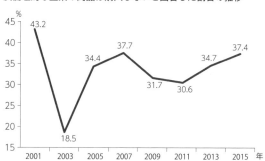

出所：筆者が大学生を対象に行った調査結果（被験者数：2001年 184名、2003年 151名、2005年 95名、2007年 249名、2009年 249名、2011年 667名、2013年 378名、2015年 527名）。

（1）マズローの欲求５段階説をもとにした説明

　社会性のある消費者誕生の背景としてまず、消費者自身の欲求の変化があげられる。マズロー（Maslow, Abraham）[114] は人間の欲求を、第１段階の生理的欲求（physiological needs）、第２段階の安全の欲求（safety needs）、第３段階の愛の欲求（love needs）、第４段階の尊敬の欲求（esteem needs）、第５段階の自己実現の欲求（The need for self-actualization）の５段階に分け、低位の欲求が満たされると、より高位の欲求が生じるとした。消費者がマズローの欲求の階層を上がるにつれて、社会性を考慮した消費が行われることになる。そのため、Adkins[115] および Pringle ら[116] では、マズローの欲求５段階説をもとに、消費者の欲求の変化が、CRM が受け入れられる土壌を作っていると指摘している。筆者は、このようなマズローの欲求段階をあがることによって行われる社会的消費を、マズロー的社会消費と名づけたい。

　Pringle ら[117] では、多くの消費者がマズローの欲求階層の段階を上がっている証拠として以下の２点を指摘している。１つは、英国において所得階層間における耐久消費財の所有率に差が無くなっている点である。このことから、所有の欲求が充足されつつあることがわかる。また２つめとして、その運用成績は芳しくないのにもかかわらず、英米において倫理ファンドの運用規模が拡大し続けていることを例にあげ、お金についても単に利益だけを求めなくなっている点をあげている。

（2）ヴェブレンの「衒示的消費」理論をもとにした説明

　前述のように、自身の欲求がマズローの提示する欲求段階の上位に位置しているために、社会性を考慮した消費をする場合がある一方、自身の欲求からではなく、ステイタスを求めて、社会性を考慮した消費をする場合も考えられる。

　ヴェブレン（Veblen, Thorstein）は『有閑階級の理論』のなかで、様々な消費財は使用価値を持った有用なモノであると共に、社会的ステイタスを表現する記号でもあると述べ、そうしたステイタスを表示するために行われる消費を「衒示的消費」と呼んだ[118]。

モノが行き渡っていないときには、モノを持つこと自体がステイタスを意味していた。しかし、豊饒の時代になり、モノが行きわたると、モノを所有することのステイタス的な意味は軽減されてきた。そして、所有することに代わるステイタス・シンボルとして、呱々の声をあげたのが、社会性を持った消費である。このことをハイブリッド・カーという環境性を強調した車を例にとって説明すると、以下のようになる。消費者にとってハイブリッド・カーに乗ることの意味としては次の3点が考えられる。第1に、その燃費の良さといった使用価値による欲求充足である。第2に、マズローの欲求段階の上位に位置するようになったために芽生えた社会性に対する欲求からの環境への配慮という自分自身の欲求充足の意味が考えられる。これらに加えて、第3に、環境志向の消費行動を行うことが、ステイタスとなっているため、環境配慮を行っていることのステイタス・シンボルとしての、衒示的消費の意味も含まれる。公共団体が公用車をすべてハイブリッド・カーに変更することの意味の一部にも、この「社会性のアピール」があると考えられる。

　このような、ステイタスを考慮した社会的消費を筆者はヴェブレン的社会消費と名づけたい。

(3) 愛国的社会消費による説明

図表1-10　米国における9.11後の意識変化

	9.11 前 (2001 年 3 月)	9.11 後 (2001 年 10 月)
価格と品質が同じならばコーズ支援をするためにブランドを変更する	54%	81%
企業のコーズへのコミットメントは、どの企業に自分のコミュニティーで活動して欲しいかを決めるうえで重要である	58%	80%
企業はコーズを支援する責任がある	65%	79%
経済状況が悪く消費者の財布のひもが固くなっているときにも、企業がコーズを支え続けることは重要である	71%	88%

出所：Cone（2001）のデータをもとに作成。

　図表1-10のように、2001年9月11日の同時多発テロ直後に、米国民の企業に対する見方が大幅に変化している。すべての質問項目で、9.11の同時多発テロ前よりも、9.11後の数値の方が上昇していることから、企業の社

会的役割に対する期待が高まったことがわかる。CRM の効果に直結する「価格と品質が同じならばコーズ支援をするためにブランドを変更する」と答えた割合は、9.11 の同時多発テロ前の 54% から、9.11 後には、81% へ跳ね上がっている。自らが属している国が危機に瀕した場合、国内の人々は、自分が所属している国を支える必要性を感じ、国のためになる社会的消費意欲が高まると考えられる。これを、「愛国的社会消費」と名づけたい。東日本大震災後の日本の応援消費の盛り上がりも、この「愛国的社会消費」によって説明できよう。

(4) 3つの消費欲求

　以上述べてきたように、社会性を持った消費欲求は3つの方向からの変化によって誕生したと考えることができる。1つは、マズローの欲求段階を上がることによって生じた自らの消費欲求の変化による、マズロー的社会消費欲求によるものである。2つ目は、ヴェブレンの衒示的消費の対象としてのモノに代わる新たなステイタスとしての地位を得た「社会性を持った消費」に対する欲求を意味するヴェブレン的社会消費欲求によるものである。そして、3つ目は、自分が所属している国が危機に瀕したときに発生する愛国的社会消費欲求によるものである。

　Adkins[119] および Pringle ら[120] では、消費者の欲求変化の原因を、マズロー的社会消費欲求のみに帰している。また、社会的消費者と名づけた間々田[121] においても、社会的消費者を消費の社会的な側面について十分な認識を持ち、それに基づいた消費行動を行える消費者と捉えている。両者に共通している点は高邁な社会志向を持った消費者の登場を、消費者の欲求変化の源泉と捉えている点である。

　しかし、本書が指摘したように、ステイタスを求めたヴェブレン的社会消費欲求や、所属する国が危機に瀕したときの愛国的社会消費も含めて、CRM が盛んになる背景を捉える必要がある。外見上は、自身のマズロー的な基準によって、社会性を持った消費行動を行っている場合と、ヴェブレン的な意味で社会性を持った消費行動を行っている場合と、愛国的な意味で社会性を持った消

費行動を行っている場合とを区別することはできない。また、インタビューを行ったとしても、ヴェブレン的意味で社会性を持った消費行動を行っている消費者の多くは、その他の意味で消費行動を行っていると回答するであろう。しかし、国が危機に瀕していない消費者の欲求変化の原因について考える際、消費者自身のマズロー的社会消費欲求と、対外的なステイタスを考慮したヴェブレン的社会消費欲求のうち、単純にどちらか一方の動機によると考えるより、両方の動機が混在していると考える方が自然であろう。

Adkins[122] および Pringle ら[123] では、マズローの欲求5段階説上の欲求高度化と、企業の地位の相対的上昇が相まって、CRM が盛んに行われる土壌が醸造されていると論じられているが、本書では、国が危機に瀕していないときには、これにヴェブレン的社会消費欲求をも含めて、「マズロー的社会消費欲求」と、「ヴェブレン的社会消費欲求」と、「企業の相対的地位の向上」が三位一体となったことが、CRM が消費者に受け入れられる背景にあると考える。そして、国が危機に瀕したときには、これに「愛国的社会消費」が加わることになる。

このような背景のもと、社会貢献はしたいが、自分の懐を痛めるのが嫌な消費者[124] と企業とのあいだで、当然の帰結として盛んになってきたのが CRM である。以下では CRM がどのようにこれらの消費者の社会的欲求充足に資するかについて、アメリカン・エキスプレスの「Charge Against Hunger」との CRM キャンペーンの事例を通してみていく。

マズローの欲求段階の上位に位置するようになったことから、贅沢な消費をすることに対する罪悪感が生ずる場合が想定できる。例えば、高価なランチを食べたことに対する罪悪感が生じたとする。そのとき、アメリカン・エキスプレス・カードで決済すると、CRM を通して、「Charge Against Hunger」という飢餓救済運動へ寄付がなされるスキームが組まれていることにより、消費者はその罪悪感を払拭することができる[125]。換言すれば、マズロー的社会消費欲求が満たされることになる。さらに、このスキームが周知されていれば、アメリカン・エキスプレス・カードを使用することにより、自分が飢餓問題に関

心を寄せていることをアピールすることができ、ヴェブレン的社会消費欲求を
も充足しうることになる。

　同様に、Strahilevitz ら[126]においても、贅沢なフランス料理は、楽しみと
共に、贅沢をしすぎたという罪悪感を創出すると指摘している。そして、この
2つが混ざり合った感情が、利他的な行動に対する欲求を補完するとしている。
その結果、贅沢な夕食がチャリティーに対する寄付への誘因となると指摘して
いる。

<注>
(1) この章は以下の論文・書籍を加筆修正したものである。
　　　世良耕一（2001a）「コーズ・リレイテッド・マーケティングの定義に関する一考察〜企
　　業と公益活動との新しい調和を目指して〜」『公益学研究』（日本公益学会）第1巻第1号、
　　pp.9-16。
　　　世良耕一（2002）「コーズ・リレイテッド・マーケティングを通した消費者とのマーケテ
　　ィング・コミュニケーションに関する一考察」『函大商学論究』（函館大学）第34輯第2
　　号、pp.45-71。
　　　世良耕一（2004a）「コーズ・リレイテッド・マーケティング評価に影響を与える要因
　　に関する一考察〜『消費者とコーズの関係』からのアプローチ〜」『広告科学』第45集、
　　pp.90-105。
　　　世良耕一（2010a）「コーズ・リレーテッド・マーケティングにおける『正直なコミュニ
　　ケーション』の必要性について」『日経広告研究所報』252号、pp.27-34。
　　　世良耕一（2013）「第3章　コーズ・リレーテッド・マーケティングを通した企業と公
　　益のありかた」公益研究センター編『東日本大震災後の公益法人・NPO・公益学』文眞堂。
　　　世良耕一（2014a）「CRMに関する誤解を解く」『Volo（ウォロ）』Vol. 491、pp.21-23。
(2) 日経流通新聞、2009年8月5日。
(3) Chaney, Isabella and Nitha Dolli (2001), "Cause Related Marketing in New Zealand,"
　　International Journal of Nonprofit and Voluntary Sector Marketing, Vol. 6, Iss. 2, pp.156-163 で
　　は図表の中のコーズの例として「Cancer Society」や「Womens' Refuge Society」といっ
　　た「実体のある組織」が、Zdravkovica, Srdan, Peter Magnussonb and Sarah M. Stanleyc
　　(2010), "Dimensions of Fit Between a Brand and a Social Cause and Their Influence on
　　Attitudes," *International Journal of Research in Marketing*, Vol. 27, Iss. 2, pp. 151-160 におい
　　ても、図表の中のコーズの例として「American Heart Association」や「Susan G. Komen
　　Foundation」といった「実体のある組織」があがっている。そして、Barnes, Nora Ganim
　　and Debra A. Fitzgibbons (1991), "Is Cause Related Marketing in Your Future?", *Business
　　Forum*, Fall91, Vol. 16 Issue 4, pp. 20-23 では図表の中のコーズの例として「Earth Day
　　1990」や「Live Aid」といった「実体のある活動」があがっている。
(4) MacMillan English Dictionary, 2002.
(5)「世良耕一（2004a）、前掲論文」以降の拙稿における「コーズの定義」。
(6) 西尾チヅル（2007）「第1章　マーケティング概念とその変遷」西尾チヅル編『マーケテ
　　ィングの基礎と潮流』八千代出版、および西尾チヅル（2015）「エシカル消費・行動の源泉」
　　『流通情報』Vol. 516、pp.6-18。

(7) 丸岡吉人(2007)「第6章 新しいブランド・コミュニケーション」仁科貞文、田中洋、丸岡吉人『広告心理』電通。

(8) 竹内淑恵(2013)「『市場を創る』が変わる―論点提示型コミュニケーションの可能性」『AD Studies』Vol. 44、pp.24-30。

(9) 浜岡誠(2012)「第5章 戦略的社会貢献とマーケティング」塚本一郎、関正雄編『社会貢献によるビジネス・イノベーション：「CSR」を超えて』丸善出版。

(10) Liu, Gordon and Wai-Wai Ko (2011), "An Analysis of Cause-Related Marketing Implementation Strategies Through Social Alliance: Partnership Conditions and Strategic Objectives," *Journal of Business Ethics*, Vol.100, Iss. 2, pp.253-283.

(11) Cone (2007), *Research Report 2007 Cone Cause Evolution & Environmental Survey*, http://www.coneinc.com/stuff/contentmgr/files/0/a8880735bb2e2e894a949830055ad559/files/2007_cause_evolution_survey.pdf.

(12) Davidson, John (1997), "Cancer Sells," *Working Woman*, Vol.22 Iss.5, pp.36-39,68.

(13) Business Week (1982), "AmEx Shows the Way to Benefit from Giving," *Business Week*, Oct. 18, pp.34-35.

(14) Rentschler, Ruth and Greg Wood (2001), "Cause Related Marketing: Can the Arts Afford Not to Participate?", *Services Marketing Quarterly*, Vol. 22, Iss. 1, pp.57-69.

(15) McGlone, Colleen and Nathan Martin (2006), "Nike`s Corporate Interest Lives Strong: A Case of Cause-Related Marketing and Leveraging," *Sport Marketing Quarterly*, Vol.15, Iss.3, pp.184-188.

(16) Roy, Donald P. and Timothy R. Graeff (2003), "Consumer Attitudes toward Cause-Related Marketing Activities in Professional Sports," *Sport Marketing Quarterly*, Vol.12, Iss. 3, pp.163-172.

(17) Irwin, Richard L., Tony Lachowetz, T. Bettina Cornwell, and John S. Clark (2003), "Cause-Related Sponsorhip: An Assessment of Spectator Beliefs, Attitudes, and Behavioral Intentions," *Sport Marketing Quarterly*, Vol. 12, Iss. 3, pp.131-139.

(18) Lachowetz, Tony and Richard Irwin (2002), "FedEx and the St. Jude Classic: An Application of a Cause-Related Marketing Program (CRMP)," *Sport Marketing Quarterly*, Vol.11, Iss.2, pp.114-116

(19) Barnes, Nora Ganim and Dbra A. Fitzgibbons (1992), "Strategic Marketing for Charitable Organizations," *Health Marketing Quarterly*," Vol.9, Iss.3,4, pp.103-114.

(20) 日経ビジネス、2009年5月18日号。

(21) 日本経済新聞、2010年10月26日。

(22) 日経産業新聞、1999年1月26日。

(23) Josephson, Nancy (1984), "AmEx Raises Corporate Giving to Marketing Art," *Advertising Age*, Vol.55, Iss.4 (Jan.23), pp.M10-11, M14.

(24) Varadarajan, P.Rajan and Anil Menon (1988), "Cause-Related Marketing: A Coalignment of Marketing Strategy and Corporate Philanthropy," *Journal of Marketing*, Vol. 52, Iss.3 (July), pp.58-74.

(25) Andreasen, Alan R.(1996), "Profits for Nonprofits : Find a Corporate Partner," *Harvard Business Review*, Vol.74 Iss.6, pp.47-59.

(26) Adkins, Sue (1999), *Cause Related Marketing : Who Cares wins*, Butterworth-Heinemann.

(27) Andreasen (1996), 前掲論文。

(28) Adkins (1999), 前掲書。

(29) Andreasen (1996), 前掲論文。

（30）Barone, Michael J., Anthony D. Miyazaki, and Kimberly A. Taylor （2000）, "The Influence of Cause-Related Marketing on Consumer Choice: Does One Good Turn Deserve Another?" *Academy of Marketing Science*, Vol.28, Iss.2 （Spring 2000）, pp.248-262.

（31）Pringle, Hamish and Marjorie Thompson （1999）, *Brand Spirit: How Cause Related Marketing Builds Brands*, Wiley.

（32）Arnott, Nancy （1994）, "Marketing with a Passion," *Sales and Marketing Management*, Vol.146, Iss.1, pp.64-71.

（33）Gray, Robert （1998）, "All in a Good Cause," *Marketing*, Jan.29 1998, pp.19-20.

（34）Cone, Carol （1999）, "So What's Your Cause?," *Discount Store News*, Vol.38, Iss.8, p.17.

（35）Advertising Age （2003）, "Cause Marketing: After Two Decades of Growth, The Billion Spending Mark is in Sight," *Advertising Age* （Midwest region edition）, Jul. 28, p.2; Bhattacharya, Smeeta （2004）, "Cause Related Marketing: The Case of Stigmatized Products," Dissertation, Michigan State University.

（36）Cause Marketing は CRM と同義である。

（37）Coomes, Steve （2009）, "Cause Marketing Takes KFC's 'Freshness' Message to The Streets," *Nation's Restaurant News*, Vol.43, Iss.18, pp.84-85.

（38）Varadarajan and Menon （1988）, 前掲論文。

（39）Business in the Community （2001）, *Cause Related Marketing Corporate Survey Ⅲ*, Business in the Community.

（40）Kelley, Bill （1991）, "Cause-Related Marketing: Doing Well While Doing Good," *Sales & Marketing Management*, Vol.143, Iss.3, pp.60-65.

（41）Coomes （2009）, 前掲論文。

（42）ボルヴィックの 1 リッター・フォー・10 リッター・プログラムのホームページ http://www.volvic.co.jp/csr/1lfor10l/index.html。

（43）日経流通新聞、2009 年 8 月 5 日。

（44）朝日新聞、2010 年 6 月 11 日。

（45）CM 総合研究所 （2007）『CM　INDEX』2007 年 8 月号、第 22 巻第 8 号、p.88。

（46）CM 総合研究所 （2009）『CM　INDEX』2009 年 8 月号、第 24 巻第 8 号、p.90。

（47）ボルヴィックの 1 リッター・フォー・10 リッター・プログラムの前掲ホームページ。

（48）宣伝会議、2010 年 1 月号。

（49）Forehand, Mark R. and Sonya Grier （2003）, When Is Honesty the Best Policy? The Effect of Stated Company Intent on Consumer Skepticism, *Journal of Consumer Psychology*, Vol.13, Iss.3, pp.349-356.

（50）Forehand and Grier （2003）, 前掲論文では、CSM と表記、CSM は Corporate Societal Marketing の略で、CRM、企業スポンサーシップ、企業ボランティア等を含む概念と定義付けている。

（51）Mescon, Timothy S., Donn J. Tilson, and Robert Desman （1995）, "Corporate Philanthropy: A Strategic Approach to the Bottom Line," *Philanthropy and Economic Development, （Edited by Richard F. America）*, Greenwood Pub Group, pp.54-64.

（52）Kelley （1991）, 前掲論文。

（53）Adkins（1999）, 前掲書; Hemphill, Thomas A. （1996）, "Cause-Related Marketing, Fundraising, and Environmental Nonprofit Organizations," *Nonprofit Management & Leadership*, Vol.6, Iss.4, pp.403-418; Mescon, Tilson, and Desman （1995）, 前掲書 ; Stoolmacher, Irwin S. （2004）, "Cause-related marketing and your nonprofit," *Board & Administrator; for Administrators Only*, Vol.20, Iss.6, pp.3-7; Wu, Shwu-Ing and Jr-Ming Hung （2007）, "The Performance Measurement of Cause-

Related Marketing by Balance Scorecard," *Total Quality Management & Business Excellence*, Vol.18, Iss.7, pp.771-791.

(54) Hemphill (1996), 前掲論文。

(55) Mescon, Tilson and Desman (1995), 前掲書。

(56) Stoolmacher (2004), 前掲論文。

(57) Andreasen (1996), 前掲論文。

(58) Davidson (1997), 前掲論文。

(59) Andreasen (1996), 前掲論文。

(60) Mescon, Tilson and Desman (1995), 前掲書。

(61) Wall, Wendy L. (1984), "Helping Hands: Companies Change The Ways They Make Charitable Donations—'Enlightened Self-Interest' is Used in Selecting Donees; Eyeing Cash Substitutes—Failure of a Worthy Cause," *Wall Street Journal (Eastern Edition)*, Jun. 21.

(62) Business Week (1982), 前掲誌。

(63) Welsh, Jerry C (1999), "Good Cause, Good Business," *Harvard Business Review*, Vol.77 Iss. 5, pp.21-24

(64) Miller, William H (1990), "Doing Well by Doing Good", *Industry Week*, Vol.239, Iss.21 (Nov.5) pp.54-55.

(65) Kelley (1991), 前掲論文。

(66) Josephson (1984), 前掲論文。

(67) Josephson (1984), 前掲論文。

(68) Josephson (1984), 前掲論文。

(69) Wall (1984), 前掲紙。

(70) Adkins (1999), 前掲書。

(71) Business Week (1982), 前掲論文。

(72) Josephson (1984), 前掲論文。

(73) Kelley (1991), 前掲論文。

(74) Massengill, Reed (1999), *Becoming American Express: 150 Years of Reinvention and Customer Service*, American Express Company, (『アメリカン・エキスプレスの歩み』アメリカン・エキスプレス、1999年)。

(75) Andreasen (1996), 前掲論文; Gourville, John T. and V. Kasturi Rangan (2004), "Valuing the Cause Marketing Relationship," *California Management Review*, Vol.47, Iss.1, pp.38-57; Hunt, Avery (1986), "Strategic Philanthropy," *Across the Board*, Vol.23, Jul.-Aug., pp.23-30; Josephson (1984), 前掲論文; Lachowetz and Irwin (2002), 前掲論文; Smith, Warren and Matthew Higgins (2000), "Cause-Related Marketing: Ethics and Ecstatic," *Business and Society*, Vol.39, Iss.3, pp304-322; Varadarajan and Menon (1988), 前掲論文; Wall (1984), 前掲紙。

(76) Josephson (1984), 前掲論文。

(77) Mescon, Tilson, and Desman (1995), 前掲書; Miller (1990), 前掲論文。

(78) Andreasen (1996), 前掲論文; Hunt (1986), 前掲論文; Lachowetz and Irwin (2002), 前掲論文; Medcalf, Graham (2006), "Social Activism," *NZ Marketing Magazine*, Vol.25, Iss. 11, pp.14-19; Ptacek, Joseph J. and Gina Salazar (1997), "Enlightened Self-Interest: Selling Business on the Benefits of Cause-Related Marketing," *Nonprofit World*, Vol.15 Iss.4, pp. 9-13; Stark, Myra (1999), "Brand Aid: Cause Effective," *Brandweek*, Vol.40, Iss.8, pp.20-22; Vass, Kathy (2005), "The New Cause And Effect of Promotional Marketing," *Textile World*, Vol.155, Iss.6, pp.18-19; Wall (1984), 前掲紙。

(79) Caesar, Patricia (1986), "Cause-Related Marketing: New Face of Corporate Philanthropy," *Business & Society Review*, Iss. 59（Fall）pp.15-19.

(80) Hunt（1986），前掲論文；Mescon, Tilson, and Desman（1995），前掲書；Wall（1984），前掲紙。

(81) Mescon, Tilson, and Desman（1995），前掲書；Wall（1984），前掲紙。

(82) Hunt（1986），前掲論文；Lachowetz and Irwin（2002），前掲論文；Medcalf（2006），前掲論文；Vass（2005），前掲誌。

(83) Josephson（1984），前掲論文；Mescon, Tilson and Desman（1995），前掲書。

(84) Lachowetz and Irwin（2002），前掲論文；Mescon, Tilson and Desman（1995），前掲書；Wall（1984），前掲紙。

(85) Andreasen（1996），前掲論文；Caesar（1986），前掲論文；Garrison, John R.（1990），"A New Twist to Cause Marketing," *Fund Raising Management*, Vol.20 Iss.12, pp.40-44,68; Hunt（1986），前掲論文；Miller（1990），前掲論文；Ptacek, Joseph J. and Gina Salazar（1997），"Enlightened Self-Interest: Selling Business on the Benefits of Cause-Related Marketing," *Nonprofit World*, Vol.15 Iss. 4, pp.9-13; Stark（1999），前掲論文。

(86) Miller（1990），前掲論文。

(87) Massengill（1999），前掲書。

(88) Mescon, Tilson, and Desman（1995），前掲書。

(89) Josephson（1984），前掲論文。

(90) Massengill（1999），前掲書。

(91) Josephson（1984），前掲論文；Massengill（1999），前掲書。

(92) Edomondson, Brad（1992），"Cause-Related Reasoning," *American Demographics*, Vol. 14, Iss.1, p.2; Garrison（1990），前掲論文；Kiviat, Barbara（2008），"A Brief History of Creative Capitalism," *Time*, Vol. 172, Iss. 6, pp.42-43; Kotler, Philip, Hermawan Kartajaya, and Iwan Setiawan（2010），*Marketing 3.0: From Products to Customers to the Human Spirit*, Wiley,（恩蔵直人監訳、藤井清美訳『コトラーのマーケティング3.0　ソーシャルメディア時代の新法則』朝日新聞出版、2010 年); Medcalf（2006），前掲論文；Newcomb, Kelly（2007），"Cause Marketing : Good for Humanity and Good for Your Business," *Debt3*, Vol.22, Iss.6, pp.24-25; Ratnesar, Romesh（1997），"Doing Well by Doing Good," *The New Republic*, Vol. 216, Iss. 1/2, pp.18-20; Vass（2005），前掲誌。

(93) アメリカン・エキスプレスのホームページ　http://www.americanexpress.com/japan/legal/Company/philanthropy.shtml。

(94) Barnes, Nora Ganim（1991），"Philanthropy, Profits, and Problems: The Emergence of Joint Venture Marketing," *Akron Business and Economic Review*, Vol.22, Iss.4, pp.78-86; Barnes, Nora Ganim（1994），"Cause-Related Marketing Revisited the Effects of the United Way Scandal," *American Business Review*, Vol.12, Iss.2, pp.95-99; Barnes, Nora Ganim and Dbra A. Fitzgibbons（1992），"Strategic Marketing for Charitable Organizations," *Health Marketing Quarterly*," Vol.9, Iss.3,4, pp.103-114.

(95) Smith and Higgins（2000），前掲論文。

(96) Barnes（1991），前掲論文；Barnes and Fitzgibbons（1991），前掲論文。

(97) Eikenberry, Angela M.（2009），"The Hidden Costs of Cause Marketing," *Stanford Social Innovation Review*, Vol.7, Iss.3, pp.51-55.

(98) Nickel, Patricia Mooney and Angela M. Eikenberry（2009），"A Critique of the Discourse of Marketized Philanthropy," *The American Behavioral Scientist*, Vol.52, Iss.7, pp.974-989.

(99) Varadarajan and Menon (1988), 前掲論文。

(100) Adkins (1999), 前掲書。

(101) 伊藤佳代 (2008)「サステナ日本の新たな挑戦〜 2050 年プロジェクト〜」http://www.sustainability-fj.org/project_2050/pdf/project_2050.pdf.

(102) Adkins (1999), 前掲書。

(103) Pringle and Thompson (1999), 前掲書。

(104) 日経エコロジー、2013 年 8 月号。

(105) 日経エコロジー、2013 年 8 月号。

(106) 宣伝会議、2010 年 1 月号。

(107) メセナは芸術・文化支援に限定した企業の社会貢献活動を指す。なお、石井淳蔵 (1992)「企業メセナの新しい視点」『マーケティング・ジャーナル』第 11 巻 3 号、pp.15-23 のようにフィランソロピーと同義と捉えている文献もある。

(108) ベルマーク助成財団 (2009)『ベルマーク手帳 2009』。

(109) ベルマーク助成財団 (2009), 前掲書。

(110) Pringle and Thompson (1999), 前掲書；Smith and Higgins (2000), 前掲論文。

(111) Adkins (1999), 前掲書。

(112) Creyer, Elizabeth H. and William T. Ross Jr. (1997),"The Influence of Firm Behavior on Purchase Intention: Do Consumer Really Care about Business Ethics?," *Journal of Consumer Marketing*, Vol.14, Iss.6, pp.421-432.

(113) 間々田孝夫 (2000)『消費社会論』有斐閣。

(114) Maslow, Abraham (1943) "A Theory of Human Motivation," *Psychological Review*, Vol. 50, Iss.4, pp.370-396.

(115) Adkins (1999), 前掲書。

(116) Pringle and Thompson (1999), 前掲書。

(117) Pringle and Thompson (1999), 前掲書。

(118) 岡本慶一 (1993)「消費文化の変革と価値デザイン〜日本型消費社会と企業〜」星野克美編『文化・記号のマーケティング』国元書房。

(119) Adkins (1999), 前掲書。

(120) Pringle and Thompson (1999), 前掲書。

(121) 間々田 (2000), 前掲書。

(122) Adkins (1999), 前掲書。

(123) Pringle and Thompson (1999), 前掲書。

(124) Dwek, Robert (1992), "Doing Well by Giving Generously," *Marketing*, July 23, pp.16-18., Nichols, 1990.

(125) Pringle and Thompson (1999), 前掲書。

(126) Strahilevitz, Michal and John G. Myers (1998), "Donations to Charity as Purchase Incentives: How Well They Work May Depend on What You Are Trying to Sell," *Journal of Consumer Research*, Vol.24, (March), pp.434-446.

第 2 章
コーズ・リレーテッド・マーケティングの効果[1]

CRM が企業にもたらす効果にはプラス面ばかりではなく、マイナス面もある。そこで、本章ではプラス効果とマイナス効果に分けて論じていく。

 ## CRM のプラス効果

企業が CRM を実施した場合のプラス効果には、比較的短期間に効果が現れるものと、効果が現れるまで時間がかかるものがある。そこで、本節では、CRM の企業に対する効果について短期的効果と長期的効果について論じていく。

1．短期的効果

CRM を通した企業に対する短期的効果は、関連づけた商品の売上増に「直接的に」結びつく場合と、プロモーション効果やスピルオーバー効果を通して「間接的に」売上に寄与する場合がある。プロモーション効果については、「第4章②4．プロモーション・ミックスとしての CRM」で述べているため、ここでは、それ以外の効果についてみていく。

（1）直接的な売上効果

企業が CRM を通して社会貢献を実施していることを、積極的にコミュニケーションすることによって、直接的に売上に寄与する場合がある。ここでは、

その具体的な事例についてみていく。

　前述のように、1983年の「自由の女神修繕キャンペーン」の内容は、アメリカン・エキスプレス・カードが使用される度に1セントを、同カードの新規発行1件ごとに1ドルを、自由の女神修繕のために寄付するというものであった。その結果、キャンペーン期間中のアメリカン・エキスプレス・カードの利用額が上昇するという成果を収めた。

　また、グリーティング・カード会社のCarolyn Ben Publishing社はCRMを導入し、動物愛護団体等のコーズと提携し、グリーティング・カードをテレビの人気キャラクターから可愛らしい動物等にしたうえで「売上の1%は、これらのコーズ支援のために使われる」というメッセージを入れたものに変更した。その結果、上場以来5年間にわたり続いていた赤字に終止符を打ち、黒字転換に成功した[2]。

　Business in the Community (2004) [3] では、英国において、大手スーパーのテスコ社のテスコ・クラブカードのデータを分析し、以下のように、CRMが売上に与える影響を実証した。分析対象としたのは、Persil（食洗器用洗剤のブランド名）とComic Relief（コーズ）とのあいだで行われたCRMである。CRM期間の12週間のPersilの売上は、直前の12週間の売上を13%上まわった。また、Persilの売上は前年同期と比べても19%上まわり、すでに食洗器用洗剤のトップ・ブランドであったPersilのマーケット・シェアを、CRM期間中に3%押しあげた。これらの結果から、CRMは売上に対して直接的な影響があるという結論を導出している。

　その他の事例をまとめたものが図表2-1である。ここでは、CRM実施内容と、その期間中の効果を示している。いずれの場合もCRMが売上増に結び付いていることがわかる。しかしながら、CRM以外の要因も売上に寄与しているため、CRM実施期間の売上増が、すべてCRMに起因しているとは考えられない点も指摘しておきたい。

　例えば、日本経済新聞[4] では、ヤマト運輸の場合、2011年4〜6月期の増益の要因として、「宅急便1個につき10円」とした被災地への寄付もシェア獲

図表 2-1　CRM の売上に結びついた事例

企業／ブランド	支援先コーズ	年	内容	成果
Dollar-Rent-A-Car	Special Olympic	1993	6 週間のキャンペーン期間中予約 1 件につき 1 ドルを寄付	予約が 25％増
コカ・コーラ	Mothers Against Drunk Driving	1997	400 店以上のウォルマートにおいて 6 週間コカ・コーラ 1 ケースごとに 15 セントを寄付	490％の売上増
Visa	Reading is Fundamental	1997	11 月と 12 月のカード利用回数に応じて寄付	17％の売上増
British Telecommunication	WWF	1997	10 ～ 12 月の Call Diversion 契約ごとに 1 ポンドを寄付	26.72％の売上増
Persil	Comic Relief	1999	特製の赤鼻ボックスの Persil の大きさごとに、1.35kg は 5p（ペンス）、2.7kg は 10p、4.5kg は 25p、6.75kg は 40p を寄付	25％の売上増
Briggs & Stratton	National Wildlife Federation	2002	芝刈り機のチューンナップが環境負荷を減らすといった情報を提供する Web サイトのスポンサーになる	チューンナップの道具の売上が 3 倍増
TUMS	First Responder Institute	2003	ボトル 1 本ごとに 10 セントを寄付	16％の売上増（陳列は 30％増）
アサヒビール	各都道府県の環境保全活動等	2009	スーパードライ対象商品 1 本につき 1 円を寄付	2009 年の売上前年同期比 5％増（2008 年は 4％減）
British Telecommunication	ChildLine	—	ボイスメールのサービス契約ごとに寄付	サービス契約が 25％増、ダイレクトメールの返信率が 3 倍
British Telecommunication	The Royal National Institute for the Blind	—	Big Button 電話がレンタルされるごとに 1.5 ポンドを寄付（寄付上限は 10 万ポンド）	2 ヶ月間で 12 ヶ月分の売上目標達成
Calphalon Corporation	Share Our Strength	—	売上げの芳しくない鍋にコーズの名前とロゴを付け、販売ごとに 5 ドルを寄付	250％の売上増

出所：Stannard-Friel（2004）、Adkins（1999）、日経流通新聞 2009 年 8 月 5 日、Business In The Community ホームページ（http://www.bitc.org.uk/resources/case_studies/afe1184_btchildline.html）、アサヒビールホームページ（http://www.asahibeer.co.jp/superdry/umaasu/）をもとに筆者が作成。

得に功を奏している可能性があるとしている。しかし、翌年同社が減益になった際に、同紙[5]は前年同期の特殊要因としては、「個人が被災地向けに食料品や日用品などを送る小口の輸送や、被災した住民の仮説住宅への引っ越し需要が膨らんだ」とし、増益時に特殊要因としてあがっていた「宅急便1個につき10円」の寄付はあがっていない。このことから、良い結果が出ているときにのみ、CRMに起因すると分析しがちであることがうかがえる。

　そこで、CRMのみの影響についてみるためには以下のような実店舗を使った調査や、筆者が継続的に行っているような「CRMの購買意欲へ与える影響に関する調査結果」を合わせてみていく必要がある。

　実店舗を使った調査としては、Cone[6]とSteckstor[7]の調査があげられる。Cone[8]では、Cone社とデューク大学が共同で調査を行い、18歳から62歳の被験者に、通常の広告かCRM広告のどちらかを見せたうえで、150種の商品が並んだコンビニエンス・ストアの模擬店舗で買い物を行わせている。棚には「great value」と通常の商品の安売りを強調した棚か、「proud supporter of ……」とCRM商品のコーズ支援を強調した棚のどちらかが設置されている。その結果、「歯磨き粉」ではCRM広告を見た被験者の当該ブランド（targeted brand）購買率が64%であるのに対し、通常広告を見た被験者のそれは50%であり、CRM広告を見た被験者の購買率は通常広告を見た被験者と比べ28%上昇している（64/50=1.28）としている。さらに、「シャンプー」では、CRM広告を見た被験者の当該ブランド購買率が47%であるのに対し、通常の広告を見た被験者のそれは27%であり、CRM広告を見た被験者の購買率は通常広告を見た被験者と比べ74%上昇している（47/27=1.74）としている。これらの結果がCRMの売上増への寄与を裏づけている。

　また、Steckstor[9]ではヨーロッパの大きなギフトショップのネット上の店舗を使用した調査が行われている。アフリカにおける人道援助活動に携わる著名なNPOに、CRM商品が売れる度に4ユーロが寄付されるというかたちで行われたキャンペーンの実施期間中、通常商品と比べて購入数量が増加したという結果を導出している。なお、4ユーロの寄付は消費者と企業で折半されている

ため、CRM 商品は 2 ユ
ーロ高くなっている。

　このような実店舗で
の調査に加え、直接的
に CRM 商品の影響を
被験者に尋ねた調査結
果もあわせて、みてい
く必要があろう。図表
2-2 の結果から、「価
格と品質が同じであれ
ば、社会貢献活動と関
連のあるブランドに変
更する」と回答した割

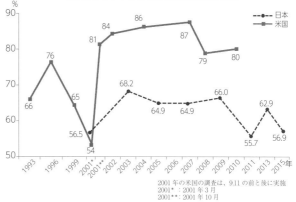

図表 2-2　価格と品質が同じであれば、社会貢献活動と関連
のあるブランドに変更する割合の日米比較

2001 年の米国の調査は、9.11 の前と後に実施
2001＊：2001 年 3 月
2001＊＊：2001 年 10 月

出所：日本の調査はそれぞれ 2001 年、2003 年、2005 年、2007 年、2009
　　　年、2011 年、2013 年、2015 年に大学生に対して筆者が行った調査結果。
　　　米国の調査は Cone ら（1999）、Cone（2002）、Cone（2004）、Cone
　　　（2007）、Cone（2008）、Cone（2010）のデータをもとに筆者が作成。

合は日米両国において、常に 5 割を超えており、CRM がブランド選択に影響
を与えていることがわかる。筆者が大学生を対象に行っている日本における隔
年調査では、2001 年の 56.5% から 2003 年に 68.2% と上昇し、ピークに達した
後、2009 年まで、60% 台で安定していたが、東日本大震災の 2 ヶ月後の 2011
年 5 月に調査を行った際には、55.7 に急落している。これと対照的に米国で
は、54% まで低下していた数値が、2001 年の 9.11 のテロ直後に、81% まで上
昇している。9.11 直後の米国同様に、東日本大震災後の支援ムードの高まりに
より、日本においても、数値が上昇すると予測していたが、逆の結果となっ
た。これは、地震という自然現象よりも、敵の存在する米国のテロの方が、愛
国的消費を喚起する傾向にあるということも、理由の 1 つとして考えられる。
その後、2013 年には 60% 台に回復したが、2015 年には再び、50% 台に低下し
ている。

　また、図表 2-2 において全般的に米国の数値の方が日本の数値を上まわって
いる。さらに、被験者が日本の場合、比較的に高い数値が出る大学生であるの
に対し、米国の場合はすべての年齢層に対する調査を行っていることを鑑みる

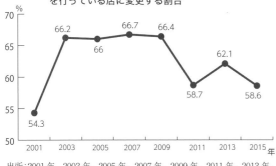

図表 2-3　価格と品質と距離が同じであれば、社会貢献活動を行っている店に変更する割合

出所：2001 年、2003 年、2005 年、2007 年、2009 年、2011 年、2013 年、2015 年に大学生に対して筆者が行った調査結果。

と、米国の調査も日本と同様に大学生に限定すると、日米の差はさらに広がることが予想される。なぜならば、2010 年の米国の調査結果[10] では、全体の数値が 80% であるのに対し、18 歳から 24 歳の若年層の数値は 85% と、高くなってお

り、同様に、2008 年の米国の調査[11] においても、全体の数値が 79% であるのに対し、18 歳から 24 歳では 88% と、高くなっているからである。

　一方、日本における CRM の店舗変更へ与える影響を示したものが図表 2-3 である。この調査は、図表 2-2 と同様に、日米比較を行うため、Cone 社が行っていた調査と同様の「価格と品質と距離が同じであれば、社会貢献活動を行っている店に変更するか（日本の調査では「距離」を追加した）」という質問をしたものである。米国の調査[12] では、1993 年は 62%、1999 年は 61% となっている。これらの米国での結果と図表 2-2 の日本での結果のいずれにおいても、50% を超えていることから、CRM は店舗選択へも影響をあたえることがわかる。なお、Cone 社の CRM による店舗変更に関する調査はその後、行われていない。日本においては、図表 2-2 と同様な動きをしており、2003 年に 60% 台に上昇した後、2009 年まで、60% 台で安定していたが、東日本大震災直後の 2011 年の調査では 50% 台に下落し、2013 年には、60% 台に回復したが、2015 年には再び 50% 台に下落している。

(2) スピルオーバー効果

　Krishna ら[13] では、CRM が CRM 商品（products on Cause Marketing）以外の商品に及ぼすプラス効果を意味する「CRM のスピルオーバー効果（spillover effects）」について検証した結果、企業が CRM を導入することにより、スピルオーバー効果が認められ、その企業の CRM 商品以外の商品にまで、販売促進効果が及ぶとしている。この結果から、CRM の効果を検証する際には、CRM 商品に対する効果のみで測定するのではなく、その企業全体に対する効果で検証すべきであるといえよう。

さらに、Krishna ら[14] では、ゲーム理論を用い、2 社が存在し、優位性のある商品（advantaged product）と劣勢な商品（disadvantaged product）を持っている場合に、どの商品を CRM 商品とするかを決定するモデルを検証している。

まず、スピルオーバー効果がない場合、CRM の費用を支払うのに十分な値上げができるときにのみ、CRM を導入するため、均衡（equilibrium）点においては、両社とも両商品を CRM 商品とするか、両社とも両商品を CRM 商品としないかのどちらかになるとしている。

次に、スピルオーバー効果がある場合、1 社のみが 1 つの商品のみを CRM 商品とすると、商品の価格を引き上げることができ、利益も増加するとしている。また、両社ともに CRM を導入するケースについては、スピルオーバー効果が高くないときには、共に劣勢な商品を CRM 商品とすることにより、均衡に達するとしている。一方、スピルオーバー効果が高い場合は、共に優位性のある商品と連動させることによっても均衡に達するが、劣勢な商品と連動させたときの方が、優位性のある商品と連動させたときよりも企業の利益は大きくなるという結果を導出している。いずれにしても、企業はすべての商品を CRM 商品とするのではなく、一部の商品を CRM 商品とし、他の企業と同じ商品を CRM 商品とするのを避けるべきであるとしている。

2. 長期的効果

CRM には比較的短期間に効果が現れるものばかりではなく、長い時間をかけて、その効果が現れる場合がある。CRM は短期効果としては前述のように、売上効果、スピルオーバー効果、プロモーション効果といった、企業のステーク・ホルダー（利害関係者）の中の顧客のみに対する効果が中心であるが、長

期的には、企業のステーク・ホルダー全体に影響を及ぼすことになる。そこで、ここでは企業のステーク・ホルダーである顧客、従業員、株主、社会に分けて、その長期的効果についてみていく。なお、一般消費者向け商品がない B to B 企業においては、CRM 導入に際して、これらのステーク・ホルダーのうち、顧客に対するマーケティングを CRM の目的とすることができないため、顧客以外の従業員や株主や社会に対するマーケティングをその目的に据えることになる。

（1）顧客に対する長期的効果

　CRM の顧客に対する長期的な効果としては、将来の顧客作りやブランド構築や商品差別化があげられる。ブランド構築と商品差別化については第 5 章で述べるため、ここでは将来の顧客作りの手段としての CRM についてみていく。

　将来の顧客として、まず、考えられるのが子供層である。goo リサーチリサーチャー（当時）の渡辺美希氏の「首都圏在住」かつ「小学生の子供がいる」1,085 人を対象にしたインターネットでの調査によると[15]、子供を対象とした企業の社会貢献活動に参加する前と後での子供の変化について聞いたところ、52.7% が「主催した企業に対する信頼感が高まった」と回答し、49.7% が「その企業が提供する商品やサービスに対して感じる魅力が高まった」と回答した。さらに、子供が活動に参加した後の親の行動として、「企業のホームページを見た」が 33.5%、「（企業の）サービス・商品を購入・利用した」が 20.1%、「サービス・商品の購入・利用を検討した」が 19.7% となっている。この結果から、子供を対象とした CRM は子供に対しては、将来の顧客作りを通して長期的な効果を、そしてその親に対しては、短期的な効果を期待できることになる。

　天体望遠鏡・双眼鏡等の総合光学機器メーカーであるビクセンは、2009 年から「天文部★応援中！」という活動を通して、学校に天文部を作る手助けを行っている[16]。生徒に対しては、活動を軌道に乗せるための支援活動として、望遠鏡工場や国立天文台の見学会を開催し、同社社員による学校機材の使い方講座や観測計画の立て方のサポートを行っている。天文部顧問や宇宙に興味の

ある先生に対しては、「生徒と見たい星情報」等を配信し、天文台や大学の研究者による、最先端の研究についての講演会も行っている。学校に天文部を作るコーズ支援活動を通して、生徒が同社商品である天体望遠鏡に触れる機会が増え、将来的には、購入に繋がることが期待できる。

　また、海外進出に際し、コーズ支援を先行し、将来の顧客作りを行ったうえで、その国に参入するといったCRM戦略も考えられる。エーザイの社長兼CEO（当時）の内藤晴夫氏は、以下のように、発展途上国の患者に熱帯病治療薬を無償で提供するコーズ支援を将来の顧客作りと明確に位置づけている[17]。「我々のコスト負担は2013年から2020年まで7年間で約35億円。先行投資と考えており、薬にはエーザイのロゴマークが入ります。ほかのエーザイの製品同様に、我々にとって愛着ある製品です。患者さんが、できれば経済的貢献をできるようになるぐらい回復してもらいたい。それが新興国における中間所得層の誕生の一要素になり、今度は我々の革新的な製品を購入してくれればと考えています」そして、見返りを求めないフィランソロピー的な支援については以下のように否定している。「ビジネスにCSR（企業の社会的責任）は存在しない、と私は思います。最終的に収益に結びつくということでけじめがつかないと、株主の納得は得られません。CSRでもチャリティーでもよいのですが、余裕がある時はやるけれども、なくなったらやめるということになりがちです」。

　このように、子供たちや発展途上国の人たちを対象としたコーズ支援は、将来の顧客作りと位置づけられる。

（2）従業員に対する長期的効果

　インターナル・マーケティングとは、顧客に対してサービスを提供する人たちにマーケティングの理念や技術を適用することであり、その目的は①最高の人材を採用し、引きつけるため、そして、②彼らが最高の働きぶりを発揮できるようにするためである[18]。CRMはこれらの目的達成の一助となる。

　前者の人材獲得を目的としたCRMの効果を示す調査としては、英国の調査会社MORIの以下のような結果がある。それは「社会やコミュニティーを支

えるような活動をしている会社で働きたいか」という質問に対して、87％が同意している[19]というものである。また、筆者が行った研究[20]において、「コーズ支援協働型インターンシップ」というCRMを活用した学生が企業のコーズ支援活動に参加するかたちでの日本式のインターンシップを提唱している。JRCM産学金連携センター[21]によると、「インターンシップ受け入れあり」と回答した企業のうち、74.6％がその受け入れ目的として「企業の社会的貢献」をあげている。この項目以外で半数を超える企業が、インターンシップ受け入れ目的としてあげた項目はないことから、日本において企業がインターンシップを受け入れる最大の目的は、「企業の社会的貢献」であることがわかる。学生が企業のコーズ支援活動に参加するかたちでのインターンシップは、この受け入れ目的が明確に伝わり、学生が企業の社会的側面に注目する契機にもなる。なお、コーズ支援協働型インターンシップの概念は、『教育CSR白書』[22]において、前述のリバネスCEO丸幸弘氏（当時）と筆者との巻頭対談というかたちで、紹介されている。

　インターナル・マーケティングの後者の従業員に対する効果を示す調査としては、Coneら[23]があげられる。CRMを行っている企業においては、87％の従業員が企業にロイヤルティーを持っているのに対し、CRMを行っていない企業ではその割合は67％と20％も低くなっている。さらに、従業員が勤務先企業にプライドを持っている割合は、CRMを行っている企業においては90％に達しているのに対し、CRMを行っていない企業では56％に過ぎないとしている。そして、この20％（87％と67％の差）と34％（90％と56％の差）という著しい差が、企業の最も大切な資産である従業員とのより強い絆作りに役立つことを示していると指摘している。このような、自社に対するロイヤルティーやプライドの差が、従業員のモラルに影響を与えることは容易に想像がつく。そのことは、同稿において企業の成功をはかる際に、財務的な面だけでなく、社会的な面の評価も入れるべきと考える従業員の割合が、CRMを実施している企業では、87％であるのに対し、CRMを実施していない企業では51％となっていることからも裏づけられよう。

さらに、CRM
のインターナル・
マーケティング効
果に関する研究と
しては、以下のよ
うなものがある。
Larson（1999）[24]
では、CRM の取
り組みが社内のマ
ーケティング担当
者の自社に対す

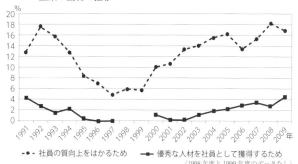

図表 2-4　メセナ活動の目的として「社員の質的向上をはかるため」、
　　　　　および「優秀な人材を社員として獲得するため」を選択した
　　　　　企業の割合の推移

- ● - 社員の質向上をはかるため　　ー■ー 優秀な人材を社員として獲得するため
(1998 年度と 1999 年度のデータなし)

出所：企業メセナ協議会（1992 ～ 2001、2003a、2003b、2004 ～ 2010）
　　　のデータをもとに筆者が作成。

る評価に影響をあたえるとしている。Larson ら（2008）[25] では、営業マンの
CRM を顧客が評価してくれるという信念が、企業に対する共感や仕事に対す
る自信を高め、結果的には、営業実績に影響をあたえるとしている。

　CRM にはこのようなインターナル・マーケティング効果があるが、日本の
現状に目を向けると、図表 2-4 のように、メセナ活動の目的として、「社員の
質的向上をはかるため」を選択した企業は、上昇傾向にあるものの 20％に満
たない数値で推移しており、多くの企業では、この目的でのコーズ支援は行っ
ていないことがわかる。さらに、「優秀な人材を社員として獲得するため」を
選択した企業は、5％に満たない数値で推移しており、リクルート面での効果
を期待したコーズ支援も行われていないことがわかる。

　したがって、前述のようなインターナル・マーケティング面でのコーズ支援
の効果が、企業側に認知されれば、コーズ支援はより活発に行われることにな
るであろう。

（3）株主に対する長期的効果

　図表 2-5 のように、株主優待の選択肢に寄付を入れるケースが増えてい
る。こういった寄付を「株主に対するマーケティング」と位置づけることに

図表 2-5 寄付を株主優待の選択肢に入れている企業数の推移

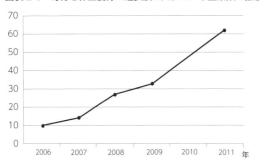

出所：朝日新聞 2010 年 3 月 19 日および日本経済新聞 2012 年 2 月 22 日に掲載されていた大和インベスター・リレーションズのデータをもとに筆者が作成。

より、CRM と捉えることができる。CRM は株主に対しても機能することは、Alniacik ら[26]のコーズ支援を含む CSR 活動が投資家の投資意欲に対しても有効であるとの調査結果から裏付けられる。また、株主に対してコーズ支援の説明責任を果たす際、見返りを求めないフィランソロピーとして行っている場合よりも、マーケティングの一環として行う CRM として行っている場合の方が、理解を得やすい。

(4) 社会に対する長期的効果

　企業のステーク・ホルダーの中に「社会」がある。CRM の場合、社会に対する効果として、利益増による納税を通した社会に対する経済的な効果があげられるが、第 7 章で後述しているため、ここでは、その他の効果としてあげられる「コミュニティーとの関係構築効果」と「ネガティブ・パブリシティー払拭効果」についてみていく。

①コミュニティーとの関係構築

　企業が、短期的な利益を極大化することが、必ずしも長期的な利益と結び付くわけではない。長期的な利益を極大化するためには、企業がゴーイング・コンサーン[27]を重視して、存続し続ける必要がある。そして、企業が存続していくためには、コミュニティーとの関係を良好に保つ必要があり、そのために必要なマーケティング戦略として存在するのが CRM である。そこで、コーズ支援を通して企業がコミュニティーとの関係を構築した事例についてみていく。

　ジャスコ（現イオン）は、1989 年 9 月にジャスコ誕生 20 周年を記念して「イオン・グループ 1％（ワンパーセント）クラブ」を設立した。創業者の岡田卓

也氏は、日本経済新聞の「私の履歴書」のなかで、1%クラブ設立のきっかけとなった事例を紹介している。それは、ミネアポリスに本社がある百貨店、Dayton Hudson社の「5%クラブ」の事例である。同社は米国でも早くから社会貢献活動を推進していたが、あるとき買収されそうになった。そして、市民が「これだけ地域に貢献している会社が買収されるのを阻止しよう」と立ち上がった。その結果、州法を変えてまで、買収を阻んだという[28]。この岡田氏が引用した事例は地域コミュニティーとの関係を保つためのCRMの重要性を裏づける事例といえよう。同様に、1992年のロサンゼルス暴動の際、マクドナルドのドナルド・マクドナルド・ハウス（Ronald McDonald House）を初めとする長期間の地域貢献活動の評判のおかげで、地区全体の商店が焼き討ちされ略奪されるなか、地域住民がマクドナルドの店舗を守ってくれたことがあった[29]。

　ソニーの渉外グループ・コミュニティー・リレーション室主査（当時）の金田晃一氏は、金銭寄付、製品寄贈、従業員のボランティア活動等の行為はコミュニティーのためだけでなく、コミュニティーとの関係を良好に保つというソニー自身の利益のためにも行っているにもかかわらず、「社会貢献」という言葉が持つ「一方的に社会のためにやっている」と受け止められる表現は「おこがましい」と考えた。そのため、2000年12月に「社会貢献室」を「コミュニティー・リレーション室」と名称変更し、「ソニーにかかわるコミュニティーとの関係を良好に保つための活動を行う部署」とした[30]。なお、同氏は、金田[31]において、「社会貢献活動」という表現に対して違和感を覚えた理由として以下の3点をあげている。①「社会貢献活動」の「動機」は、社会への貢献だけではない。②「社会貢献活動」は、社会への貢献のための中心的な「手段」ではない（ビジネス活動の成果こそが、企業による中心的な社会への貢献活動）。③「社会貢献活動」という「行為」が貢献する結果に繋がるとは限らない。

　金田氏の「社会貢献という言葉を使うのはおこがましい」という指摘は、非常に重要である。企業名を出してコーズ支援を行っている限り、企業に対して、何らかの見返りがあるため、企業はそれを認め、ソニーのように、きちんと戦略として位置づけていく必要がある。

②ネガティブ・パブリシティー払拭

　Varadarajan ら[32] では、人気があり、広く大衆に支持されているコーズと企業が連携して CRM を行うと、消費者の企業に対するイメージが向上する効果が期待できるため、この好イメージによって、企業はボイコット等の消費者間の企業に対する否定的な感情を緩和することができるとしている。これを裏づけた研究としては以下の2つがあげられる。

　Iwane[33] は、サブプライム問題に関与した架空の企業についての 20 人に対するディープ・インタビューの結果、全員が CRM は否定的な評判に対する実用的な解決策であると回答したとしている。しかし、そのうち 95％に当たる 19 人が CRM はそもそも最初に否定的な評判が発生したもととなった問題を解決した後の「追加的 (add on)」な構成要素 (component) として用いることができると感じていた。そして、CRM のみを実施した場合や、もともとの問題を解決するだけでは、両者を共に実施する場合と比べ、効果的な解決策とはみなされていないことが判明している。また、どうして CRM が有効であるかについては、悪評を戦略的に修正する別の局面を提供するためとしている。そして、回答時には「fix it plus」や「add on」といった言葉が多く用いられたという。また、CRM のタイミングについては、遅れてしまうよりも、早い行動が良いと大多数が考えているとしている。

　Creyer ら[34] では、根拠がないのにもかかわらず、心臓病のリスクを軽減する効果があるとシリアルを広告したことにより、消費者をだましたと批判されている架空の企業が、「何も対応しない場合」と、コーズ[35] でのボランティア活動を励行し支援する「ボランティア・コンディション」と、コーズ[36] のスポンサーとなる「スポンサーシップ・コンディション」と、一部をチャリティー組織に寄付をする「CRM コンディション」のそれぞれの場合、競争相手のシリアルと比較してどの程度の価格差ならば購入するかを尋ねている。その結果、「何もしない場合」はマイナス 25.38％、「ボランティア・コンディション」ではマイナス 0.98％、「スポンサーシップ・コンディション」ではプラス 8.8％、「CRM コンディション」ではマイナス 15.74％ となっている。これを検定した

結果、「ボランティア・コンディション」と「スポンサーシップ・コンディション」では「何もしない場合」と有意差がみられたが、「CRM コンディション」の場合は「何もしない場合」と有意差がみられなかったとしている。この研究では狭義の CRM の定義を採用しているため、「ボランティア・コンディション」と「スポンサーシップ・コンディション」を CRM とみなしていないが、コーズ支援をしたうえで、そのことをコミュニケーションし、マーケティングに結び付けているため、広義に捉えるとこれも CRM と位置づけられる。したがって、この調査結果から、CRM はネガティブ・パブリシティーを軽減する効果があるが、その仕組みとしては、売上と連動した寄付といった手法ではなく、スポンサーシップや従業員自らがコーズとして支援する手法が効果的であるといえよう。

　以上のように、前者の研究は定性的に、後者の研究は定量的にネガティブ・パブリシティーが発生した際の CRM の有効性を裏づけている。また、Lichtenstein ら [37] では、企業が CSR で悪い過去がある場合、その批判を浴びた分野と直接的に関係したコーズとパートナーを組むことを勧めている。

 ## CRM のマイナス効果

　CRM を実施しても、マイナスの効果が生ずる場合としては、第 6 章で後述する「消費者と支援先コーズの関係」への配慮を欠いた場合の他に、「透明性が欠如している場合」と「誤ったコミュニケーションを行った場合」が考えられるため、ここではそれらについてみていく。

1. 透明性が欠如している場合

　Avon 社の実施した「Avon Breast Cancer 3-Day walks」プログラムを通して、実際に乳がん基金に寄付されているお金についての嫌疑がかかったため、そのプログラムを中止したと糾弾している批評家がいた。これに対し、Avon 社は「550 万ドルの寄付が集まったとしても、そのうちの 220 万ドルは、マー

ケティングやマネジメントや管理のための費用や、参加者のための食料や水や医療費やテント代といった経費として消えていく」と説明している[38]。そして、Yoon ら[39]では、この問題が大きな話題になった結果、Avon 社の評価を下げ、2003 年から「Avon Breast Cancer 3-Day walks」プログラムを中止する結果になったとしている。

　CRM では注目を集めれば集めるほど、その透明性に配慮をする必要がある。消費者に透明性が欠如しているという印象をあたえてしまえば、この事例のように企業の評価を下げてしまうことになる。

2. 誤ったコミュニケーションを行った場合

　CRM において誤ったコミュニケーションを行った結果、失敗した事例[40]がある。その内容を要約すると以下のようになる。ジョンソン・エンド・ジョンソンの子会社の McNeil Consumer Products 社は、1994 年秋に、関節炎基金 (Arthritis Foundation) の名前とロゴを使用した 4 種の関節痛緩和薬を売り出した。その際、以下の 3 点の誤った広告コミュニケーションを行った。第一に、その有効成分はすでに市場に出ていたのにもかかわらず、新商品として広告した。第二に、同社が独自に開発したのにもかかわらず、関節炎基金が開発援助をしたと広告した。第三に、売上の一部が関節炎治療法発見に向けられると広告していたが、厳密にはこれは正しくなかった。同社は売上に関係なく毎年 100 万ドルを関節炎基金に支払うことを保証し、一定の売上を超えた場合、少額の追加使用料の支払いがなされることになっていたが、結果的にはその売上に達しなかった。これらの誤ったコミュニケーションの結果、米国の 19 の州が訴訟を起こし、消費者保護法違反との判決が出たため、200 万ドルの和解金を支払うことになった。

　この事例から、CRM を実施する企業は、常にコーズを利用しているのではないかという疑念の目が注がれていることを念頭におき、CRM の実施内容のコミュニケーションには細心の注意を払う必要があるといえよう。

＜注＞
⑴ この章は以下の論文を加筆修正したものである。
世良耕一（1998）「コーズ・リレイテッド・マーケティングの概念と日本における必要性
～フィランソロピーと併存する『社会貢献を行う際の選択肢として』～」『函大商学論究』
（函館大学）第 31 輯第 1 号、pp.79-99。
世良耕一（2000）「コーズ・リレイテッド・マーケティングに対する新しい視点」『函大商
学論究』（函館大学）第 33 輯第 1 号、pp.35-56。
世良耕一（2001b）「コーズ・リレイテッド・マーケティングを通したブランド構築に関す
る一考察～社会貢献による『ブランド拡張』と『ブランドの製品属性の補完』の可能性につ
いて～」『函大商学論究』（函館大学）第 34 輯第 1 号、pp.59-82。
世良耕一（2009b）「コーズ・リレーテッド・マーケティングの位置付けとその CSR 全般
への援用について」『日本経営倫理学会誌』第 16 号、pp.251-258。
世良耕一（2010a）「コーズ・リレーテッド・マーケティングにおける『正直なコミュニケ
ーション』の必要性について」『日経広告研究所報』252 号、pp.27-34。
⑵ Henricks, Mark（1991）, "Doing Well While Doing Good," *Small Business Reports*, Vol.16,
Iss.11, pp.28-38.
⑶ Business in the Community（2004）, *Brand Benefits: How Cause Related Marketing Impacts
on Brand Equity, Consumer behaviour and The Bottom Line*, http://www.bitc.org.uk/resources/
publications/brand_benefits.html.
⑷ 日本経済新聞、2011 年 7 月 28 日。
⑸ 日本経済新聞、2012 年 7 月 20 日。
⑹ Cone（2008）, *Past. Present. Future. The 25th Anniversary of Cause Marketing*, http://
www.coneinc.com/stuff/contentmgr/files/0/8ac1ce2f758c08eb226580a3b67d5617/files/
cone25thcause.pdf.
⑺ Steckstor, Denise（2011）, *The Effects of Cause-Related Marketing on Customers' Attitudes
and Buying Behavior*, Gabler Verlag.
⑻ Cone（2008）, 前掲論文。
⑼ Steckstor（2011）, 前掲書。
⑽ Cone（2010）, *2010 Cone Cause Evolution Study*, http://www.coneinc.com/2010-cone-
cause-evolution-study.
⑾ Cone（2008）, 前掲論文。
⑿ Cone Inc. and Roper Starch Worldwide INC（1999）, *THE EVOLUTION of Cause
Branding 1999 Cone/Roper Cause Related Trends Report*, Cone, Inc.
⒀ Krishna, Aradhna and Uday Rajan（2009）, "Cause Marketing: Spillover Effect of Cause-
Related Products in a Product Portfolio," *Management Science*, Vol.55, Iss. 9, pp.1469-1485.
⒁ Krishna and Rajan（2009）, 前掲論文。
⒂ 日経流通新聞、2011 年 11 月 6 日。
⒃ リバネス総合研究所編『教育応援、Vol. 19、2013 年 9 月』リバネス出版、教育 CSR 大
賞 2013 ホームページ http://www.kyouikuouen.com/2013/09/vixen-3/。
⒄ 日経ビジネス、2012 年 6 月 25 日号。
⒅ 木村達也（2007）『インターナル・マーケティング　内部組織へのマーケティング・ア
プローチ』中央経済社。
⒆ Adkins, Sue（1999）, *Cause Related Marketing : Who Cares wins*, Butterworth-Heinemann.
⒇ 世良耕一（2005）「コーズ・リレイテッド・マーケティングを通したコーズ支援協働型
インターンシップに関する一考察」、『経営論集』（北海学園大学）第 3 巻第 2 号、pp.15-
37、および世良耕一（2006）「コーズ支援協働型インターンシップの可能性についての一考

察～コーズ・リレイテッド・マーケティングを通した日本型インターンシップとして～」『公益学研究』（日本公益学会）第 6 巻 1 号、pp.24-32、および世良耕一（2007b）「コーズ・リレイテッド・マーケティングのパブリック・リレーションズ効果に関する一考察～コーズ支援協働型インターンシップを通して～」『日本経営倫理学会誌』第 14 号、pp.71-77。

（21）JRCM 産学金連携センター（2005）『産学連携実践型人材育成プログラムについての調査研究報告書』JRCM 産学金連携センター、および同センター提供資料。

（22）リバネス教育総合研究所編（2010）『教育 CSR 白書　2010 年度版』リバネス出版。

（23）Cone and Roper（1999），前掲論文。

（24）Larson, Brian V.（1999），"Doing Well by Doing Good: Linking Cause-Related Marketing to Sales Representatives` Corporate Evaluations," Dissertation, Oklahoma State University.

（25）Larson, Brian V., Karen E. Flaherty, Alex R. Zablah, Tom J. Brown, and Joshua L. Wiener（2008），"Linking Cause Related Marketing to Sales Force Responses and Performance in a Direct Selling Context," *Journal of the Academy of Marketing Science*, Vol.36, Iss.2, pp.271-277.

（26）Alniacik, Umit, Esra Alniacik and Nurullah Genc（2011），"How corporate social responsibility information influences stakeholders' intentions," *Corporate Social Responsibility and Environmental Management*, Vol.18, Iss.4, pp.234-254.

（27）企業が将来に渡って事業を継続していくという前提。

（28）日本経済新聞、2004 年 3 月 27 日。

（29）Adkins（1999），前掲書；Smith, Geoffrey and Ron Stodghill Ⅱ（1994），"Are Good Causes Good Marketing?," *Business Week*, Mar. 21, pp.64-66.

（30）株式会社 PH・IR21 制作の IR 情報専門局「IR21」で 2001 年 4 月に放映された「企業の社会責任（第 2 回）『社会責任と企業ブランド』～ＣＲ先進企業ソニーに見る～」中のソニー株式会社渉外グループ・コミュニティー・リレーション室主査（当時）、金田晃一氏へのインタビューによる。

（31）金田晃一（2010）「事例 2　キャリア・イノベーション　CSR オフィサー」服部篤子・武藤清・渋澤健編『ソーシャル・イノベーション―営利と非営利を超えて』日本経済評論社。

（32）Varadarajan, P.Rajan and Anil Menon（1988），"Cause-Related Marketing: A Coalignment of Marketing Strategy and Corporate Philanthropy," *Journal of Marketing*, Vol.52, Iss.3（July）, pp.58-74.

（33）Iwane, David F（2010），"Cause-Related Marketing as a Solution for Companies with Negative Reputations: An Exploratory Investigation," Dissertation: Capella University.

（34）Creyer, Elizabeth H. and William T. Ross Jr.（1996），"The Impact of Corporate Behavior on Perceived Product Value," *Marketing Letters*, Vol.7, Iss.2, pp.173-185.

（35）American Heart Association や Boy Scouts of America。

（36）病気の子供たちの願いを叶える Share of a Dream Program。

（37）Lichtenstein, Donald R, Minette E Drumwright, and Bridgette M Braig（2004），"The Effect of Corporate Social Responsibility on Customer Donations to Corporate-Supported Nonprofits," *Journal of Marketing*, Vol.68, Iss.4（October）, pp.16-32.

（38）Mooney, Jennifer（2002），"Avon to Stop Sponsoring Breast-Cancer Walks," *Denver Post*, 02 Aug.

（39）Yoon, Yeosun ,Zeynep Gurhan-Canli and Norbert Schwarz（2006），"The Effect of Corporate Social Responsibility（CSR）Activities on Companies with Bad Reputations," *Journal of Consumer Psychology*, Vol.16, Iss.4, pp.377-390.

（40）Marketing（1998），"A Cautionary Tale from the US", *Marketing*, Mar. 26 p.37.

第3章
「企業と社会の関係」と コーズ・リレーテッド・マーケティング[(1)]

「企業と社会の関係」を整理し、「CSR (Corporate Social Responsibility：企業の社会的責任)」と「CSV (Creating Shared Value：共通価値の創造)」と「納税」の関係を明確にする。そこに CRM を援用し、「本業を通した CRM」という概念を提示する。

 ## 「企業と社会の関係」の整理

「企業と社会の関係」を整理し、そこに「CSV」概念を導入する。そして、その際生ずる問題点について言及する。

1. 企業と社会の構図

企業が社会対応活動を実施した際、それが「強制されて行っているものか」、それとも「自主的に行っているものか」という違いを「列」にとり、「本業で行っているものか」それとも「本業以外で行っているものか」という違いを「行」にとり、マトリクスで捉え直し、4種類の社会対応活動に分類し、それぞれに①から④の番号を振ったものが図表3-1である。

①の部分は、「強制されて行われる本業を通した社会対応活動」を意味する。ここには、企業が法律等の社会的規範を遵守すること

図表3-1　企業と社会の構図（番号表示）

	強　制	自主的
本　業	①	②
本業以外	③	④

図表 3-2　企業と社会の構図（用語表示）

	強　制	自主的
本　業	コンプライアンス	企業倫理
本業以外	納　税	社会貢献

を謳う「コンプライアンス」に関わる活動が位置する。

②の部分は、「自主的に行われる本業を通した社会対応活動」を意味する。ここには、法律等により強制されるからではなく、自主的に、社会に影響を及ぼす様々な事象について、本業を通して社会対応していくことを意味する「企業倫理」が位置する。

③の部分は、「強制されて行われる本業以外を通した社会対応活動」を意味する。ここには、企業活動を通して得た利益の一部を税金として収める「納税」が位置する。

④の部分は、「自主的に行われる本業以外を通した社会対応活動」を意味する。ここには、寄付やボランティア人材派遣等の「社会貢献」に関わる活動が位置する。

図表 3-1 の①から④の番号になっている部分を、以上のそれぞれに対応する用語に置き換えると、「企業と社会の関係」は図表 3-2 のように捉えることができる。左上の「強制されて行われる本業を通した社会対応活動」には「コンプライアンス」が、右上の「自主的に行われる本業を通した社会対応活動」には「企業倫理」が、左下の「強制されて行われる本業以外を通した社会対応活動」には「納税」が、右下の「自主的に行われる本業以外を通した社会対応活動」には「社会貢献」がそれぞれ対応することになる。

2.　共通価値概念を導入した「企業と社会の構図」

図表 3-1 の①と②にあたる「本業を通した社会対応活動」には、やり方によっては、社会的影響と共に、自社にとってもプラスの影響をもたらすことも可能であるのにもかかわらず、図表 3-2 において、それぞれに対応する「コンプライアンス」と「企業倫理」という用語は、社会的影響のみが強調されたニュアンスになっているという問題があった。この問題点を解決する可能性のある用語として、「CSV（共通価値の創造）」概念がポーター（Porter, Michael E）と

クラマー（Kramer, Mark R.）によ
り提示された。Porterら（2011）[2]
は「共通価値の概念は、企業が事
業を営む地域社会の経済条件や社
会状況を改善しながら、みずから
の競争力を高める方針とその実行
と定義出来る」としている。つま

図表 3-3　共通価値概念を導入した
「企業と社会の構図（番号表示）」

		強　制	自主的
本　業	社会的価値のみ	（1）	（2）
	社会的価値＋経済的価値	（3）	（4）
本業以外	社会的価値のみ	（5）	（6）
	社会的価値＋経済的価値	（7）	（8）

り、「共通価値」とは「社会的価値」と「経済的価値」を共に満たすことを意
味する。そして、この「共通価値」を創造する活動が「CSV」である。

　この「共通価値」概念を導入したうえで図表3-1および図表3-2を捉え直し、
「本業を通した社会対応活動」と「本業以外を通した社会対応活動」をそれぞ
れの活動を通して創造される価値により、「社会的価値のみ」が創造される場
合と「社会的価値と経済的価値」（共通価値）が創造される場合に分割し、（1）
から（8）の番号を振ったものが図表3-3である。

　図表3-3の（1）、（2）、（5）、（6）は、それぞれ共通価値概念導入前の図表1
の①、②、③、④に対応することになり、（1）は「コンプライアンス」、（2）は
「企業倫理」、（5）は「納税」、（6）は「社会貢献」となる。

　（3）と（4）にはCSVが位置することになる。（4）の自主的な対応ばかりでな
く、（3）の「強制されて行われる本業を通した社会対応」も「社会的価値と経
済的価値」の「共通価値」を創造するのであれば「CSV」と位置づけられる。
そのことは、「1970年代初頭の本田技研工業の米国におけるマスキー法の排気
ガス規制の基準に対応するためのCVCCエンジン開発」が、「CSVの理想像[3]」
や「CSVの秀逸な事例[4]」といった表現で紹介されていることから裏付けられ
よう。法律を遵守するために行われた活動であっても、「新たに制定される法律
に、いち早く対応することによって競争優位を確立すること」を目標とするの
であれば、企業に共通価値をもたらすため、「CSV」ということになる。

　（7）には（5）と同様に納税が位置することになる。（5）の納税の場合、その
使途が企業にとって経済的価値を見いだせない事業であるのに対し、（7）の納

税の場合、その使途が企業が存在する拠点のインフラ整備等、企業にとって間接的な経済的価値を見いだせる事業ということになる。

　(8) にも (6) と同様に「社会貢献」が位置することになる。(6) の「社会貢献」の場合、国内で事業が完結している企業が、事業とは全く関係のない途上国支援活動を行う等、「企業に間接的な経済的価値をもたらすことのない社会貢献活動」を意味する。一方、(8) の場合、「支援することによって企業に間接的な経済的価値をもたらす社会貢献活動」を意味する。その例としては、企業が事業を展開するうえで、障害となっている社会問題を解決する活動を行っているコーズに対する支援や、集客効果があり企業に売り上げ増をもたらす地域活性化のためのイベントを主催しているコーズに対する支援等があげられる。

　(6) と (8) は、「納税」の場合と異なり、実施する時点で区別することができる。(6) を通常の「社会貢献」とすると、(8) は共通価値を創造するため、「(CSV) 型社会貢献」ということになる。この「(CSV 型) 社会貢献」は、「CSV」のアウト・ソーシングと位置づけられる。事業展開をする上で障害となっている社会問題を自らが「CSV」として取り組むよりも、専門のコーズに委ねる（アウト・ソーシングする）方が効率的な場合がある。その具体例については「本章[2] 1．CSV の自前主義の修正の必要性」で述べていく。

　図表 3-3 の (1) から (8) の番号になっている部分を、以上のそれぞれに対応する用語に置き換えると、共通価値概念を導入した「企業と社会の関係」は図表 3-4 のように捉えることができる。左上の「強制されて行われる本業を通した社会対応活動」は社会的価値のみを創造する「コンプライアンス」と共通価値（社会的価値と経済的価値）を創造する「CSV」に分割される。右上の「自主的に行われる本業を通した社会対応活動」は社会的価値のみを創造する

図表 3-4　共通価値概念を導入した
「企業と社会の構図（用語表示）」

		強　制	自主的
本　業	社会的価値のみ	コンプライアンス	企業倫理
	社会的価値＋経済的価値	CSV	CSV
本業以外	社会的価値のみ	納税	社会貢献
	社会的価値＋経済的価値	納税	(CSV 型) 社会貢献

「企業倫理」と共通価値（社会的価値と経済的価値）を創造する「CSV」に分割される。左下の「強制されて行われる本業以外を通した社会対応活動」は、社会的価値のみを創造する場合も共通価値（社会的価値と経済的価値）を創造する場合も共に「納税」となる。右下の「自主的に行われる本業以外を通した社会対応活動」は社会的価値のみを創造する「社会貢献」と共通価値（社会的価値と経済的価値）を創造する「（CSV 型）社会貢献」に分けて捉えることができる。

3.「企業と社会の構図」成立阻害要因としての CSV

「CSR」は「コンプライアンス」「企業倫理」「社会貢献」から構成される[5]。そのため、図表 3-4 の「企業と社会の構図」では、「CSR」と「CSV」が共存していることになる。しかし、ここで CSV 理論の極論が問題になる。ポーターとクラマーは「CSV」を「CSR と共存する概念」ではなく、「CSR に取って代わる概念」と位置づけていることから、図表 3-4 のように「CSV」と「CSR」が共存する構図は成立しえないことになる。ポーターとクラマーが、「CSV」と「CSR」を峻別し、そのようにとらえていることは、以下の文献やインタビュー記事から裏付けられる。

最初に共通価値概念について触れた Porter ら（2006）[6] では、従来の「CSR」にあたる活動を「受動的 CSR」とし、「CSV」にあたる活動については「戦略的 CSR」として区別していた。しかし、ここでは、まだ「CSV」という用語は提示されていない。「戦略的 CSR」を「CSV」に置き換えることにより、「CSV」という用語が提示されたのが、Porter ら（2011）[7] である。以下のように、両論文ともに「CSV にあたる概念」を「CSR に相対する概念」と位置づけ、従来の「CSR にあたる活動」を否定的に、「CSV にあたる活動」を肯定的に捉えている。Porter ら（2006）[8] では、「NGO、行政、企業いずれも、CSR という考え方を止めて、『企業と社会の一体化』について考え始めるべきなのだ」としている。また、Porter ら（2011）[9] では、「共通価値は、CSR でもなければ、フィランソロピーでも持続可能性でもない。経済的に成功するための新しい方法である。 それは、企業活動の周辺ではなく、中心に位置づけられる。我々

が思うに、事業の考え方を大きく変えるに違いない」としている。

さらに、ポーターに対するインタビュー記事をみてみると、ポーター (2011)[10]において「『競争優位の CSR 戦略』[11]では、寄付やフィランソロピー（社会貢献）を通して自社のイメージを向上させるという従来の CSR 活動は、事業との相関関係がほとんどなく、正しいアプローチではないと指摘しました。」とし、同じくインタビュー記事であるポーター (2013)[12]では、企業経営者との対話をした結果、「その対話を通じて、CSV は寄付や CSR ではなく資本主義に基づいていて、社会問題は巨大市場を生み出す可能性があり、それは企業が従来の顧客や市場を見直すことで獲得されるということに気付きました。」としている。

また、図表 3-4 の左下に位置する「納税を通した貢献」についても、Porter ら (2011)[13]では、「偏狭な資本主義観」として、CSV 理論において否定的に捉えている。

このように、ポーターとクラマーは「CSV」は「CSR」と共存しえないものと捉えているうえ、「納税」による社会対応にも否定的であるため、企業の社会対応活動において、「CSV」と「CSR（コンプライアンス、企業倫理、社会貢献）」や「納税」が共存した構図になっている図表 3-4 は成立しえないことになる。

しかし、「CSV」については、極論に陥っている点があり、それを修正することにより、「CSV」と「CSR」と「納税」が共存する図表 3-4 の構図が成立することになる。以下では、その点について述べていく。

CSV の問題点修正による CSR と納税との共存

「CSV」の「CSR」や「納税」との共存を否定している CSV 理論における 2 つの問題点を指摘し、それらを修正することにより、「CSV」と「CSR」と「納税」の共存の必要性に言及していく。

1. CSV の自前主義の修正の必要性

ポーターとクラマーの CSV 理論の 1 つ目の問題点として、極端な自前主義

があげられる。社会的課題の解決は本業を通して自力で行われるべきとし、ア
ウト・ソーシングにあたる「寄付等の社会貢献や納税を通しての他力による
貢献」を否定的に捉えている。しかし、企業が事業をすべて自社で行うのでは
なく、アウト・ソーシングして行う方が効率的であるのと同様に、解決するこ
とにより共通価値を創造することができる社会的課題についても、すべて自社
で対応するのではなく、寄付を通して専門のNPO等のコーズに委ねたり（図表
3-4の「（CSV型）社会貢献」）、納税を通して、国家や自治体に委ねる方が効率的
である場合がある。例えば、ある島に工場を設置している企業があり、地震に
よって島に架けられている唯一の橋が壊れて通行不可能になり、事業に支障が
生じた事例について考えてみよう。ここで、アウト・ソーシングが否定されて
いれば、その橋を地方自治体が所有しているのであれば、その企業は島に新た
な橋を架けるために、土地を買収するところから始めなければならない。ここ
ではやはり、橋の修復に関しては、土地や橋を所有している地方自治体に任せ
る方が効率的なことは自明であろう。その際、企業は寄付や納税を通して、橋
の修復を通した島民と企業の共通価値の創造を地方自治体にアウト・ソーシン
グしていくことになる。本節ではこのようなポーターとクラマーが否定してい
る「共通価値創造におけるアウト・ソーシング」の必要性について、「ポータ
ーとクラマーがあげている事例」を用いて論証していく。

　共通価値を創造するためには、どのような社会問題に取り組むべきかについ
て、Porterら（2006）[14]では、社会問題を企業との関係で、以下のように3分
類したうえで、論理を展開している。

(1)一般的な社会問題　　社会的には重要でも、企業活動から大きな影響を受け
　ることはなく、企業の 長期的な競争力に影響を及ぼすこともない社会問題。
(2)バリューチェーンの社会的影響　　通常の企業活動によって少なからぬ影響
　を及ぼす社会問題。
(3)競争環境の社会的側面　　外部環境要因のうち、事業を展開する国での企業
　競争力に大きな影響を及ぼす社会問題。
　これら3つの社会問題のうち、企業は、関わりのある「(2)バリューチェー

ンの社会的影響」と「(3) 競争環境の社会的側面」の2つの問題に絞って取り組むべきとしている。これら2つの問題については、解決することによって、社会的価値と共に、企業に経済的な価値をもたらすが、「(1) 一般的な社会問題」に関しては、解決しても、企業に経済的な価値をもたらさないためである。

Porter ら (2006) [15] は、社会問題の具体例として、「アフリカ大陸のエイズ禍」をあげている。そして、この問題が「(1) 一般的な社会問題」と位置づけられる企業として、ホーム・デポなどの「アメリカの小売業者」を、「(2) バリューチェーンの社会的影響」と位置づけられる企業として、グラクソ・スミスクラインなどの「製薬会社」を、「(3) 競争環境の社会的側面」と位置づけられる企業として、アングロ・アメリカンなど採掘に現地労働力を使う「鉱山会社」をあげている。同じ社会問題であっても企業にとってどのように位置づけられるかによって、取り組むべきかどうかが決まることになる。この社会問題に関しては、「アメリカの小売業者」の場合は、「(1) 一般的な社会問題」と位置づけられているので、取り組む必要が無い社会問題となる。一方、「製薬会社」の場合は「(2) バリューチェーンの社会的影響」に、「鉱山会社」の場合は「(3) 競争環境の社会的側面」に、それぞれ位置づけられているため、取り組むべき社会問題ということになる。

社会問題にどのように取り組むかについて、Porter ら (2011) [16] は共通価値を創造する方法として、「①製品と市場を見直す、②バリューチェーンの生産性を再定義する、③企業が拠点を置く地域を支援する産業クラスターをつくる。」という3つを提示している。

そこで、Porter ら (2006) [17] において、「アフリカ大陸のエイズ禍」が取り組むべき問題と位置づけられている「製薬会社」と「鉱山会社」がこれら3つの方法のうち、いずれかを用いて解決可能かどうかをみていく。まず、「製薬会社」においては、「①製品と市場を見直す」に該当する「エイズ治療薬の開発」によって貢献可能な問題といえる。一方、社会問題が「(3) 競争環境の社会的側面」に位置づけられるとされている「鉱山会社」の場合は、取り組むべき問題であるのにも関わらず、Porter ら (2011) [18] があげている共通価値を創造す

る３つの方法のいずれを用いても、解決出来ない問題に位置づけられる。そのため、この問題を解決するためには、本業から乖離しているのにも関わらず、無理に自ら取り組むよりも、外部の NPO や政府等のエイズ問題

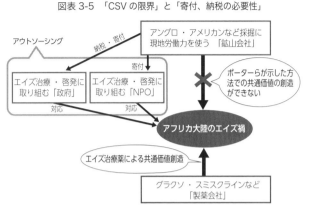

図表 3-5 「CSV の限界」と「寄付、納税の必要性」

出典：Porter and Kramer (2006) および Porter and Kramer (2011) をもとに筆者作成

の専門家に委ねる方が、効率的に解決できる問題であるといえる。換言すると、社会的価値と経済的価値の共通価値創造を自ら直接行うよりも、アウト・ソーシングする方が効率的な問題と位置づけられる。そのため、「鉱山会社」はポーターとクラマーが否定している寄付等の「社会貢献」や「納税」を通して NPO や政府を支援していくことになる。これらの関係を図示したものが、図表3-5 である。このことから、効率性を考慮すると、企業は自らが取り組むべき社会問題、つまりは、解決することにより経済的価値をともない、共通価値創造可能な社会問題を解決する際、ポーターとクラマーのように、「本業ではない」という理由で寄付等の「社会貢献」や「納税」を否定すべきものではないことがわかるであろう。

　通常の業務においては、効率性を鑑み、アウト・ソーシングを行うことがあるのにも関わらず、共通価値創造に関しては、アウト・ソーシングを否定するというのは不自然なことである。共通価値を生む社会問題ではあるが、本業とは乖離しているため、本業を通して貢献するより、アウト・ソーシングした方が効率的な場合を図示したものが、図表3-6 である。図で示したように、このような社会問題の場合、ポーターとクラマーが主張しているように自前主義に固執し、企業自ら取り組むよりも、柔軟にアウト・ソーシングを実施し、寄付

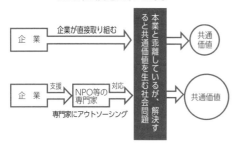

図表 3-6 本業と乖離しているが、解決すると共通価値を生む社会問題に対する対応

等の「社会貢献」や「納税」を通して専門家である NPO や政府等を支援する方が共通価値が高まることになる。ポーターとクラマーが取り組むべきとしている社会問題のうち、「(2) バリューチェーンの社会的影響」は本業を通した解決が可能であろうが、「(3) 競争環境の社会的側面」については、この事例のようにアウト・ソーシングした方が効率的な場合があることから、より効率的に共通価値を創造するために寄付等の「社会貢献」や「納税」は排除すべきではなく、「CSV」と共存すべきといえよう。

2．CSV の直接的利益偏重主義の修正

　ポーターとクラマーの CSV 理論の 2 つ目の問題点として、直接的利益偏重主義があげられる。ポーターとクラマーは直接的な利益を生まないという理由で、CSR 活動を通した共通価値創造を否定している。例えば、フェアトレードについては、Porter ら (2011) [19] では、「フェアトレードの目的は、同じ作物に高い価格を支払うことで、貧しい農民の手取り額を増やすことである。気高い動機ではあるが、創造された価値全体を拡大するものではなく、主に再配分するためのものである」として、共通価値に値しないとしている。そして、「共通価値では、農民の能率、収穫高、品質、持続可能性を高めるために、作物の技術を改善したり、サプライヤーなど支援者の地域クラスターを強化したりすることが重視される。その結果、売上げと利益のパイが大きくなり、農家と収穫物を購入する企業の双方が恩恵に浴する」としている。そのため、フェアトレードは、CSV に位置づけることはできず、「本業を通した自主的な社会対応活動」であるため、図表 3-4 においては「企業倫理」に位置づけられることになる。これは、ポーターとクラマーは、社会的価値を増加させる活動において、「直接的な

経済的価値の増加」を伴う活動のみを共通価値と捉え、「間接的な経済的価値の増加」を伴う活動については共通価値と認めていないためである。

確かに、ポーターとクラマーが指摘しているように、フェアトレードは直接的な経済的価値を創造する活動ではない。しかし、「フェアトレードによって創造される社会的価値」をマーケティング・ツールとして活用し、「商品差別化により、商品のコモディティー化を防ぐ」等のマーケティング目標を設定した上で、ロゴ等を用いてコミュニケーションすることにより、間接的な経済的価値を創造することができる。その効果を裏付ける研究としては、コーヒーを選ぶ際、フェアトレードであるかどうかが、価格の次に重要であるという研究[20]や、バナナを買うときに、51% の人が、価格よりも、フェアトレードであるかを重視するという研究[21] がある。

このように直接的な利益を生まない「企業倫理」に当たる活動も、「社会貢献」をマーケティングに活かす CRM と同様に、「創造される社会的価値」をマーケティング・ツールとして活用することにより、間接的な利益に結びつけることができ、経済的価値と社会的価値の共通価値を創造できる。したがって、「企業と社会の共通価値」を増大させるためには、「CSV」のように「直接的に共通価値を創造する活動」のみではなく、「社会貢献」や「企業倫理」のように「直接的には共通価値を生まない活動」であっても、その活動をマーケティング・ツールとして活用し、社会的価値と共に、間接的な経済的価値を生み、共通価値増大に結びつく活動にも目をむける必要があるといえよう。したがって、共通価値を増大させるためには、「社会貢献」や「企業倫理」を直接的な経済価値を生まない「CSR」であるからといって排除するのではなく、「CSV」と共存させるべきである。

 ## ③ 本業を通したコーズ・リレーテッド・マーケティング

「本章②2. CSV の直接的利益偏重主義の修正」では、「社会貢献」をマーケティング・ツールとして活用する「CRM」を援用し、フェアトレードを例に

とり「企業倫理により創造される社会的価値」をマーケティング・ツールとして活用した結果、社会的価値と経済的価値の共通価値を創造することを示した。本節では、「企業倫理」と同様に図表 3-4 において「本業を通した社会対応活動」に位置づけられる「コンプライアンス」と「CSV」に、「CRM」を援用することにより、共通価値が増大することを示していく。そして、このような「本業を通した社会対応活動」をマーケティング・ツールとして活用し、マーケティング目標を設定した上で、コミュニケーションし利益に結びつけ、経済的価値を増加させる活動を「本業を通した CRM」と名づけ、その必要性に言及していく。

1．CRM の「コンプライアンス」への援用

CRM において「社会貢献」をマーケティング・ツールとして活用し、マーケティング目標を設定した上で、コミュニケーションし、利益に結びつけるのと同様に、「コンプライアンス」においても、「『コンプライアンス』を重視した経営を行っていること」をマーケティング・ツールとして活用し、マーケティング目標を設定した上で、ホームページや広告等を用いて積極的にコミュニケーションすることにより、取引先の信頼獲得効果、投資家に対する IR[22] 効果、社会の理解と支持を得るパブリック・リレーションズ[23] 効果、従業員に対するインターナル・マーケティング効果等が期待できる。以下では具体的な事例を通してみていく。

環境 (Environment)、社会 (Social)、企業統治 (Governance) に対する企業の取り組み姿勢を重視して選別投資を行う ESG 投資に対する注目が高まっている。「コンプライアンス」が「G」にあたる「企業統治」の評価基準の 1 つとなっているため、「『コンプライアンス』を重視した経営を行っていること」をコミュニケーションすることにより ESG を重視している投資家に対して IR 効果が期待できる。

食品輸送に特化している小倉運輸はコンプライアンスをプライス・ミックスとして活かしている。同社は各車両にスピードやアルコールを検知できる機器

を装備し、安全マネジメント・システムと人事評価をリンクさせ、従業員に安全運転の実施を促した。その結果、自動車保険の料率において最高ランクの75％割引が適用されるというコスト削減に結びついた[24]。

　欠陥商品により消費者に被害を与えるという「コンプライアンス」に関する問題が発生した場合、企業は危機管理を行う必要がある。その活動を通して、被害の拡大を食い止めるという社会的価値を生むと共に、CRM を援用し、この危機管理をマーケティングにおけるパブリック・リレーションズと位置づけ、コミュニケーションすることにより、「社会の理解と支持」を得て企業のマイナスの影響を最小限に食い止めるという経済的価値を生み、さらには、プラスの経済的価値をもたらす場合がある。ここではその事例をみていく。

　松下電器（現パナソニック）は 2005 年 12 月に、同社製石油温風機による相次ぐ一酸化炭素中毒事故を受け、緊急対策を実施した。その際、12 月 10 日から 12月 19 日までのすべてのテレビＣＭを、注意喚起の告知ＣＭ[25] に差し替えた[26]。ボーナス商戦の時期にあたるため、当初、同社の売上に悪影響が及ぶことが懸念されていた。しかし、すべてのＣＭをお詫びＣＭに切り替えるという徹底した姿勢が評価され、ＣＭ総合研究所のＣＭ好感度調査[27] において、2005 年 12月のＣＭ好感度 2 位にランクされるという支持を獲得した。好感要因としては、「企業姿勢に嘘がない」と「宣伝文句」と「説得力に共感」が 1 位の反応を得ている。

　この期間の同ＣＭの放送回数は 888 回に上った[28] ため、放送回数の多さから、高い好感度を獲得したのではないかとの疑念も芽生え得る。しかし、「放送回数」と「ＣＭ好感度」の相関係数は 0.0136 と無相関であることが確認されている[29]。

　一方、ＣＭ好感度は売上に影響するのかという疑問については、「ＣＭ好感度」と「購買意向」の相関係数は 0.9914 という極めて高い相関関係があることが確認されている[30]。その関係を示すように、図表 3-7 において、事故が発生した2005 年 12 月以降の営業利益に目を向けてみると、順調に右肩上がりに推移していることがわかる。さらに、告知ＣＭ放送前後の売上をみてみると 12 月 10 日

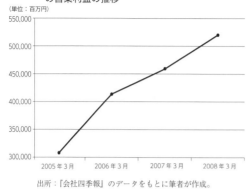

図表 3-7　石油暖房機事故前後の松下電器（現パナソニック）
　　　　　の営業利益の推移

（単位：百万円）

出所：『会社四季報』のデータをもとに筆者が作成。

の放送前の 12 月第 1 週の国内の家電売上高は前年同期比 88% と落ち込んだが、CM 放送開始と共に回復し、12 月第 2 週は前年同期比 104%、第 3 週は前年同期比 118% と盛り返している[31] ことからも、その効果が裏付けられよう。

　この事例のように、「コンプライアンス」に関する問題が発生し、危機管理を迫られた場合においても、パブリック・リレーションズと位置づけ、きちんと対応することにより、「社会の理解と支持」を獲得し、プラスの効果をもたらすこともあることがわかる。竹内 (2008)[32] では「コンプライアンスの業務を行うについても、広報の肌感覚を取り入れる必要がある。」とコンプライアンスとパブリック・リレーションズの融合の必要性に言及している。

2. CRM の「CSV」への援用

　CRM において「社会貢献」をマーケティング・ツールとして活用し、マーケティング目標を設定した上で、コミュニケーションし、利益に結びつけるのと同様に、「『CSV』によって創造される社会的価値」をマーケティング・ツールとして活用し、マーケティング目標を設定した上で、コミュニケーションし、利益に結びつけることができる。その結果、「CSV」を実施することによる本業を通した経済価値に追加して、さらなる経済的価値を生みだすことになり、共通価値を増大させることになる。ここではその事例をみていく。

　ポーターとクラマーは「環境意識の高まりや技術革新により、水利、原材料、包装といった分野で新しいアプローチが登場し、またリサイクルや再利用も広がっている」と指摘したうえで、過剰な包装を削減することを CSV と捉

えている[33]。そこで、ペットボトル軽量化による環境負荷軽減に取り組んだ日本コカ・コーラのミネラル・ウォーター「い・ろ・は・す」をCSVの事例と捉え、分析していきたい。

　日本コカ・コーラは、2009年に、樹脂使用量を従来に比べて4割減らした容器[34]を採用した「い・ろ・は・す」を発売し、翌年には国内で初めて植物由来の素材を使ったペットボトルへと改善した[35]。ボトルの厚さを従来品より約4割薄くすることで、簡単に潰せるようになった[36]。日経産業新聞[37]は「い・ろ・は・す」について、「樹脂使用量を減らしたことにより、ごみのかさを減らすことで、リサイクル時の運搬などの環境負荷も減らすこともでき、コストの大部分は容器と物流費とされるミネラル水のコスト削減にも直結する。」としている。このことから日本コカ・コーラは商品およびバリューチェーンにおける環境に関する社会問題の解決を通して、同社の物流コスト削減という経済的価値も実現するという共通価値の創造を狙っていると捉えることができる。

　さらに、日本コカ・コーラは、「い・ろ・は・す」において、環境を強調した積極的なコミュニケーションを行っている。色に関しては、ミネラル・ウォーター市場では、それまで、水色が定番であったが、環境をイメージする緑色とした[38]。CMでは、俳優・阿部寛が空のボトルを"しぼる"様子を流し、店頭ディスプレーや自動販売機にも絞ったボトルを展示した[39]。

　これらのコミュニケーション戦略の結果、「い・ろ・は・す」発売後、同社の環境イメージは改善している。日経エコロジーと日経BP環境経営フォーラムが実施している環境ブランド調査において、図表3-8のように、日本コカ・コーラの環境ブランド指数は、

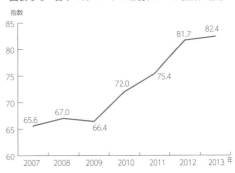

図表 3-8　日本コカコーラの環境ブランド指数の推移

出所:『日経エコロジー』日経BP社、2007年8月号、2008年8月号、2009年8月号、2010年8月号、2011年10月号、2012年8月号、2013年8月号をもとに筆者が作成。

発売翌年の 2010 年に前年の 66.4[40] から 72.0[41] に急上昇し、その後も上昇を続け、2013 年には 82.4[42] に達している。また、その指数の企業ランキングをみてみると、「い・ろ・は・す」発売前の 2009 年は 38 位[43] であった同社の順位が、2013 年には 7 位[44] に上昇している。さらに、2013 年の「リサイクルに力を入れている企業ブランド」のランキングでは、同社は 1 位となっている[45]。また、2013 年に日経 BP コンサルティングのインターネット調査システムを通じて実施されたエコや社会貢献イメージ調査（回答数 3,633 人）の結果、「い・ろ・は・す」はミネラル・ウォーター部門で 1 位となっている[46]。

　「第 6 章①2.（2）『消費者と支援先コーズの関係』の影響」で詳述しているように、先行研究から「消費者と支援先コーズの関係」が「購買意欲」に影響を与えることが判明している。消費者から高い支持を得ているコーズを企業が支援した場合、その企業の商品に対する購買意欲が高まるということになる。そして、「い・ろ・は・す」が高い評価を獲得している「環境問題」は、筆者が継続的に行っている「企業が取り組むべき問題としてふさわしいもの」について尋ねた調査において、後述の図表 6-5 のように、「貧困問題」や「教育問題」等の他のコーズを引き離して圧倒的に高い支持を得ている。したがって、「い・ろ・は・す」の環境を強調したコミュニケーションによって、「環境」に関するイメージが、大幅に改善した日本コカ・コーラの商品に対する購買意欲は高まっていることが予想できる。そのことを裏付けるように、図表 3-9 では、ミネラル・ウォーター市場において、日本コカ・コーラのシェアは上昇している。この結果から、それまで、採水地で選ぶのが常識だったミネラル・ウォーター市場に、「環境にいい商品を選

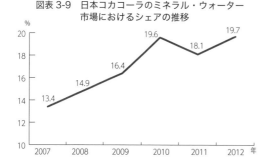

図表 3-9　日本コカコーラのミネラル・ウォーター市場におけるシェアの推移

出所：日経産業新聞（2008）、日経産業新聞（2009）、日経産業新聞（2010）、日経産業新聞（2011）、日経産業新聞（2012）、日経産業新聞（2013）をもとに筆者が作成。

ぶ」という新しい基準を提案し[47]、それが受け入れられたといえよう。

　この事例において、「CSVで創造された社会的価値」のコミュニケーションを行わない場合に創造された経済的価値は、ボトル軽量化による流通コストの削減のみであった。これに対し、「環境に良いことをしているというCSVで創造された社会的価値」を積極的にコミュニケーションした場合は、それが購買意欲喚起に結びつき、創造された経済的価値は増大したと捉えることができる。

3. 「本業を通したCRM」の必要性

　前節と本節でみてきたように、「本業以外の活動を通した社会対応活動」にあたる「社会貢献」と同様に、「本業を通した社会対応活動」にあたる「コンプライアンス」や「企業倫理」や「CSV」に関しても、創造された社会的価値をマーケティング・ツールとして活用し、マーケティング目標を設定した上で、コミュニケーションすることにより利益に結びつけることができる。筆者はこれまで、「企業倫理」にあたる活動を「社会貢献」と同様に、マーケティング・ツールとして活用し、利益に結びつけることができるにも関わらず、この活動を示す用語が存在していなかったため、「企業倫理」にあたる活動をマーケティングに結びつけるという意味で、「エシックス・リレーテッド・マーケティング」としてきた[48]。しかし、本書では、「企業倫理」に加え、「コンプライアンス」と「CSV」という「本業を通した社会対応活動」全般に、マーケティング・ツールとしての活用範囲を拡張して捉え直した。そこで、「社会貢献」という「本業以外のコーズ支援活動」をマーケティング・ツールとして活用し、マーケティング目標を設定した上で、コミュニケーションすることにより利益に結びつける「CRM」に対して、「コンプライアンス」や「企業倫理」や「CSV」といった「本業を通したコーズ支援活動」をマーケティング・ツールとして活用し、マーケティング目標を設定した上で、コミュニケーションすることにより、利益に結びつけるという意味で、このような活動を「本業を通したコーズ・リレーテッド・マーケティング」と名づけたい。

図表 3-10 「社会対応活動」をマーケティング・ツールとして
活用し、コミュニケーションした場合の経済的価値

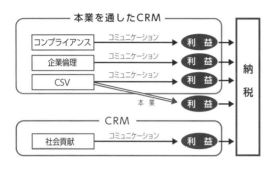

以上のように、企業の「社会対応活動」をマーケティング・ツールとして活用し、マーケティング目標を設定した上で、コミュニケーションした場合に生ずる経済的価値を示したものが図表 3-10 である。

図表 3-10 の一番上のルートは、「本章③ 1. CRM の『コンプライアンス』への援用」で示したように、「コンプライアンス」を徹底している点等をマーケティング・ツールとして活用し、マーケティング目標を設定した上で、コミュニケーションし、利益に結びつける場合を示している。

図表 3-10 の上から 2 番目のルートは、「本章② 2. CSV の直接的利益偏重主義の修正」で「フェアトレード」を例にとり示したように、「企業倫理」を通して創造される社会的価値をマーケティング・ツールとして活用し、マーケティング目標を設定した上で、コミュニケーションすることにより、利益に結びつける場合を示している。

「CSV」の場合、図表 3-10 において二重線の矢印で「本業」と表記して示したように、マーケティング・ツールとして活用しなくとも、利益、つまりはポーターとクラマーが指摘している直接的な経済的価値が生ずる。そのうえ、「本章③ 2. CRM の『CSV』への援用」において「い・ろ・は・す」の事例研究で示したように、「環境負荷軽減というかたちで創造される社会的価値」をマーケティング・ツールとして活用し、「環境ブランド構築」というマーケティング目標を設定した上で、コミュニケーションすることにより、図表 3-10 において矢印で「コミュニケーション」と表記し示したように、利益に結びつき、間接的な経済的価値が生じ、CSV を通して発生する経済的価値全体を増

大させることになる。

そして、以上の「コンプライアンス」、「企業倫理」、「CSV」で創造される社会的価値をマーケティング・ツールとして活用し、マーケティング目標を設定した上で、コミュニケーションし、利益に結びつける活動が本

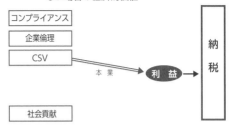

図表 3-11　「社会対応活動」をマーケティング・ツールとして活用したコミュニケーションを実施しない場合の経済的価値

書が提唱している「本業を通した CRM」ということになる。生まれた利益は、「納税」と結びつくことになる。

　一方、図表 3-10 の一番下のルートは、CRM にあたり、「社会貢献」をマーケティング目標を設定した上で、コミュニケーションし、マーケティング・ツールとして活用し、利益に結びつけた場合を示している。そして、その利益は「納税」と結びつくことになる。ここで、図表 3-4 において「（CSV 型）社会貢献」に位置づけられる「企業の利益に結びつくような活動を行っているコーズに対する支援」を行えば、利益はさらに増えることになるが、複雑になるため、図表 3-10 には示していない。

　ポーターとクラマーが主張しているように、「CSV」として行われる「本業を通した直接的利益」のみを重視し、図表 3-10 から「本業を通した CRM 」と「CRM」から生ずる「間接的な経済的価値」にあたる部分を除き、「CSV」を通した「直接的な経済的価値」のみを取り出したものが図表 3-11 である。両図を比較すると、「CRM」や「本業を通した CRM」を通した間接的な経済的価値を含めて捉えた方が経済的価値全体が高まり、創造される共通価値も高まることがわかる。

企業のコーズへの貢献方法による 3 類型

ここでは、企業のコーズへの貢献方法による分類を行っていく。まず、「社

会貢献」として行われる「本業以外のコーズへの貢献」を「第１類型」と名づけたい。一方、「コンプライアンス」、「企業倫理」、「CSV」を通して行われる「本業を通したコーズへの貢献」は、「調達・生産・廃棄過程におけるコーズへの貢献」と「商品の機能を通したコーズへの貢献」の２類型に分けられる。そして、前者を「第２類型」、後者を「第３類型」と名づけたい。この分類により、企業のコーズへの貢献を３類型に分けて捉えることができる。この関係を示したものが、図表3-12である。

　企業は、この３類型の貢献のうち１つの類型の貢献のみを行うのではなく、組み合わせることによって、その効果を高めることができる。例えば、日清食品は人口の約３割が栄養不足に陥っているケニアの約130校で 34,000 食のチキンラーメンの無料給食による支援を行った[49]。これは、寄贈という第１類型の貢献にあたる。そして、その狙いとして、同社執行役員（当時）佐々木智氏は「商品が現地に受け入れられるか調査を兼ねた部分がある」としていたため、チキンラーメンという商品販売を通して栄養不足問題解決をはかるという第３類型の貢献にあたる BOP ビジネス[50]成功に向けた布石として行われたと捉えることができる。また、第２類型の「調達・生産・廃棄過程における貢献」にあたるフェアトレードによる商品を生産国への寄付という第１類型の貢献と併せて行うことにより、フェアトレード商品の特性を強調している事例もある。

以下では環境保護活動、障がい者支援活動、途上国支援活動の３つのコーズを例にとり、３類型について理解を深めていく。なお、以下の３つのコーズ以外のコーズについても、企業のコーズへの貢献はこの３類型の

図表3-12　企業のコーズへの貢献方法の３類型とは

いずれかにあてはまることになる。

1. 環境保護活動の場合

環境保護活動に関するコーズへの貢献方法は以下のように、3類型に分類できる。

第1類型に属する「本業以外の貢献」としては、環境保護団体等への寄付、清掃活動、植樹活動、カーボンオフセット[51]等があげられる。

第2類型に属する「調達・生産・廃棄過程における貢献」としては、調達過程における環境負荷軽減がある。事例としては、適正に管理された森林からの木材を原料にしていることを証明するFSC認証マーク付き商品や、同様に、適切に管理された漁業の基準を満たしていることを証明するMSC認証マークが付いた魚関連商品があげられる。また、生産過程における環境負荷軽減としては、工場における温暖化ガスの排出抑制や排水の浄化等がその事例としてあげられる。

第3類型に属する「商品の機能を通した貢献」としては、「環境負荷を軽減する商品」がある。事例としては、CO_2の排出量を軽減したハイブリッド・カーや電気自動車や、洗濯におけるすすぎの回数を減らすことのできる洗剤等があげられる。

2. 障がい者支援活動の場合

障がい者支援活動に関するコーズへの貢献方法は以下のように、3類型に分類できる。

第1類型に属する「本業以外の貢献」としては、障がい者支援団体への寄付がある。具体的には、盲導犬協会や障がい者スポーツ協会等への寄付があげられる。

第2類型に属する「調達・生産・廃棄過程における貢献」としては、生産過程における障がい者の雇用がある。事例としては、チョークの製造販売を行っている日本理化学工業があげられる。同社は、「全体の70%以上が知的障がい

のある社員」である旨を「障がい者雇用の取り組みについて」と題したホームページ[52]を通してコミュニケーションを行っている。

　第3類型に属する「商品の機能を通した貢献」としては、障がい者の補助となる商品がある。事例としては、義肢装具販売を行っている中村ブレイスや車いすの製造販売を行っているオーエックスエンジニアリング等があげられる。

3. 途上国支援活動の場合

　途上国支援活動に関するコーズへの貢献方法は以下のように3類型に分類できる。

　第1類型に属する「本業以外の貢献」としては、ユニセフ等の途上国支援団体等への寄付や、途上国での学校建設や、古着・使用済み眼鏡等の途上国への寄贈等があげられる。

　第2類型に属する「調達・生産・廃棄過程における貢献」としては、前述のフェアトレードや、途上国に工場を建設することによる雇用面での支援があげられる。

　第3類型に属する「商品の機能を通した貢献」としては、「途上国の生活水準向上に資する商品」がある。事例としては、途上国の衛生向上に資する商品を現地で提供しているサラヤや、マラリア蚊の防除用蚊帳を途上国で商品として

図表 3-13 「企業コーズへの貢献の3類型」の実例

コーズへの貢献方法／支援先コーズ	本業以外のコーズへの貢献（社会貢献）	本業を通したコーズへの貢献	
		調達・生産・廃棄過程を通じたコーズへの貢献	商品の機能を通したコーズへの貢献
環境保護活動	環境保護団体への寄付・寄贈、清掃・植樹活動等	生産過程における環境負担軽減等	環境負担を軽減する商品等
障がい者支援活動	障がい者保護団体への寄付・寄贈等	障がい者の雇用等	障がい者の補助となる商品等
途上国支援活動	途上国支援団体への寄付・寄贈、途上国での学校建設等	フェアトレード等	途上国の生活水準向上に資する商品等
	▼	▼	▼
	第1類型	第2類型	第3類型

提供している住友化学等、BOP ビジネスとよばれる活動があげられる。

　これまで、企業のコーズへの貢献は 3 類型に分けることができることをみてきた。これらの事例を支援先コーズごとに整理したものが図表 3-13 である。

 要約と意義・課題

　「本章①『企業と社会の関係』の整理」では、「共通価値」概念を取り入れた上で、「CSV」と「CSR」（「コンプライアンス」と「企業倫理」と「社会貢献」で構成）と「納税」が共存するかたちで「企業と社会」の関係を整理した。そこに、ポーターとクラマーが「CSV」は「CSR」や「納税」と共存しえないとしている問題を提起した。

　「本章② CSV の問題点修正による CSR と納税との共存」では、「CSV」の「極端な自前主義」と「直接的利益偏重」といった問題点を修正し、ポーターとクラマーが否定している「CSV」の「CSR」や「納税」との共存の必要性を論証した。「極端な自前主義」修正の際には、共通価値創造のすべてを本業で行うのではなく、効率を考慮し、必要な場合は、「社会貢献」や「納税」にアウト・ソーシングを行うべきであると指摘した[53]。「直接的利益偏重」修正の際には、ポーターとクラマーが共通価値を生まないとしているため、「企業倫理」に位置づけられるフェアトレードを例にとり、フェアトレード商品であることを「CRM」と同様に、マーケティング・ツールとして活用し、マーケティング目標を立てたうえでコミュニケーションし、共通価値創造に資することを示した。このように「社会貢献」や「企業倫理」によって創造される社会的価値をマーケティング・ツールとして活用することにより、共通価値は増大することになるため、「社会貢献」や「企業倫理」を「CSR」であるからといって否定すべきでないことを示した[54]。

　「本章③本業を通したコーズ・リレーテッド・マーケティング」では、CRM は「企業倫理」以外の「本業を通した社会対応活動」である「コンプライアンス」と「CSV」にも援用可能であることを示した。「本業以外の社会対応活動」

である「社会貢献」を、マーケティング・ツールとして活用し、マーケティング目標を立てたうえでコミュニケーションし、利益に結びつける「CRM」に対峙する概念として、「本業を通した社会対応活動」である「コンプライアンス」、「企業倫理」、「CSV」を、マーケティング・ツールとして活用し、マーケティング目標を立てたうえでコミュニケーションし、利益に結びつける活動を「本業を通したCRM」とした。図表 3-4 の「企業の社会対応活動」のそれぞれの構成要素は、マーケティング目標を設定したうえでのコミュニケーションを軸に図表 3-10 で示したように間接的に利益に結びつき、創造される経済的価値は本業を通して直接的に創造される経済的価値のみを表す図表 3-11 よりも高まることになることに言及した。

　以上の 3 節の内容をまとめると、ポーターとクラマーのように、「CSV」を「CSR」に取って代わるものと捉えたうえ、「納税」を否定的に捉えるのではなく、図表 3-4 の「企業と社会の構図」のように「CSV」を「CSR」(「コンプライアンス」と「企業倫理」と「社会貢献」) や「納税」と共存するものと捉えたうえで、それらを図表 3-14 のように、「社会貢献」は「CRM」として、「コンプライアンス」と「企業倫理」と「CSV」は「本業を通したCRM」として、マーケティングと位置づけたうえで、コミュニケーションすることにより創造される「間接的な経済的価値創造」にも目を向け、社会的価値と経済的価値との共通価値創造機会を拡大していくべきであるということになる。

　「本章④企業のコーズへの貢献方法による 3 類型」では、企業のコーズへの貢

図表 3-14　CRM、「本業を通した CRM」と「企業と社会の構図との関係」

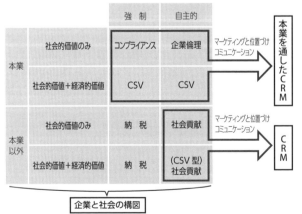

献方法に目を向けた。「社会貢献」を通した「本業以外の貢献」を「第1類型」とし、「本業を通した貢献」を「調達、生産、廃棄過程における貢献」と「商品の機能を通した貢献」に分類し、それぞれ「第2、第3類型」とした。

　本章では、共通価値概念に焦点をあてたが、企業が共通価値創造に結びつけることができる社会的課題は限られている。そのため、当然、企業の社会対応活動のみに委ねていては、社会全体の問題を解決することはできない。企業が共通価値を見いだすことができない社会的課題については、政府や公益法人やNPOが担うことになる。したがって、それらを支える「納税」や「寄付」の存在が欠かせず、そこでは、「第7章 日本でのコーズ・リレーテッド・マーケティング受容に必要な俯瞰」で後述するように、CRMが重要な役割を果たすことになる。

<注>
(1) この章は以下の論文・書籍を加筆修正したものである。
　　世良耕一（2004b）「日本における『企業の社会的責任（CSR）』と『コーズ・リレイテッド・マーケティング』の関係に関する一考察」『経営論集』（北海学園大学）第1巻第4号、pp.93-104。
　　世良耕一（2007c）「コーズ・リレイテッド・マーケティングの日本における展開と留意点」『日経広告研究所報』231号、pp.30-36。
　　世良耕一（2008b）「コーズ・リレイテッド・マーケティングの概観とCSRへの援用可能性」『月刊フィランソロピー』NO.311、pp.8-11。
　　世良耕一（2009b）「コーズ・リレーテッド・マーケティングの位置付けとそのCSR全般への援用について」『日本経営倫理学会誌』第16号、pp.251-258。
　　世良耕一（2013）「第3章　コーズ・リレーテッド・マーケティングを通した企業と公益のありかた」公益研究センター編『東日本大震災後の公益法人・NPO・公益学』文眞堂、pp.93-120。
　　世良耕一（2014b）「CRMの可能性」『Volo（ウォロ）』Vol. 492、pp. 21-23。
　　世良耕一（2015）「本業を通したコーズ・リレーテッド・マーケティング：CSVを取り入れたCRM概念の拡張」『日経広告研究所報』Vol. 283、pp. 18-25。
　　世良耕一（2016a）「CSVを取り入れたコーズ・リレーテッド・マーケティング概念の拡張」『日本商業学会第66回全国研究大会報告論集』pp.35-37。
　　世良耕一（2016b）「第6章　本業を通じたコーズ・リレーテッド・マーケティング〜CSVの修正による『企業と社会の関係』の再考〜」現代公益学会編『東日本大震災後の公益をめぐる企業・経営者の責任』文眞堂、pp.83-101。
(2) Porter, Michael E. and Mark R. Kramer（2011）, "Creating Shared Value", *Harvard Business Review*, Vol.89, Iss.1/2, pp.62-77,（Diamondハーバード・ビジネス・レビュー編集部訳「Creating Shared Value：経済的価値と社会的価値を同時に実現する共通価値の戦略」

『Diamond ハーバード・ビジネス・レビュー』6 月号、pp.8-31).

(3) 日本経済新聞 2016 年 12 月 7 日「ビジョン」一條和生。

(4) 水上武彦（2014）「『公器経営 2.0』の時代がやってきた（前編）」『日経 BizGate』http://bizgate.nikkei.co.jp/article/76215518.html。

(5) 世良耕一（2004b）、前掲論文。

(6) Porter, Michael E. and Mark R. Kramer(2006), "Strategy and Society: The Link Between Competitive Advantage and Social Responsibility, " *Harvard Bussiness Review*, Vol.84, Iss.12, pp.78-92（Diamond ハーバード・ビジネス・レビュー編集部訳「『受動的』では価値を創出できない：競争優位の CSR 戦略」『Diamond ハーバード・ビジネス・レビュー』2008 年 1 月号、pp.36-52).

(7) Porter and Kramer（2011）, 前掲論文。

(8) Porter and Kramer（2006）, 前掲論文。

(9) Porter and Kramer（2011）, 前掲論文。

(10) ポーター，マイケル（2011）「CSR の呪縛から脱却し、『社会と共有できる価値』の創出を：マイケル・ポーター米ハーバード大学教授が提示する新たな枠組み」日経ビジネスオンライン（中野目純一、広野彩子によるインタビュー記事）http://bussiness.nikkeibp.co.jp/article/manage/20110516/219999/?rt=nocnt。

(11) Porter and Kramer（2006）, 前掲論文。

(12) ポーター，マイケル（2013）「社会問題の解決と利益の創出を両立：企業に新たなビジネス機会をもたらす CSV とは〈上〉」日経 Biz アカデミー 2013/01/09（インタビュー記事）http://bizacademy.nikkei.co.jp/feature/article.aspx?id=MMACz2000007012013。

(13) Porter and Kramer（2011）, 前掲論文。

(14) Porter and Kramer（2006）, 前掲論文。

(15) Porter and Kramer（2006）, 前掲論文。

(16) Porter and Kramer（2011）, 前掲論文。

(17) Porter and Kramer（2006）, 前掲論文。

(18) Porter and Kramer（2011）, 前掲論文。

(19) Porter and Kramer（2011）, 前掲論文。

(20) Northey, James A. (2006), "The Canadian Coffee Consumer: Understanding Consumer Preferences for Fair Trade Coffee Products, " Disserration, The University of Guelph.

(21) Mahe, Thuriane (2010), "Are Stated Preferences Confirmed by Purchasing Behaviours? The Case of Fair Trade-Certified Bananas in Switzerland, " *Journal of Business Ethics*, Vol.92, pp.301-315.

(22) IR は Investers Relations の略であり、投資家の理解と支持を得るための活動のこと。

(23) 定義については本書「第 4 章 ② 4．プロモーション・ミックスとしての CRM」参照。

(24) 花見光夫（2011）「徹底したコンプライアンスで『選ばれる物流会社』に」『ニュートップ L』Vol. 19、pp. 19-21。

(25) CM には複数のパターンがあり、主な内容は以下の通りである。まず、放映期間中の早い時期は「National から大切なお知らせとお願いです」のメッセージが、放映期間の後期には、「National から重ねてお願い申し上げます。」とのメッセージが伝えられるところから始まる。続いて、「National では古い年式の FF 式石油暖房機を探しています。」または、「National では 13 年以上前に製造された FF 式石油暖房機を探しています。」とのメッセージが伝えられる。そして、「万一の場合死亡事故に至る恐れがあります。」とのメッセージと共に、該当機種番号と「ご要望に応じ、製品のお引き取り（1 台 5 万円）もしくは、無料

で点検修理をいたします。」のテロップとフリーダイヤルの番号とホームページ・アドレスを表示し、「給排気筒の付いた製品をお持ちの方はご連絡をお願い申し上げます。」というメッセージを伝え、「多大なるご迷惑をおかけし、深くお詫び申し上げます。」というテロップとロゴで終わるCMであった。

(26) 広報会議（PRIR）2006年7月号。

(27) CM総合研究所（2006）『CM　INDEX』2006年1月号、第21号第1号、p.59。

(28) CM総合研究所（2006）, 前掲誌。

(29) 八巻俊雄（2005）「量より質　テレビCMの売上効果」『日本広告学会第36回全国大会報告要旨集』pp.104-106、および八巻俊雄（2006）「TVCMの売り上げの効果は量より質」『マーケティング　ホライズン』第571号、pp.14-16。

(30) 八巻（2005）、前掲論文、および八巻（2006）、前掲論文

(31) 朝日新聞2006年2月3日。

(32) 竹内朗（2008）「企業価値を高めるコンプライアンス～コンプライアンス体制整備のためのいくつかの視点」『監査役』Vol. 547, pp.14-22。

(33) Porter and Kramer（2011）, 前掲論文。

(34) 日経産業新聞、2010年7月30日。

(35) 日経エコロジー、2010年2月号。

(36) 日経ビジネス、2009年8月24日号。

(37) 日経産業新聞、2010年7月30日。

(38) 週刊アエラ、2013年12月23日号。

(39) 日経WOMAN、2011年1月号。

(40) 日経エコロジー、2009年8月号。

(41) 日経エコロジー、2010年8月号。

(42) 日経エコロジー、2013年8月号。

(43) 日経エコロジー、2009年8月号。

(44) 日経エコロジー、2013年8月号。

(45) 日経エコロジー、2013年8月号。

(46) 日経エコロジー、2013年12月号

(47) 日経MJ、2010年12月12日。

(48) 世良耕一（2007c）、前掲論文、および世良耕一（2014b）、前掲論文等。

(49) テレビ東京「ワールドビジネスサテライト2010年3月11日放送分」ホームページ(http://wbslog.seesaa.net/article/143410653.html)。

(50) BOPはBase of Pyramidの略であり、ピラミット状の世界の所得別人口構成の中で、最も低い層を指す。そしてBOPビジネスはその層を対象にした持続可能なビジネスのこと。

(51) 日常生活や経済活動の中で排出してしまうCO_2を、他の場所で行われるCO_2削減活動によって相殺しようという考え方。

(52) 日本理化学工業ホームページ（http://www.rikagaku.co.jp/handicapped/）。

(53) 本書「第3章② 1. CSVの自前主義の修正の必要性」参照。

(54) 本書「第3章② 2. CSVの直接的利益偏重主義の修正」参照。

第 4 章
コーズ・リレーテッド・マーケティングの
マーケティング研究における位置づけ[1]

本章では、CRM とソーシャル・マーケティングの関係について明確にしたうえで、CRM とマーケティング・ミックスの関係についてみていく。

 ## ソーシャル・マーケティングとの関係

ここでは、マーケティング研究における CRM の位置づけを明確にしていく。そのため、伝統的マーケティング・パラダイムである営利追求型の「マネジリアル・マーケティング」と、「ソーシャル・マーケティング」や「ソサエタル・マーケティング」といった拡張されたマーケティング・パラダイムとを区別して考えた場合、CRM はどちらに位置づけられるかを考察していく。

1. ソーシャル・マーケティングに関する概念整理

まずは、ソーシャル・マーケティングに関する概念を整理するところから始めたい。ソーシャル・マーケティングには、大きく 2 つの流れがある[2]。1 つの流れは、伝統的なマーケティング・パラダイムである営利追求型のマネジリアル・マーケティングの範囲外におかれている社会問題の解決に企業が積極的に取り組むべきであるとの思想のもとに展開される企業の社会貢献活動を指す。もう 1 つの流れは、伝統的なマーケティング・パラダイムを企業以外の非営利組織へ援用していくことを指す。そして、特に、前者の流れをソサエタル・マーケティングと呼び区別する場合がある[3]。これらの関係を図示したもの

が図表4-1である。「社会貢献」をメイン・テーマとするCRMは、このソサエタル・マーケティングと対峙する概念であるので、以下では、ソサエタル・マーケティングに絞って議論を進めていく。

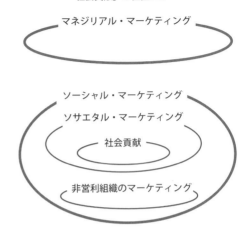

図表4-1　CRM 概念登場以前の「社会貢献」の位置づけ

CRMとソサエタル・マーケティングの関係について論じた先行研究としては、Hustedら[4]がある。同稿はコトラー[5]におけるソサエタル・マーケティングの「組織の役割は、ニーズ、欲求、関心または標的市場を正しく判断し、顧客と社会の幸福を維持・向上させる方法で、競争相手よりも顧客満足を、効果的に提供すること」という定義を紹介した上で、CRMとソサエタル・マーケティングは、しばしば同義語として（interchangeably）使われてきたとしている。

コトラー[6]は、ベン・アンド・ジェリーとザ・ボディーショップの2つのCRMの実例をあげたうえで「CRMと呼ばれるソサエタル・マーケティング・コンセプトである」と、CRMをソサエタル・マーケティングとして紹介している。

しかし、筆者は、Hustedら[7]やコトラー[8]が指摘しているように「ソサエタル・マーケティングとCRMを同義」として捉えるのではなく、以下で述べるような理由で、両者を区別して認識する必要があると考える。

2. マネジリアル・マーケティングに位置づけられる CRM

マーケティング概念の拡張について論じた東[9]は、「伝統的マーケティング概念の下では、その主体は私企業であり、目的も、極大利潤であれ、適正利潤であれ、顧客満足を通した利潤の追求におかれてきた」としている。CRMを

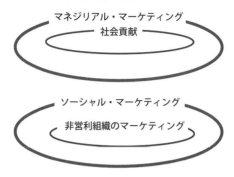

図表 4-2　CRM 概念を踏まえた「社会貢献」の位置づけ

マネジリアル・マーケティング

社会貢献

ソーシャル・マーケティング

非営利組織のマーケティング

通して「社会貢献」を行うことにより、企業利益が生ずることから、この利潤極大化という目的に資することになる。

　したがって、ソーシャル・マーケティングやソサエタル・マーケティングでは、前述のように「社会貢献」の理由を、利潤を追求するマネジリアル・マーケティング（伝統的マーケティング）の外に求めていたのに対し、CRM では「社会貢献」の理由をマネジリアル・マーケティング内に求めることになる。換言すると、「社会貢献」の正当性の理由づけを、マネジリアル・マーケティングからの概念拡張に求めているのがソーシャル・マーケティングやソサエタル・マーケティングであるのに対し、その理由づけを伝統的マーケティングである営利追求を目的とするマネジリアル・マーケティング内に求めているものが CRM ということになる。この関係を踏まえ、CRM 概念のもとでの「社会貢献」の位置づけを示したものが図表 4-2 である。

　また、マーケティング関係の教科書においても、前述のコトラー[10] のように、CRM をソサエタル・マーケティングやソーシャル・マーケティングの一手段として伝統的マーケティング・パラダイムであるマネジリアル・マーケティングの範囲外においているものばかりではなく、本書と同様に、CRM を伝統的マーケティング・パラダイムのなかで語っているものもある。その例として、Bearden ら[11] と Fill[12] があげられる。前者では、CRM を企業のアドボカシー広告[13] が拡張した広告手段の１つとして紹介している。また、後者では、CRM をパブリック・リレーションズ構築の一手段として紹介している。

② マーケティング・ミックスとの関係

　前節では、企業のコーズ支援の理由を、伝統的な営利目的のマネジリアル・マーケティングの範囲外に求めたソサエタル・マーケティングやソーシャル・マーケティングと異なり、CRM では、企業がコーズ支援活動を行う理由を、伝統的マーケティング・パラダイムのマネジリアル・マーケティングの範囲内で説明し得ることを述べた。本節では、CRM を通したコーズ支援がどのように、伝統的マーケティング・パラダイムのマーケティング・ミックスを構成する 4P（プロダクト、プライス、プロモーション、プレイス）として、それぞれ機能するのかを具体例を通してみていく。

1. プロダクト・ミックスとしての CRM

　CRM のプロダクト・ミックスとしての機能のうち、ブランド構築手段としての CRM については、次節で中心テーマとして言及している。そこで、ここでは、それ以外の CRM のプロダクト・ミックスとしての機能について述べていく。

(1) 商品開発手段としての CRM
　ここでは、CRM を活用した商品開発についてみていく。
①コーズを支援するための工夫から生まれる商品
　途上国で最初に用いられたソーラー・ランタンが、温かな灯りで東日本大震災時に先進国である日本の被災地を照らした。このように、途上国で最初に適用されたイノベーションが、富裕国へ逆流していくことを「リバース・イノベーション」という[14]。
　これと同様に、コーズ支援のために工夫された技術を逆流させ、本業の商品として結実させることができる。資生堂は、そのような効果をシナジー効果として着目し、シナジーを発揮できる分野での社会貢献に注力している。例えば、白斑やがん、けがの痕などで肌に悩みのある人に対し、症状ごとに特別に

開発したファンデーションの使い方をアドバイスする社会貢献活動では、本業の強みが社会貢献に生きるだけではなく、特別なファンデーションの開発で発見した技術を一般商品にも活用し、本業に役立てているという[15]。

　また、すかいらーくは、東日本大震災の被災地での炊き出しに延べ2,700人の社員を派遣した。当初は店と同じくハンバーグなどの洋食を提供したが、高齢者が多い被災者の要望に沿って和食中心に変更した。この被災者との交流が参入を検討していたシニア向け宅配サービスの事業展開のヒントになったという[16]。

②新商品開発にあたっての実験の場

　企業の商品開発に関して、コーズ側は企業に何を与えることができるのかについて、JPF評議会議長（当時）の大西健丞氏は「国連に使われている機材は、グローバル基準のもの。トヨタ自動車の車両、北欧の医療品、オーストラリアの無線などだ。世界標準を目指す企業は、NPOと組んで研究開発したらいい」と語り、企業は海外で活動するNPOに自社の製品を試作の段階で使ってもらい、改良する際の参考にできるとしている[17]。

　同様に、日本国際民間協力会理事長の小野了代氏（当時）は、「『非政府組織（NGO）の現場を使って実験してください』企業の方々に私はそう呼びかけています。途上国のさまざまな援助の現場には企業の技術や発想を生かす場がたくさんあります。それを私たちと一緒に知恵を絞り、現場で活用しながら、汎用性の高い新たな技術や製品に結実させていくのです」としている[18]。

　コーズ側の両氏が呼びかけているように、コーズ支援の場を活用することにより、企業には、新商品開発の際の実験の場としての効用があることになる。具体的には、日本IBMが、企業向けに開発したクラウドの情報処理システムをNPOに無償で提供することにより、NPOの声を聞き、システムの活用の幅を広げることを狙った事例[19]や、有名スポーツ選手への支援を商品開発の実験の場と捉え、新商品開発に結び付けるスポーツ用品メーカーの事例があげられる。また、前述の日清食品によるケニアでの無料給食も、BOPビジネスとして、同社のチキンラーメンが受け入れられるかを実験していると捉えるこ

とができる。

③コーズからの技術移転

　企業が大学に寄付講座を設置することにより、大学との共同研究を行い、新たなビジネスのシーズを発見することを意図している場合、コーズ支援により、コーズからの技術移転を狙った商品戦略と位置づけられる。

(2) 商品差別化を狙った付加価値としての CRM

　コーズ支援が商品に付加価値をあたえ、それが差別化の源泉となっている事例をみていく。

①コーズ支援クレジット・カード

　CRM の起源がアメリカン・エキスプレスのカードに連動した寄付であったように、差別化が難しいクレジット・カードでは、カードを差別化するために CRM が用いられることが多い。

　クレジット・カードにおける CRM は、以下の 3 形態に分類できる。第 1 の形態は、アメリカン・エキスプレスの自由の女神修繕キャンペーンのように、利用金額に関係なく、使用される度に、または、新規にカードが発行される度に、一定金額の寄付がなされるタイプである。第 2 の形態は、カードの利用金額に応じて、一定割合が寄付されるタイプである。これら 2 つの形態のクレジット・カードでは、カードの利用者には負担がかからないことになる。そして、第 3 の形態は、カードの特典として利用者に付与されるポイントの使途として、ポイントを現金化した寄付を用意するタイプである。この場合、利用者がポイントを寄付することにした場合、本来受けることができる利益を放棄することになる。そのため、利用者に負担がかかることになる。筆者が行った実証研究の結果（第 6 章参照）から、支援先コーズとの関係が深いほど、CRM の効果が上がることから、このポイントを自分の意志で、寄付するという行為はコーズと消費者との関係を深め、CRM の効果を上げる手段の 1 つとみることができる。なお、ポイントを寄付する第 3 の形態は、「本章②4. プロモーション・ミックスとしての CRM」で後述するフリクエンシー・プログラムの一種である。

② CRM を実施していることを表記したパッケージング

　商品のパッケージングにコーズ支援をしていることを示すことにより、商品の差別化をすることができる。

　PRODUCT（RED）は、様々な企業と共に、象徴的な赤いパッケージングの商品を販売し、その収益の一部を世界エイズ・結核・マラリア対策基金に寄付している。また、乳がんに関する啓発運動であるピンクリボン運動に協賛した商品は、その旨をピンクのパッケージングで伝えている。これ以外にも、啓発運動を行っている様々なコーズが、それを象徴する様々な色と結び付いたリボン運動を展開しており、パッケージングでそれを伝えている。これらの事例は、パッケージングの色を通した商品差別化と捉えることができる。

　飲料メーカーは、支援先コーズをデザインした缶を用いて、他のメーカーの缶と差別化することができる。さらに、期間限定で販売することにより、その缶に対する希少性を付与できる。その事例としては、以下のようなものがある。

　JOC（日本オリンピック委員会）のスポンサー制度により、キリンビールは1990年に「がんばれ！ニッポン！オリンピックキャンペーン」に協賛したのをきっかけに日本選手団の支援を始め、五輪関連のデザイン缶広告を実施した[20]。また、YOSAKOI ソーラン祭りを第1回から協賛していたサッポロビールは、「黒ラベル」の缶の片面に祭りのキャラクターをデザインした「YOSAKOI ソーラン祭り缶」を北海道内限定で発売した[21]。

2.　プライス・ミックスとしての CRM

　企業がコスト・カットに成功し、商品価格の値下げ余力が生じた際の価格政策について検討すると以下のようになる。その余力を消費者に還元する形で値下げした場合、今日の激しい競争社会では、すぐに競合企業もその技術にキャッチ・アップしてしまう。すると、その価格は業界標準価格になり、競争優位を短期間しか保つことができないことになる。

　そこで、コスト・カット余力を CRM へ向けることが解決策として考えられる。その結果、長期にわたる差別化が可能になる[22]。Smith[23] においても、

価格のみで競争するより、価格と社会貢献を組み合わせて競争する方が良いと指摘している。このことを Adkins[24] では、CRM への投資は、1 ポンドあたりの対価が最も高い投資であると表現している。前述の作業を終えた場所にスプレーで「Re-freshened by KFC」と記載することを唯一の条件に、穴の開いた道路のアスファルトによる補修を請け負ったケンタッキー・フライド・チキンの事例において、同社のパブリック・リレーションズのマネージャー（当時）の Maynard 氏は、350 個のルイジアナの道の穴を埋めるのに約 3,000 ドルかかったが、年に数百万ドルを使う伝統的なメディアと比べて、安価であるとコメントしている[25]。

　これらの効果を値引きと比較して実証した以下のような研究がある。Strahilevitz[26] では、寄付や値引きの金額が高額で示されているときよりも、少額で示されているときの方が、値引きではなく、寄付を選ぶとしている。また、Arora ら[27] でも同様に、少額の場合、値引きやリベートよりも、CRM の方が効果的としている。これらの結果からコスト・カット余力が少ないときには、CRM が値引きと比べて、より効果的に機能するといえよう。プライス・ミックスの一手段として、CRM の価格政策の有効性をこのような点に見いだすことができる。

　さらに、その効果を考慮せず、総花的に社会貢献を行うのではなく、CRM を意識した社会貢献を行うことが、効率的な資源配分をもたらし、結果的には、費用の削減につながる。その事例として NEC があげられる。同社は、1999 年、いち早く費用対効果という尺度を取り入れて、社会貢献活動プログラムの改善を進めた。そのとき作られたのが、社会貢献活動の基本方針であった。環境、教育、コミュニティーを重点分野と定め、企業イメージの向上という観点をより明確にした。この件に関し、社会貢献部部長（当時）、鈴木均氏は「プログラムの形式も、メセナ活動なら従来の協賛型から自主企画型へ変更しました。複数の企業スポンサーのうちの 1 社になるのではなく、NEC 単独の自主企画にすることで、より企業イメージに合致したプログラムを厳選して、NEC らしさをアピールする形にしたわけです」としている。この一連の見直

しで、同社は 1999 年から 2000 年の 2 年間で、グループ全体で 25％の社会貢献活動の経費削減を実現させている[28]。

　同様に、費用対効果を考えた CRM を導入している企業として日本コカ・コーラがあげられる。同社社長（当時）の魚谷雅彦氏は、「コカ・コーラはイベントによく協賛しますねと言われます。費用対効果の算定は難しい部分もありますが、協賛するかしないかという基準は実に厳密です。考え方がコカコーラ製品のブランド価値に貢献するのか。そのチェックポイントから外れたものはやらないという信念は強く持っています」と述べている[29]。

　これらの費用対効果に関しても、フィランソロピーの名のもとに行われる社会貢献においては、その直接的な効果を強調することがはばかられるため、費用対効果を前面に押し出した社会貢献活動の見直しを行う際には足かせになってしまう可能性がある。しかし、CRM の名のもとに行われる社会貢献に対しては、そのマーケティング戦略の一環という性格上、費用対効果を前面に出した社会貢献活動の見直しを行うことができる。

　さらに、以下のデータから CRM が価格戦略としても有効であると考えられる。宮田[30] によると、「フィランソロピーに熱心な企業の商品については、どの程度割高でも購入するか」と尋ねたところ、10,000 円の比較的高額な商品に対しては 11,602 円と 2 割弱のプレミアムを、100 円の低額商品に対しては 163 円と 6 割強のプレミアムを支払っても良いと考えているという結果が出ている。一方、英国における同様な調査結果では、コーズを援助している商品に対して 5％のプレミアムならば許容できるとしている[31]。したがって、CRM の価格戦略としての効果は、日本においてより大きいということになる。

3. プレイス・ミックスとしての CRM

　Pringle ら[32] は、メーカーが CRM を実施した際に利益を享受する当事者として、流通業者をコーズと消費者と共にあげている。その理由として、メーカーに協力して CRM に関与している流通業者は、コーズに貢献している企業としてみられることによる企業イメージの向上と、当該商品の販売増という両面

から利益を得ることができることをあげている。

　米国の食品会社である Pillsbury 社が、各地の小売業者と組み、その地域の若者をターゲットにしたコーズに寄付をする CRM を展開した[33]。この場合のように、メーカーから見たときには、流通業者を CRM にパートナーとして巻き込むことにより、流通業者との緊密度を増すことができるため、CRM はプレイス・ミックスとして機能することになる。Drumwright[34] では、CRM のこの面の効果について、組織間の境界の橋渡しの役割を果たすと表現している。

　日本においても、丸大食品はハム・ソーセージ業界唯一の JOC オフィシャル・パートナーであったため、アテネ・オリンピック開催に合わせ、「がんばれニッポン売り場づくりコンテスト」を開催し、流通業者との絆作りを行った例がある[35]。

　最近の潮流として、英米では流通業者の立場がメーカーに対して相対的に上昇しているため、流通業者が CRM を行い、川上のメーカーを CRM のパートナーとして巻き込むという、CRM が逆流する事例がみられる。この場合も、メーカー側からみた場合、自らがイニシアティブをとった場合と同様に、流通業者との緊密度を増す効果が期待できる。

　このように流通業者が CRM を主導した例として、以下のような事例があげられる。テスコ社と学習障がい者の問題に取り組んでいる Mencap（コーズ）が CRM を行った際、食品業者を巻き込んだ。また、シアーズ・グループの 10 歳以下の子供服の小売業者である Adams Childrenswear 社は Save the Children（コーズ）と組み、CRM を展開した際、中国の子供服の供給業者の援助を得た[36]。日本においても、スーパーマーケットのサミットは取引先のメーカーと共に、2008 年以来「地球がよろこぶボーナスポイントセール」として、キャンペーン期間中、消費者とメーカーと同社が 1 ポイント＝ 1 円ずつ負担し、「サミットの森」整備活動や「間伐材積み木」の購入・寄贈資金に充てている[37]。

　また、日本の商店街では、流通業者同士が連携し、地域の清掃活動や高齢者のサポート等のボランティア活動により、地域通貨やポイントやスタンプを獲

得できる制度を作っている。

　日本における特徴的なプレイス・ミックスの事例として、治安が良いために発達した自動販売機を活用した CRM があげられる。売上の一部がコーズに寄付されるものの他、自動体外式除細動器（AED）を内蔵したものや、災害時に無料で飲料を提供する機能を備えたもの[38]や、緊急通報の際に現在地を確認することができるよう住所を表示したステッカーを貼ったもの[39]や、観光地では観光地図を貼ったものもある[40]。さらに、珍しい CRM 自動販売機としては、絶滅危惧種のヤンバルクイナの生態を観測する機能を備えたものもある[41]。

　流通業者のなかでも、直接消費者との接点のない卸業者が主導した事例もある。輸入フルーツ専門卸の松孝は、東日本大震災の被災地に義援金を送るプロジェクトとして、シールやバナナの袋など寄付金を含む資材を賛同する企業に購入してもらい、「がんばろう日本！」のシールが付いた商品につき 3 円（バナナは 1 パックにつき 5 円）を義援金として日本赤十字社を通して被災地に届ける活動を実施した[42]。

　また、カタログ通販のディノスは、様々なコーズと連動した様々なカタログ通販を実施し、差別化を図っている[43]。

4. プロモーション・ミックスとしての CRM

　第 1 章で述べたように、CRM の定義には、最狭義のプロモーション・ミックスの中のセールス・プロモーションの寄付付き商品に限定したものから、プロモーション・ミックス全体まで拡張したもの、さらには、最広義のマーケティング・ミックス全般まで拡張したものがある。このことから、プロモーション・ミックスは 4P のなかでも、CRM の中心的な機能であることがわかる。

　プロモーション・ミックスの 1 つであるセールス・プロモーションを「商品やサービスの購買や販売に対する動機づけを狙った比較的短期間提供される刺激策」[44]と捉えると、CRM がその一手段として、直接的に機能することは、第 2 章で述べたように、CRM には、売上効果があることから裏づけられよう。さらに、セールス・プロモーション・ミックスのなかの懸賞、サンプリング、

フリクエンシー・プログラム等において、CRMを活用することができる。懸賞とサンプリングにCRMを活用することができることは、第5章で後述する。そこでは、サンプリング促進について試乗促進に絞って議論しているが、小売業において、試しに来店することをサンプリングと捉えると、CRMは来店促進としても機能する。例えば、古着や使用済み眼鏡を回収し、途上国へ贈るというコーズ支援活動を実施している場合、来店を促進することに繋がるからである。フリクエンシー・プログラムは、「購入額に応じてポイントが蓄積され、そのポイントを貯めると金銭や景品があたえられるシステム」を指す[45]。企業がコーズと連携し、貯まったポイントを寄付にまわす選択肢を顧客にあたえることにより、社会的関心が高い顧客の囲い込みに寄与するというかたちでCRMを活用することができる。

　セールス・プロモーションと並んでCRMを活用できるプロモーション・ミックスとしてあげられるのが、パブリック・リレーションズである。パブリック・リレーションズの定義には様々なものがある。それらの定義に共通するのは、その目的が「社会の理解と支持を得ること」であるという点である。「社会の理解と支持」というパブリック・リレーションズの目的を達成するためには、そのもとになる企業活動が必要になる。そのもととなる活動は、企業が社会の役に立っていることを示す活動が望ましい。そこで、有効なのが、コーズ支援活動である。そして、この活動がいくつかの経路を経て「社会の理解と支持」へと到達する。それらの経路を表したものが図表4-3である。

　まず、1つめの経路が図表4-3の左端の経路（「①」：以下「経路①」と表記）である。この経路では、コーズ支援活動等の企業活動が、広告を通して、「社会の理解と支持」へ到達することになる。

　ところが、アメリカマーケティング協会（AMA）のパブリック・リレーションズの定義[46]では、その経路を「無料（nonpaid）」のものに限定している。この定義では、経路①は有料であるため、パブリック・リレーションズの「社会の理解と支持」を獲得するための経路に入らないことになる。

　一方、日本におけるパブリック・リレーションズの定義[47]では、その経路

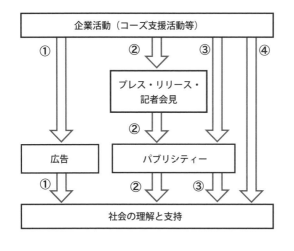

図表4-3　パブリック・リレーションズの構図

（図中）
企業活動（コーズ支援活動等）
① ② ③ ④
プレス・リリース・記者会見
②
広告　　パブリシティー
① ② ③
社会の理解と支持

における「有料」と「無料」の区分は特になされていない。巽[48] では、図表4-3と同様に、パブリック・リレーションズの目的を達成するための手段として、広告をパブリシティーと同列においている。実際、CM においては、イオン、コスモ石油、JT 等、企業のコーズ支援活動の紹介のみを行っているものが多数存在する。これらの CM の目的は、パブリック・リレーションズの目指すところの「社会の理解と支持」を獲得することと捉えることができる。

　小林[49] では、日本における「広告」を定義づける際、米国の「advertising」の定義にみられる「有料（paid）」という縛りを外し、「売りのコミュニケーション」としている。これと同様に、日本におけるパブリック・リレーションズの定義では「無料（nonpaid）」という縛りを外して捉えることを提唱したい。そこで、本書では、経路①で示したように、パブリック・リレーションズの目的である「社会の理解と支持」を獲得するための手段として、広告も含めて捉えていく。

　次に、左から2番目の経路（「②」：以下「経路②」と表記）についてみていく。これは、最もオーソドックスな経路である。もととなる活動をプレス・リリースや記者会見を通してコミュニケーションすることにより、パブリシティーを獲得し、社会の理解と支持へ結び付けることになる。パブリック・リレーションズの経路をこの経路②のみに限定して捉えている教科書も見受けられる。

　そして、次の経路は右から2番目の経路（「③」：以下「経路③」と表記）であ

る。企業の活動を特にプレス・リリースや記者会見することなく、メディアに取り上げてもらうことにより、社会の理解と支持へ結び付ける経路である。これは、直接的にパブリシティー獲得のための手段を講じることなく、パブリック・リレーションズの目的を達成することになり、前述の「啓発された自己利益」と捉えることができ、フィランソロピー的な考え方に近い経路といえる。

　最後の右端の経路（「④」：以下「経路④」と表記）は、企業の活動に直接携わった人やそれを目撃した人の場合は直接的に、そして、その他の人の場合はこれらの人々からの口コミ（ネット口コミも含む）を通して間接的に企業に対する理解と支持を得る経路である。この経路についても、経路①と同様に、ほとんどその存在について論じられることがない。しかし、SNS により高まった「口コミの伝播力」や、以下で述べるような CRM の効果を考慮すると、重要な経路といえる。筆者が行った研究[50] では「消費者と支援先コーズの関係」がCRM 効果に及ぼす影響が大きいことが判明しており、消費者が直接コーズ支援に携わる仕組み作りをすることにより、「消費者と支援先コーズの関係」を深めることができることになる。

　フィランソロピーの名のもとで行われる社会貢献活動の場合、その言葉に陰徳といった含意があるため、積極的に、経路①における広告活動や、経路②におけるパブリシティーを得るための活動や、経路④において、企業がコーズ支援活動を行っていることを目撃した人に、コミュニケーションするために、企業名の入ったゼッケンを参加者に用意するといった行動を取りにくい。そのため、フィランソロピーでは前述のように、経路③に期待がかかることになる。しかし、CRM のもとで行われる社会貢献の場合、経路①、経路②、経路④にあたる活動をマーケティング戦略の一環として行うことができる。

　また、Docherty ら[51] では、英国で CRM を行っている企業に、CRM を実施する際、「売上増」等の９つの要因について、その重要性を評価してもらっている。その結果、「マスコミ報道の増加」を重要と認識している企業が最も多かった。このことからも、CRM を実施する主目的の１つとしてパブリック・リレーションズ効果があげられることがわかる。そのことは実際に使用して

いる CRM の成否を計る尺度として、最も多くあげられているのが、「報道機関による報道」であることからも裏付けられる[52]。

さらに、「第2章①2.（4）②ネガティブ・パブリシティー払拭」（p.72）のところで述べたように、パブリック・リレーションズの重要な役割の1つである「企業が不祥事を起こしたときの対処策」としても、CRM は有効である。

このような CRM のパブリック・リレーションズにおいて果たす役割の大きさから、マーケティング・コミュニケーションの教科書では、CRM の隆盛を、パブリック・リレーションズ発展の主要因としてあげているものもある[53]。

 # CRM とブランド戦略との関係

ここでは、CRM を通したブランド特性の補完機能と、ブランド拡張時に CRM が果たす役割について述べていく。

1. CRM によるブランド特性の補完

ブランドの特性と近いコーズを支援することにより、ブランド特性を補完することができる。例えば、環境にやさしいことを特性とする商品の場合、代金の一部を CO_2 排出権の購入に充てるカーボンオフセット商品にすることにより、ブランドの特性を補完することになる。また、自動車会社や電力会社のように本業で環境に負荷をかけている企業の場合、植樹や環境教育等の環境にかかわるコーズ支援活動を通して、ブランドの弱みを補うことができる。つまり、CRM を通してブランドの強いところはより強くすることができ、弱いところはそれを補うことができる。以下では、具体的な事例を通してみていく。

（1）ブランドの機能に関する特性の補完

ブランドの「高機能」という特性の補完事例として、高圧洗浄機メーカーであるケルヒャー社のコーズ支援活動があげられる。同社は、「日本橋クリーニングプロジェクト」として、架橋100周年を前にした日本橋の洗浄を行った[54]。

その際、橋の半分だけを洗浄した映像をテレビCMやホームページ等で開示し、橋の「洗浄されている部分」と「洗浄前の部分」を比較して見せている。これは、洗浄力という同社ブランドの機能を補完する狙いがあると捉えることができる。

　また、Ｐ＆Ｇは食器用洗剤「ジョイ」で「鳥を救おうキャンペーン」を展開した。海上での原油流出事故で油まみれになった鳥をジョイで洗うテレビCMは、まず2002年に、米国で流され、2005年に日本でも放映された[55]。CMでは、擬人化し、ジョイ君と名づけられた「ジョイのボトル」が、油まみれの鳥を洗浄する映像と共に、以下のように語りかける。「僕は今日、油まみれの鳥さんが、助けられるところを見ました。ボランティアの人が一生懸命、油を落としてあげていました。そのとき、うれしかったのは、僕が使われていたことです」このメッセージと共に、「ジョイは野生動物救護獣医師協会が認定した唯一の洗剤です」というテロップが流れる。そして、「鳥たちを保護する活動を応援するジョイ」というメッセージと共に、「ジョイの売上の一部は鳥たちの救済活動に役立てられています」というテロップが流れる。きれいになっていく鳥を見て、消費者はジョイの洗浄力の強さと、肌への優しさを実感する。このキャンペーンは、鳥の保護というコーズ支援により洗浄力というジョイの特性を補完した事例と捉えることができる。

　前述のケンタッキー・フライド・チキンの事例の場合[56]、道路の補修跡の「Re-freshened by KFC」という記載に込めたケンタッキー・フライド・チキンは、冷凍したチキンは使用せず新鮮(fresh)なチキンを使用しているというメッセージを伝えることにより、「新鮮さ」という「鮮度」に関するブランド特性を補完した事例といえる。

(2) ブランドの環境に関する特性の補完

　トヨタ自動車は小型ハイブリッド・カー「アクア」にちなみ、「アクア・ソーシャル・フェス」というイベントを開催し、全国で川や海岸など水辺の清掃・保全活動を実施した。参加者にボランティアという「特別な体験」を提供し、

SNS を通じてアクアのブランドを拡散してもらうことを狙っている。ガソリン 1 リットルあたり 35.4 キロメートルの燃費性能のアクアが、もともと持つ「CO_2 の発生抑制」という環境特性を、水辺保全という別の環境コーズ支援で補完した事例といえる[57]。

　再生インクカートリッジの販売を行っているエコリカは、使用済みインクカートリッジをゴミにせず、再利用している点をエコであるとし、「エコマーク」認定も受けている。そして、商品販売 1 個につき 1 円を世界自然保護基金（WWF）へ寄付している。さらに、2009 年には、家庭用プリンターで使ったインクカートリッジの回収箱を、りそな銀行の近畿 2 府 4 県の 142 店舗に設置し、エコリカが引き取り、1 個あたり 20 円を WWF に寄付した。これらの WWF への寄付は、カートリッジをリサイクルすることによる「環境にやさしいという商品特性」を補完するコーズ支援と捉えられる[58]。

（3）ブランドの地域に関する特性の補完

　地域限定の商品を販売し、その特性を補完すべく、地域のコーズを支援することがある。第 6 章の「消費者と支援先コーズの関係」に関する実証分析の分析対象とした「やきそば弁当」は東洋水産が北海道限定で販売している。同社は、YOSAKOI ソーラン祭りを支援している旨を宣伝することができるプラチナ・スポンサーとなり[59]、やきそば弁当の CM の最後に、YOSAKOI ソーラン祭りの映像を流し、「マルちゃん[60] は YOSAKOI ソーラン祭りを応援しています」というテロップと共に、「YOSAKOI ソーランを応援します」との声のメッセージを入れたものを流した。この支援は、同商品の北海道限定という商品の地域特性を補完したものと捉えられる。

　また、地域名を冠した商品の地域特性を補完すべく、その地域を支援することがある。小田急電鉄は、神奈川県箱根町にある同社グループ敷地内のわき水を使ったミネラル・ウォーター「箱根の森から」を発売し、売上の一部を神奈川県箱根町の資源保全基金に寄付した[61]。

(4) ブランド名の特性の補完

ロッテは、チョコ菓子「コアラのマーチ」の発売10周年を記念し、コアラの保護・研究を目的に設立された「オーストラリア・コアラ基金」を支援している。オーストラリアのコアラ生息数は、激減し、今日も減少を続けている。コアラ基金は保護策としてコアラ生息地の調査・確認を進め、一方でユーカリ植林を手がけている。この作業を支援するロッテは、毎年数十名のユーザーを「コアラ親善大使」として現地に派遣している。この事例はブランド名のコアラという特性を補完したコーズ支援といえる[62]。

サカタのタネは、濃いピンク色の花を付けるチューリップ「ピンクリボン」の球根を発売する際、乳がんの啓発活動「日本乳がんピンクリボン運動」と同じ名前であることから、売上の一部を乳がんの早期発見・早期治療の啓発活動を手がけるNPO法人「ジェイ・ポッシュ」が実施する「日本乳がんピンクリボン運動」に寄付した。これはネーミングの特性を補完するコーズ支援と捉えられる[63]。

(5) ブランド理念補完

コーズ支援により、商品や企業ブランドの理念を補完することができる。理念補完の場合は、コーズ支援をマーケティングに結び付けることに抵抗を覚える企業においても、比較的導入しやすいCRMといえよう。具体的には以下のような事例がある。

登山やサーフィンなどアウトドアスポーツ衣料・用具メーカーのパタゴニアは、創業時から「環境にやさしい経営」を理念とし、売上高の1%を「地球税」として、環境保護団体に贈っている[64]。

凸版印刷は、コーズ支援実施の判断基準として企業理念をあげている。同社の理念には「情報・文化の担い手」との文言がある。これは印刷は情報を伝える手段の1つであり、文化の形成や教育にも貢献するとの考えを示している。中国・四川大地震の際、被災地にノートを送った理由として、この理念をあげている。また、チャリティー・コンサートにおいて、収益を国連難民高等弁務

官事務所（UNHCR）の日本の公式支援窓口である日本 UNHCR 協会に寄付した際、同社は寄付金を難民キャンプの子供たちの教育に使うように求めた。教育によって識字率が上がれば、現地の文化が発展する可能性が高まると捉え、資金の使途を指定することで自社の企業理念を体現させようとしたという[65]。

　こうした理念に沿ったコーズ支援を行うことにより、企業ブランドの理念を補完することができる。

2. ブランド拡張時の「命がけの跳躍」の命綱としての CRM

　ここでは、ブランド拡張時の「命がけの跳躍」について説明したうえで、そこで CRM が果たす命綱としての役割を具体的な事例を通してみていく。

（1）ブランド拡張時の「命がけの跳躍」とは

　CRM はブランド拡張時にも重要な役割を果たすことになる。企業はブランドを拡張し、新たな分野に参入する際、もともとのブランド・イメージも傷ついてしまうリスクを背負うことになる。そのような危険を踏まえたブランドの拡張のことを、石井[66] では「命がけの跳躍」と表現している。

　スターバックスの日本でのチルド・コーヒーの発売に際して、ハワードシュルツ会長（当時）が、来日し、都内のコンビニエンス・ストアで、売れ行きを、やきもきしながら視察している様子がニュースで流れた。これは、スターバックスがコンビニエンス・ストアでチルド・コーヒーを発売した際、ブランド拡張に失敗すれば、スターバックスの店舗への来客へも悪影響が出る可能性があるため、店舗ブランドがダメージを受ける危険をはらんだチルド・コーヒーへの「命がけの跳躍」であったからである。

　このような危険をはらんだ命がけの跳躍の際に、そのリスクを軽減する命綱としての役割を CRM が果たすことになる。その仕組みは以下のようなものである。まず、新規参入する分野と関連するコーズを支援し、CRM を通してコミュニケーションする。そのことにより、事業参入前に、ブランドに新規事業と関連する特性を加えることができる。そのうえで、参入することにより、そ

の分野へのブランド拡張が、より自然に受け止められるため、ブランド拡張によるブランド崩壊のリスクが軽減することになる。この命綱作りを本業で行えば、命がけの跳躍を行ってしまうことになる。それゆえ、本業で行うことができないため、CRM が重要な役割を果たすことになる。以下では、事例を通してみていく。

(2) ユニクロのスポーツ・ウェア事業参入と JOC スポンサー

カジュアル・ウェアを販売しているユニクロが 2001 年にスポーツ・ウェア市場に参入することを発表した。これは、ユニクロ・ブランドの拡張を意味する。一方、同社は、すでに JOC のオフィシャル・パートナーとなることが決まっていた。これは、ユニクロ・ブランドのスポーツ・ウェアへのブランド拡張の素地を作る役割を果たすことを狙っていると捉えることができる。その仕組みは以下のようなものである。まず、新規参入する分野と関連するコースを支援し、CRM を通してコミュニケーションすることにより、スポーツ事業参入前に、ユニクロ・ブランドにスポーツという特性を加えることができる。その結果、その分野へのブランド拡張がより自然に受け止められるため、ブランド崩壊のリスクが軽減する。つまり、JOC への支援は、カジュアル・ウェアのみのブランドから、スポーツ・ウェアをも含んだブランドへの拡張へ向けての「命がけの跳躍」に際して、命綱の役割を果たすことを狙ったものとみることができる。この関係を図示したものが図表 4-4 である。

同社が社会貢献を戦略的に位置づけていることは以下のような、柳井正社長（当時）の発言からもうかがえる。同氏は「たとえそれがどんなに良いことであっても、会社にとってプラスにならないこと、極端にいえば儲けにつなが

図表 4-4　命がけの跳躍時の命綱の役割を担う CRM

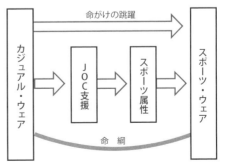

らないことをやるつもりはない。だから今、我が社が行っている CSR 活動も、基本的には企業戦略のひとつと考えてもらっていいでしょう」[67]と述べている。

(3) BMW の女性向けのブランド・イメージの拡張[68]

米国において BMW ブランドは、アグレッシブでスポーティーといったイメージが定着していた。そのため、ドライバーの 50％を占める女性から敬遠されがちであった。

そこで、女性にも親しみを持ってもらえるブランド作りを狙い、The Susan G. Comen 乳がん基金と共に、CRM キャンペーンを行った。同基金は、女性に対する乳がん無料電話相談サービスを運営すると共に、乳がん研究への寄付を行っている。

キャンペーンでは、4 ヶ月のあいだ BMW の販売会社を巡り、地域ごとに広く告知されたスペシャルイベントを開催し、試乗距離 1 マイルごとに 1 ドルを同基金へ寄付するという試乗イベントと、地域の乳がん克服者や乳がん撲滅研究者の表彰を行った。

試乗をすると、そのマイルに応じて BMW が寄付をするという仕組みに、喜びながら驚いた（pleasantly surprised）人々とのあいだで、「押しつけがましくない販売（soft sell）」環境が構築され、400 台の販売に結び付いた。そして、35,000 名の人が試乗し、同社から百万ドルが同基金へ寄付された。さらに、このキャンペーンにより、「softer」というイメージが BMW に加わった。

これらの成果のうち、ブランド拡張を行っていくうえで、重要なことは、BMW に「softer」という新しい商品特性が付加されたことである。このことは、BMW というブランド名のもと、女性向け商品発売によるブランド拡張を行う際の素地作りと捉えることができる。言い換えると、この CRM キャンペーンが命綱となるため、BMW ブランドで、女性向けの車を発売しても、「命がけの跳躍」に失敗し、BMW ブランドがダメージを受けるリスクを軽減させたということになる。

（4）ミスタードーナツの男性向けのイメージの拡張[69]

　前述の BMW の事例とは逆に、男性客獲得に向けた CRM を行った事例が日本にある。それは、ダスキンがミスタードーナツ事業の販売促進のためスペインの人気プロ・サッカーチームである「レアルマドリード」と公式スポンサー契約を結んだ事例である。チームとの契約期間は 3 年間であり、選手を起用した CM の放映や、全国のミスタードーナツの商品パッケージに選手などのイメージ写真を使用するほか、チームの観戦ツアー旅行券が当たる懸賞キャンペーン等が組まれた。ミスタードーナツの顧客は 10 ～ 20 歳代の女性が中心であり、男性にファンが多いレアルマドリードを販促に起用することで、男性客開拓による顧客層の拡大を図ったという。

　この事例を命がけの跳躍の命綱作りの文脈におき換えて考えると、ミスタードーナツがレアルマドリード支援（コーズ支援）により不得手としている男性客獲得の下地を作ったうえで、本格的に男性向けメニューを展開していけば、命がけの跳躍に失敗するリスクが軽減するということになる。

<注>
(1) この章は以下の論文・書籍を加筆修正したものである。
　世良耕一（2001a）「コーズ・リレイテッド・マーケティングの定義に関する一考察～企業と公益活動との新しい調和を目指して～」『公益学研究』（日本公益学会）第 1 巻第 1 号、pp.9-16。
　世良耕一（2001b）「コーズ・リレイテッド・マーケティングを通したブランド構築に関する一考察～社会貢献による『ブランド拡張』と『ブランドの製品属性の補完』の可能性について～」『函大商学論究』（函館大学）第 34 輯第 1 号、pp.59-82。
　世良耕一（2004a）「コーズ・リレイテッド・マーケティング評価に影響を与える要因に関する一考察～『消費者とコーズの関係』からのアプローチ～」『広告科学』（日本広告学会）第 45 集、pp.90-105。
　世良耕一（2004c）「第 5 章　マーケティング・コミュニケーション」黒田重雄、伊藤友章、世良耕一、赤石篤紀、青野正道『市場対応の経営』千倉書房、pp.167-204。
　世良耕一（2007b）「コーズ・リレイテッド・マーケティングのパブリック・リレーションズ効果に関する一考察～コーズ支援協働型インターンシップを通して～」『日本経営倫理学会誌』第 14 号、pp.71-77。
　世良耕一（2007c）「コーズ・リレイテッド・マーケティングの日本における展開と留意点」『日経広告研究所報』231 号、pp.30-36。
　世良耕一（2009c）「第 10 章　販売促進」清水公一編『マーケティング・コミュニケー

　ション』五絃舎、pp.159-174。

　　世良耕一（2013）「第 3 章　コーズ・リレーテッド・マーケティングを通した企業と公益のありかた」公益研究センター編『東日本大震災後の公益法人・NPO・公益学』文眞堂。
(2)　荒川祐吉(1978)『マーケティング・サイエンスの系譜』千倉書房、および上原征彦（1999）『マーケティング戦略論　実践パラダイムの再構築』有斐閣 、および嶋口充輝（1984）『戦略的マーケティングの論理』誠文堂新光社。
(3)　荒川 (1978)、前掲書。
(4)　Husted, Stewart W. and Francis R. Whitehouse, Jr.（2002）, "Cause-Related Marketing via the World Wide Web: A Relationship Marketing Strategy," *Journal of Nonprofit & Public Sector Marketing*, Vol.10, Iss. 1, pp.3-22.
(5)　Kotler, Philip（2000b）, *Marketing Management, the Millennium Edition*, Prentice Hall.
(6)　Kotler (2000b), 前掲書。
(7)　Husted and Whitehouse(2002), 前掲論文。
(8)　Kotler (2000b), 前掲書。
(9)　東徹(1991)「拡張されたマーケティング概念の形成とその意義(2)」『北見大学論集』第 26 号、pp.63-91。
(10)　Kotler(2000b), 前掲書。
(11)　Bearden, William O., Thomas N. Ingram, and Raymond W. LaForge（2003）*Marketing : Principles and Perspectives*, McGraw-Hill.
(12)　Fill, Chris（2002）, *Marketing: Communications*, Contexts, Strategies, and Applications, Prentice Hall.
(13)　企業に対する批判に対して、自己の立場の正当性を訴えるための手段として用いる広告のこと。擁護広告、弁護広告、意見広告ともいう。
(14)　Govindarajan, Vijay and Chris Trimble（2012）, *Reverse Innovation: Create Far Fraom Home,Win Everywhere*, Harvard Business Review Press,（渡部典子訳『リバース・イノベーション』ダイヤモンド社、2012 年）。
(15)　日経ビジネス、2010 年 7 月 19 日。
(16)　日本経済新聞、2011 年 8 月 26 日。
(17)　日経ビジネス、2002 年 7 月 29 日号。
(18)　日本経済新聞、2011 年 6 月 3 日夕刊。
(19)　朝日新聞、2010 年 10 月 24 日。
(20)　日本経済新聞、2004 年 1 月 1 日。
(21)　北海道新聞、1999 年 5 月 8 日。
(22)　Davidson, John（1997）, "Cancer Sells," *Working Woman*, Vol.22 Iss.5, pp.36-39,68.
(23)　Smith, Geoffrey and Ron Stodghill Ⅱ（1994）, "Are Good Causes Good Marketing?," *Business Week*, Mar. 21, pp.64-66.
(24)　Adkins, Sue（1999）, *Cause Related Marketing : Who Cares wins*, Butterworth-Heinemann.
(25)　Coomes, Steve（2009）, "Cause Marketing Takes KFC's 'Freshness' Message to The Streets," *Nation's Restaurant News*, Vol.43, Iss.18, pp.84-85.
(26)　Strahilevitz, Michal（1999）, "The Effect of Product Type and Donation Magnitude on Willingness to Pay More for a Charity-Linked Brand," *Journal of Consumer Psychology*, No.8,

Iss.3, pp.215-241.

(27) Arora, Neeraj and Ty Henderson（2007）,"Embedded Premium Promotion: Why It Works and How to Make It More Effective," *Marketing Science*, Vol.26, Iss.4, pp.514-531.

(28) 日経エコロジー、2002 年 11 月号。

(29) 日経流通新聞、2002 年 6 月 4 日。

(30) 宮田安彦（2000）「日本企業とフィランソロピー～今、再び企業フィランソロピーを問う～」『Monograph』No.3-1、フジタ未来経営研究所。

(31) Pringle, Hamish and Marjorie Thompson（1999）, *Brand Spirit: How Cause Related Marketing Builds Brands*, Wiley.

(32) Pringle and Thompson（1999）, 前掲書。

(33) Adkins（1999）, 前掲書。

(34) Drumwright, Minette E.（1996）,"Company Advertising with a Social Dimension: The Role of Noneconomic Criteria," *Journal of Marketing*, Vol.60, Iss.4（October）, pp.71-87.

(35) 日経広告手帖増刊号日経 MJ 広告特集、2004 年 12 月 24 日。

(36) Adkins（1999）, 前掲書。

(37) 国土緑化推進機構（2009b）『森づくりコミッションブックレット『企業の森づくり事例集』（発展的事例編）』国土緑化推進機構。

(38) 朝日新聞、2008 年 5 月 4 日。

(39) 北海道新聞、2005 年 1 月 19 日。

(40) 北海道新聞、2005 年 5 月 7 日。

(41) 日本経済新聞、2010 年 8 月 1 日。

(42) 日経流通新聞、2011 年 8 月 1 日、松孝ホームページ http://www.go-nippon.com/。

(43) 日経流通新聞、2010 年 7 月 21 日、2010 年 9 月 15 日、2010 年 10 月 27 日、2010 年 12 月 24 日。

(44) 世良（2009c）、前掲書。

(45) 世良（2009c）、前掲書。

(46) Bennett, Peter D.（1995）, *Dictionary of Marketing Terms*, NTC Business Books.

(47) 宇野政雄・金子泰雄・西村林編著（1992）『現代商業・流通辞典』中央経済社、および金子泰雄・中西正雄・西村林編著（1998）『現代マーケティング辞典』中央経済社、および亀井昭宏監修（2001）『新広告用語辞典』電通、および宮澤永光・亀井昭宏編著（1998）『マーケティング事典』同文舘。

(48) 巽健一（2004）「『広告』とその類縁概念（広報、ＰＲ、宣伝）の関係について」『広告科学』第 45 集、pp.140-151。

(49) 小林保彦（2000）「『コミュニケーションと広告』再考～21 世紀、グローバルコミュニケーションを考える前に～」『青山経営論集』第 35 巻、第 3 号、pp.7-24。

(50) 本書「第 6 章②1.『消費者と支援先コーズの関係』が CRM に与える影響の検証」。

(51) Docherty, Sylvie and Sally Hibbert（2003）, "Examining Company Experiences of a UK Cause-related Marketing Campaign," *International Journal of Nonprofit and Voluntary Sector Marketing*, Vol.8, Iss.4, pp378-389.

(52) Business in the Community（2001）, *Cause Related Marketing Corporate Survey Ⅲ*, Business in the Community.

(53) Fill, Chris（2002）, 前掲書。
(54) 日経産業新聞、2010 年 10 月 8 日、および日本経済新聞、2010 年 10 月 8 日。
(55) 日経ビジネス、2005 年 12 月 26 日号。
(56) Coomes（2009）, 前掲論文。
(57) 日経産業新聞、2012 年 4 月 6 日、および日経産業新聞、2012 年 8 月 27 日、および日経流通新聞、2012 年 2 月 10 日、およびワールド・ビジネス・サテライト（テレビ東京）2012 年 11 月 9 日放送分ホームページ http://www.tv-tokyo.co.jp/mv/wbs/feature/post_30094/。
(58) 朝日新聞、2009 年 6 月 6 日、エコリカ・ホームページ http://www.ecorica.jp/ink/ap_e.html。
(59) 2003 年 7 月筆者が行った東洋水産株式会社広報宣伝部（当時）白石巌氏へのインタビューによる。
(60) 東洋水産のブランド名。
(61) 日本経済新聞、2009 年 3 月 19 日。
(62) 週刊ダイヤモンド、2003 年 11 月 22 日。
(63) 日本経済新聞、2010 年 8 月 11 日、および日経産業新聞、2010 年 8 月 10 日、および日経産業新聞、2010 年 8 月 16 日。
(64) 日本経済新聞、1999 年 8 月 2 日。
(65) 日経産業新聞、2008 年 9 月 2 日。
(66) 石井淳蔵 (1999)『ブランド　価値の創造』岩波新書。
(67) 柳井正 （2009）「わがドラッカー流経営論」『仕事学のすすめ　2009 年 6・7 月』第 5 巻 8 号、NHK 出版。
(68) Pringle and Thompson (1999), 前掲書。
(69) 日経流通新聞、2004 年 8 月 5 日。

Chapter 5.

第5章
コーズ・リレーテッド・マーケティングを
用いた戦略の検証

本章では、CRM を用いた戦略のうち、サンプリング促進効果と、懸賞における応募意欲促進効果および落選時の印象改善効果について検証していく。

CRM のサンプリング促進効果の検証[1]

本節では CRM のサンプリング促進効果に着目し、サンプリングのなかでも試乗を、その調査対象とした。そこで、試乗促進を目的としたキャンペーンを紹介するところから始めたい。

2006 年版の米国における新車初期品質調査のブランド別ランキングが公表され、「ヒュンダイ」が「トヨタ」、「ホンダ」等を押さえ、3 位に位置づけられていた[2]。そして、これと呼応するかのように、Country of Origin の影響[3] が懸念されていた日本において、ヒュンダイ・モーター・ジャパンが「とりかえっこキャンペーン」を実施した。このキャンペーンは抽選により、当選者には最長 1 週間、自分の車とヒュンダイの車を取り替えることができるというものであった。これは試乗しても購入しない場合の罪悪感を考えて躊躇する心理的負担を、「取り替える」という行為によって軽減し、試乗を促すキャンペーンと捉えることができる。この事例において「取り替える」という行為によりヒュンダイが試乗者の心理的負担を軽減させたように、試乗距離が伸びるごとに企業からのコーズへの寄付金額が増えるという CRM の仕組みにより、同様の効果が期待できる。

トヨタ自動車は、プリウスの販売促進策として、同社専用サイトから試乗予約を申し込むと、東京トヨペットの負担で東京都の「緑の東京募金」に30円を寄付する仕組みを用いた[4]。この場合も、「コーズ支援をするため」という言い訳ができることから、試乗をしたが購入はしない場合の心理的負担を軽減することで、より気軽に試乗予約をしてもらうための仕組みと捉えることができる。

　このような効果が期待できるため、本研究ではCRMの試乗促進効果を検証していく。その際、「消費者と支援先コーズの関係」がCRMを通した試乗のしやすさにあたえる影響についてもみていく。さらに、コーズ間におけるCRM効果の違いについても検証していく。

1. 先行研究と仮説の導出

　ここでは、「サンプリング」に関する先行研究をレビューしたうえで、「CRM」に関する先行研究から、仮説を導出していく。

(1) サンプリングに関する先行研究

　「試乗」は乗り物で用いられる「サンプリングの一形態」と捉えることができる。そこで、ここでは、サンプリングに関する先行研究をみていく。

　サンプリングの重要性を示す先行研究としては、広告との比較で、商品に対する態度を形成するうえで、広告よりもサンプリングの方が有効であるとしているものがある[5]。

　マーケティングの教科書では、サンプリングは新商品導入時に用いられるプロモーションと位置づけられていることが多い[6]。しかし、サンプリングは製品ライフサイクルの成熟期にも有効であるとし、その活用の時期を広げている研究[7]や、サンプリングは長期間にわたり売上増に寄与するとしている研究[8]もある。

　また、サンプリングが他のプロモーションに与える影響として、Holmesら[9]において、口コミ誘発効果があることが検証されている。

　これらの先行研究において、サンプリングの重要性は実証されているが、サ

ンプリング促進策については研究されていない。そこで、本研究ではサンプリング促進策としてのCRMについて検証していく。

(2) 仮説の導出

サンプリング研究と同様にCRM研究においても、CRMとサンプリングとを結びつけた研究はなされていない。

そこで、前述のBMWのCRMキャンペーンの事例[10]において、試乗がコーズ支援と結びつくことにより、消費者の心のなかに試乗をしても購入しないときに、乳がん基金のためになるという言い訳ができることによる試乗時の心理的負担軽減作用に着目した。

このようなCRMによる心理的負担軽減効果について言及した研究がある。Strahilevitzら[11]では、商品を楽しみのために消費される娯楽品（frivolous products）と、目的のために消費される実用品（practical products）に分類し、娯楽品を消費することへの罪悪感を払拭できるため、実用品よりも、娯楽品において、CRMは有効であるとしている。

前述のように、罪悪感から、試乗を躊躇する場合、試乗がコーズ支援と結びつくことにより、そのような罪悪感が払拭されるので、躊躇をせずに、気軽に試乗することができるようになることが考えられる。つまり、娯楽品の消費における罪悪感を払拭するためにCRMを用いたのと同様に、サンプリングの一種である試乗において、CRMが試乗による罪悪感を払拭し、多くの潜在顧客に試乗を促進する効果が期待できる。そこで、この点を検証すべく以下の仮説を立てた。

▶**仮説1**　コーズ支援とサンプリングを連動させることにより、CRMを通したサンプリング促進効果がある。

次に、「消費者と支援先コーズの関係」がCRMに与える影響に目を向けると、消費者の態度形成に影響をあたえるとしている研究[12]と、消費者の購買意欲へ影響をあたえるとしている研究[13]がある。一方、Fiske[14]とLafferty

ら[15]では、「消費者と支援先コーズの関係」がCRMを通した消費者の態度や購買意欲へ及ぼす影響が否定されている。なお、「消費者と支援先コーズの関係」による影響に関する研究の詳細については、「第6章① 2.(2)『消費者と支援先コーズの関係』の影響」を参照願いたい。

　このように先行研究の結果が異なる要因としては、支援先コーズの違いによるところが大きいと推察できる。そのことを検証するためには、複数のコーズを被験者に提示する必要がある。そして、それらの複数の支援先コーズの影響の違いを生じせしめているのが「消費者と支援先コーズの関係」であると考えられる。そこで、この2点を検証すべく以下の仮説を立てた。

▶ **仮説2**　支援先コーズの違いがサンプリング促進効果へ影響をあたえる。

▶ **仮説3**　各支援先コーズにおける「消費者と支援先コーズの関係」がサンプリング促進効果へ影響を与える。

2. 調査の概要

　調査は、2005年12月に北海道の大学生95人を対象に行った。性別、年齢別の被験者の特性は以下のようになっている。性別では、男性56名（58.9%）、女性31名（32.6%）（欠損値8）となった。また、年齢別では、19歳から22歳の被験者が、全体の94.3%を占めた（欠損値8）。

　被験者には、1キロ試乗するごとに10円が「YOSAKOIソーラン運営機関」、「環境保護団体」、「飢餓問題の解決に取り組んでいる団体」、「癌撲滅研究を行っている団体」、「交通遺児育英会」の各コーズに企業から寄付される場合の車のディーラーでの試乗のしやすさの程度について、それぞれ5段階リッカート法を用いて、回答してもらった（試乗しやすい場合＝1、どちらかといえば試乗しやすい場合＝2、どちらともいえない場合＝3、どちらかといえば試乗しにくい場合＝4，試乗しにくい場合＝5）。

　さらに、仮説1を検証すべく、コーズ支援と連動した試乗との比較対象となる「通常の試乗」として、特に寄付が行われない場合の試乗のしやすさについ

ても同様の質問をした。

　また、仮説2を検証すべく、コーズによる違いをみるため、複数のコーズを質問項目として設定した。前述の5つのコーズを選択した理由は以下の通りである。

　図表5-1は「企業が取り組むべき問題としてふさわしいと思うもの」に関する米国における1993年と1998年の調査結果を、それぞれ「米国1993」、「米国1998」と表記し、比較検討するため、同調査と同項目を設定し、2001年7月に日本人大学生184名を対象に、2003年7月に日本人大学生151名を対象に行った調査結果を、それぞれ「日本2001」、「日本2003」と表記したものである。この結果から、日本においては「環境問題」が突出していることがわかる。この「環境問題」に、「日本2003」の上位に位置した「飢餓問題」、「医療問題」を加え、これら3つの問題に関するコーズとして、それぞれ「環境保護団体」、「飢餓問題の解決に取り組んでいる団体」、「がん撲滅研究を行っている団体」の3つのコーズを支援先コーズとして設定した。

　続いて、筆者が行った研究[16]において、調査対象として、「消費者と支援

図表 5-1　企業が取り組むべき問題としてふさわしいと思うもの

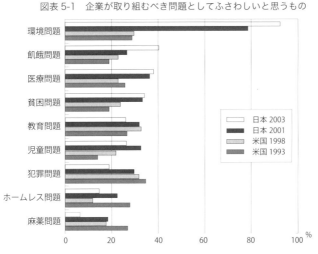

出所：「米国1993」・「米国1998」は Cone ら（1999）をもとに筆者が作成。
　　　「日本2001」・「日本2003」は筆者が大学生を対象に行った調査結果。

先コーズ」の関係が影響を与えることが判明した「YOSAKOI ソーラン」を支援先コーズの1つとした。

これら4つのコーズに試乗と関係が深いコーズとして「交通遺児育英会」も支援先コーズに加えた。

さらに、仮説3を検証すべく、消費者と支援先コーズとの関係を調べるため図表5-1で上位にきた、「環境問題」、「飢餓問題」、「医療問題」については、その関心の有無を二者択一で尋ねた。そして、YOSAKOI ソーランについては、筆者が行った研究[17]において「消費者と支援先コーズの関係」を尋ねる質問として設定し、CRM 効果において有意差が確認できた2つの質問（「YOSAKOI ソーランを見に行ったことがありますか」、「YOSAKOI ソーランは好きですか」）を共に二者択一で尋ねた。

3. 結果と考察

(1) CRM のサンプリング促進効果

「通常の試乗」と、試乗距離に応じて各コーズに寄付がなされる場合の試乗のしやすさを、試乗しやすい順に並べて表したものが図表5-2である。概観すると、「YOSAKOI ソーラン運営機関」以外のコーズに関しては、通常の試乗の場合との差があることがわかる。

そして、仮説1を検証したものが図表5-3である。「通常の試乗」と「コーズ支援連動型試乗」（各問題と関連するコーズ

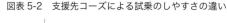

図表 5-2　支援先コーズによる試乗のしやすさの違い

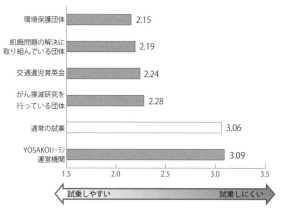

図表 5-3 「支援先コーズ」ごとの「通常の試乗」と「コーズ支援連動型試乗」の試乗のしやすさの違いの対応のある t 検定

支援先コーズ	n	Mean ± SD		検定統計量	P-value
		通常の試乗	コーズ支援連動型試乗		
環境保護団体	95	3.06 ± 1.02	2.15 ± 0.99	t=6.989	**
飢餓問題の解決に取り組んでいる団体	94	3.09 ± 1.00	2.19 ± 1.02	t=6.846	**
交通遺児育英会	95	3.06 ± 1.02	2.24 ± 1.08	t=5.849	**
がん撲滅研究を行っている団体	95	3.06 ± 1.02	2.28 ± 1.00	t=5.925	**
YOSAKOI ソーラン運営機関	95	3.06 ± 1.02	3.09 ± 1.15	t=0.232	n.s.

**$P < 0.01$ n.s. 有意差なし

に対する支援と連動させた試乗）の試乗のしやすさの違いを対応のある t 検定した結果、「YOSAKOI ソーラン運営機関」以外の 4 つのコーズにおいては、危険率 1％の水準で有意な違いがあることがわかる。つまり、これらのコーズにおいては、仮説 1 の「コーズ支援とサンプリングを連動させることにより、CRM を通したサンプリング促進効果がある」という仮説が支持されたことになる。

（2）支援先コーズのサンプリング促進効果への影響

続いて、仮説 2 を検証すべく、「YOSAKOI ソーラン運営機関」、「環境保護団体」、「飢餓問題の解決に取り組んでいる団体」、「がん撲滅研究を行っている団体」、「交通遺児育英会」の 5 つの支援先コーズ間の一元配置の分散分析を行った結果、危険率 1％水準で有意差がみられた（$F_{(2.066, 192.141)}$ =37.623, $p<0.01$）。したがって、仮説 2 の「支援先コーズの違いがサンプリング促進効果へ影響をあたえる」という仮説が支持されたことになる。

（3）「消費者と支援先コーズの関係」のサンプリング促進効果への影響
①環境、飢餓、医療に関するコーズを支援した場合

最後に、仮説 3 を検証していく。調査の概要のところで述べたように、環境問題、飢餓問題、医療問題については、被験者に、これらの問題に対する関心

の有無を尋ねた。これらの問題に対する関心の有無が、これらの問題と関係したコース支援と連動した場合の試乗のしやすさへの影響を確かめるため、対応のないt検定と対応のあるt検定の2種類の検定を行った。

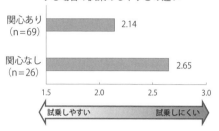

図表5-4　医療問題への関心の有無による「がん撲滅研究を行っている団体」への寄付と連動する場合の試乗のしやすさの違い

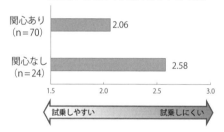

図表5-5　飢餓問題への関心の有無による「飢餓問題の解決に取り組んでいる団体」への寄付と連動する場合の試乗のしやすさの違い

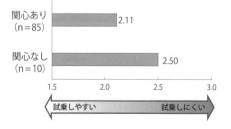

図表5-6　環境問題への関心の有無による「環境保護団体」への寄付と連動する場合の試乗のしやすさの違い

まず、対応のないt検定の結果からみていく。これらの3つの問題に対して「関心がある」と回答したグループと「関心がない」と回答したグループに分け、試乗距離とこれらの問題と関連するコース支援を連動させた場合の試乗のしやすさをグラフで表したものが図表5-4から図表5-6である。

図表5-4は、医療問題への関心の有無による「がん撲滅研究を行っている団体」への寄付と連動した場合の試乗のしやすさの違いを表したものである。対応のないt検定を行った結果、危険率5％水準で有意差がみられた（t=2.268, df=93, p<0.05）。この結果から、医療問題に関心を持っていない人よりも、関心を持っている人の方が、「がん撲滅研究を行っている団体」への寄付と連動した場合の試乗促進効果が高いということになる。

図表5-5は、飢餓問題への関心の有無による「飢餓問題の解決に

取り組んでいる団体」への寄付と連動した場合の試乗のしやすさの違いを表したものである。対応のないt検定を行った結果、危険率5%水準で有意差がみられた（t=2.229, df=92, p<0.05）。この結果から、飢餓問題に関心を持っていない人よりも、関心を持っている人の方が、「飢餓問題の解決に取り組んでいる団体」への寄付と連動した場合の試乗促進効果が高いということになる。

　図表5-6は、環境問題への関心の有無による「環境保護団体」への寄付と連動した場合の試乗のしやすさの違いを表したものである。グラフ上は違いがあるようにみえるが、対応のないt検定を行った結果、有意差はみられなかった（t=1.195, df=93 n.s.）。

　さらに、別の方法で仮説3を検証すべく、3つの問題について、それぞれの問題に対して関心があるグループと関心が無いグループに分け、「通常の試乗」と「コーズ支援連動型試乗」の試乗のしやすさの違いを対応のあるt検定を行った結果が図表5-7である。

　図表5-7によると、前述の対応のないt検定においては有意差が認められなかった環境問題への関心の有無に関して、環境問題に関心があると回答した人の場合、対応のあるt検定の結果、「環境保護団体への支援連動型試乗」の方が危険率1%水準で、「通常の試乗」よりも試乗しやすいという結果が出ているのに対し、環境問題に関心のない人は、両者のあいだに違いが認められなかった。つまり、環境問題への関心の有無が、コーズ支援連動型試乗の試乗のしやすさに影響をあたえていることがわかる。

　それとは逆に、飢餓問題に関しては、前述の対応のないt検定においては、その関心の有無がコーズ支援連動型試乗の試乗のしやすさへ影響をあたえていたが、図表5-7の対応のあるt検定においては、その関心の有無にかかわらず、「通常の試乗」よりも「飢餓問題の解決に取り組んでいる団体への支援連動型試乗」の方が試乗しやすいという結果になっている。

　また、医療問題においては、医療問題に関心があると回答した人の場合、対応のあるt検定の結果、「がん撲滅研究を行っている団体への支援連動型試乗」の方が危険率1%水準で、「通常の試乗」よりも試乗しやすいという結果が出

図表 5-7　環境問題、飢餓問題、医療問題への関心の有無により分けられたグループごとに行われた「通常の試乗」と「コーズ支援連動型試乗」の試乗のしやすさの違いの対応のある t 検定

支援先コース	関心の有無	n	Mean ± SD		検定統計量	P-value
			通常の試乗	コーズ支援連動型試乗		
環境保護団体	有り	85	3.07 ± 1.00	2.11 ± 0.93	t=6.917	**
	無し	10	3.00 ± 1.25	2.50 ± 1.43	t=1.342	n.s.
飢餓問題の解決に取り組んでいる団体	有り	70	3.04 ± 1.03	2.06 ± 0.95	t=6.228	**
	無し	24	3.21 ± 0.93	2.58 ± 1.14	t=2.901	**
がん撲滅研究を行っている団体	有り	69	3.07 ± 1.10	2.14 ± 0.97	t=5.785	**
	無し	26	3.04 ± 0.77	2.65 ± 0.98	t−1.848	n.s.

**P ＜ 0.01　n.s. 有意差なし

ているのに対し、医療問題に関心のない人は、両者のあいだに違いが認められなかった。つまり、対応のない t 検定の結果と同様に、図表 5-7 の対応のある t 検定においても、医療問題への関心の有無が、コーズ支援連動型試乗の試乗のしやすさに影響をあたえていることがわかる。

　これらの結果から、医療問題は両検定共に、環境問題と飢餓問題に関しては、片方の検定において、「各支援先コーズにおける『消費者と支援先コーズの関係』がサンプリング促進効果へ影響を与える」という仮説 3 が支持されたことになる。

② YOSAKOI ソーランを支援した場合

　YOSAKOI ソーランに関しては、調査の概要で前述したように、「消費者と支援先コーズの関係」について尋ねる質問として、「YOSAKOI ソーランを見に行ったことがありますか」という質問と、「YOSAKOI ソーランは好きですか」という質問を設定した。これらの「消費者と支援先コーズの関係」の違いが、YOSAKOI ソーラン運営機関への支援と連動した場合の試乗のしやすさへの影響を確かめるため、対応のない t 検定と対応のある t 検定の 2 種類の検定を行った。

　まず、対応のない t 検定の結果からみていく。図表 5-8 は、YOSAKOI ソーランを見に行ったかどうかによる「YOSAKOI ソーラン運営機関」への寄付

と連動した場合の試乗のしやすさの違いを表したものである。対応のない t 検定を行った結果、有意差はみられなかった（t=1.547, df=93, n.s.）。

　図表 5-9 は、YOSAKOI ソーランを好きかどうかによる「YOSAKOI ソーラン運営機関」への寄付と連動した場合の試乗のしやすさの違いを表したものである。対応のない t 検定を行った結果、危険率 1％水準で有意差が認められた（t=3.551, df=93, p ＜ 0.01）。つまり、YOSAKOI ソーランを好きかどうかによって、「YOSAKOI ソーラン運営機関」への寄付と連動した場合

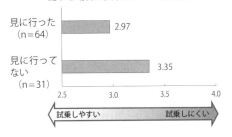

図表 5-8　YOSAKOI ソーラン見物経験の有無による「YOSAKOI ソーラン運営機関」への寄付と連動する場合の試乗のしやすさの違い

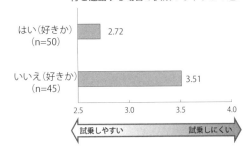

図表 5-9　YOSAKOI ソーランを好きかどうかによる「YOSAKOI ソーラン運営機関」への寄付と連動する場合の試乗のしやすさの違い

の試乗のしやすさに違いがあることになる。

　一方、消費者と YOSAKOI ソーランとの関係を尋ねた 2 つの質問に対する回答の違いによって、グループ分けし、「通常の試乗」と「コーズ支援連動型試乗」の試乗のしやすさの違いを対応のある t 検定を行った結果が図表 5-10 と図表 5-11 である。

　図表 5-10 は「YOSAKOI ソーランを見に行ったことがありますか」という質問に対して「はい」と回答したグループと「いいえ」と回答したグループに分け、対応のある t 検定を行った結果であり、前述の対応のない t 検定を行った場合と同様に有意差はみられなかった。

　図表 5-11 は「YOSAKOI ソーランは好きですか」という質問に対して「は

図表 5-10　YOSAKOI ソーラン見物経験の有無により分けられたグループごとに行われた「通常の試乗」と「コーズ支援連動型試乗」の試乗のしやすさの違いの対応のある t 検定

| 支援先コース | 見物経験 | n | Mean ± SD | | 検定統計量 | P-value |
			通常の試乗	コーズ支援連動型試乗		
YOSAKOI ソーラン運営機関	有り	64	3.02 ± 1.09	2.97 ± 1.23	t=0.266	n.s.
	無し	31	3.16 ± 0.86	3.35 ± 0.91	t=0.947	n.s.

n.s. 有意差なし

図表 5-11　YOSAKOI ソーランを好きかどうかにより分けられたグループごとに行われた「通常の試乗」と「コーズ支援連動型試乗」の試乗のしやすさの違いの対応のある t 検定

| 支援先コース | 好きか | n | Mean ± SD | | 検定統計量 | P-value |
			通常の試乗	コーズ支援連動型試乗		
YOSAKOI ソーラン運営機関	はい	50	3.08 ± 1.05	2.72 ± 1.03	t=2.024	*
	いいえ	45	3.04 ± 1.00	3.51 ± 1.14	t=2.461	*

*P < 0.05

い」と回答したグループと「いいえ」と回答したグループに分け、対応のある t 検定を行った結果である。図表 5-11 にあるように、両グループとも、危険率 5% 水準で有意差が認められた。さらに、ここで、注目すべき点は、図表 5-12 と図表 5-13 のように、グラフで表すと明確なように、両グループにおいて、試乗を YOSAKOI ソーラン支援と連動させることによって、全く逆の効果が表れていることである。特に、図表 5-13 にあるように、「YOSAKOI ソーランは好きですか」という質問に「いいえ」と回答した被験者は、YOSAKOI ソーラン支援と試乗を連動させると、通常の試乗よりも、試乗しにくくなっていることが判明した。このことから、人気のないコーズと連動すると、プロモーション上マイナスの効果があるということになる。筆者が行った研究[18]における CRMCM の効果と同様に、サンプリングにおいても改めて、コーズ選択の重要性が浮き彫りになった。

　これらの結果から、「消費者と YOSAKOI ソーランの関係」が試乗のしやすさに与える影響について以下のようにまとめることができる。まず、見物レベルの相違は、対応のない t 検定、対応のある t 検定の結果共に、有意差がみら

れなかったことから、コーズ連動型試乗の試乗のしやすさに影響がないといえる。一方、両検定共に有意差がみられたのは、好きかどうかの相違である。したがって、見物レベルの相違では認められなかったが、好きかどうかというレベルでは、「各支援先コーズにおける『消費者と支援先コーズの関係』がサンプリング促進効果へ影響をあたえる」という仮説3が支持されたことになる。

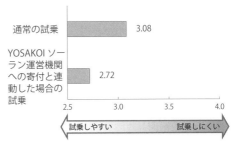

図表 5-12 「YOSAKOI ソーランを好きか」という質問に「はい」と答えた人の「通常の試乗」と「YOSAKOI ソーラン運営機関への寄付と連動した場合の試乗」の試乗のしやすさの違い

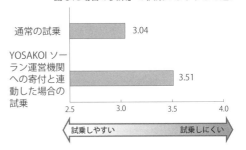

図表 5-13 「YOSAKOI ソーランを好きか」という質問に「いいえ」と答えた人の「通常の試乗」と「YOSAKOI ソーラン運営機関への寄付と連動した場合の試乗」の試乗のしやすさの違い

4. 要約と意義・課題

サンプリング促進効果を「消費者と支援先コーズの関係」を中心に検証した。その結果、①CRM にサンプリング促進効果がある点、②そのサンプリング促進効果は支援先コーズによって異なる点、③各コーズにおける「消費者と支援先コーズの関係」がサンプリング促進効果へ影響をあたえる点の以上3点が判明した。

先行研究を踏まえた本研究の CRM の実証研究における意義としては、CRM のサンプリング促進における有効性を初めて実証した点があげられる。また、視点を変えると、サンプリング研究において初めてその有効な促進策を提示し

た点もあげられよう。さらに、実務面での意義としては、改めて支援先コーズが及ぼし得るマイナスの影響を確認し、支援先コーズ選定の重要性を指摘できた点をあげておきたい。

なお、本稿執筆時[19]に、研究課題として、CRM のサンプリング促進効果の経済的な有効性に関する解決策として、寄付額の表示方法についての研究（寄付を利益と連動したときと、売上と連動したときの効果の違いについての研究）の必要性をあげた。この点については、のちに筆者が行った研究[20]において検証した。

CRM の懸賞に対する効果の検証[21]

Ward ら[22]では、懸賞とコンテストから構成される「Promotional game」において、その目的を達成するために、以下の2点の重要性を指摘している。1つには、消費者をまずそれに参加するように動機づけること。そして、もう1つは、プロモーションの対象となっている商品やサービスに対して否定的ではなく、肯定的な感情を抱かせる点である。本研究では、前者に対しては「懸賞応募意欲」、後者に対しては「懸賞落選時の応募先企業の印象」という指標を使用し、これら2点における CRM の果たす役割を検証していく。

そこで、まず、CRM を通して懸賞応募を寄付と連動させることによる「懸賞応募意欲」と「懸賞落選時の応募先企業の印象」に対する改善効果を検証する。そのうえで、寄付連動型懸賞実施時に考慮すべき点として考えられる「オープン懸賞[23]とクローズド懸賞[24]の違い」、「支援先コーズの違い」、「寄付の多寡」、「商品価格の違い」がこれらの効果に及ぼす影響についても検証していく。

1. 先行研究と仮説の導出

ここでは、先行研究をレビューしたうえで、仮説を導出していく。

（1）先行研究と本研究の課題

Kalra ら[25] と Ward ら[26] では、懸賞に関しての先行研究について、その重要性に比した研究蓄積の少なさが指摘されている。日本における懸賞に関する研究においても同様の指摘をすることができよう。日本においては、懸賞に関する研究の大半は、その規制に関する法学からのアプローチで占められている。1996 年の規制緩和に続き、2006 年には、オープン懸賞の上限が撤廃されたことにより、懸賞に関わる戦略の自由度が拡大しているのにもかかわらず、懸賞に対してマーケティングからアプローチした研究の蓄積は多いとはいえない。

そういった希少な懸賞に関する先行研究の中で、その効果について実証した研究としては、Kim ら（2001）[27] と Kim ら（1995）[28] があげられる。両稿では、郵送調査法（mail survey）における懸賞（sweepstakes）の有効性について検証している。

また、懸賞効果の国際比較を行ったものとしては Huff ら[29] があげられる。同稿では、タイ、マレーシア、台湾の 3 ヶ国におけるクーポンと懸賞に対する態度の違いについて検証している。そして、価格に直結するという特性を持つクーポンと、価格に直結しない特性を持つ懸賞の効果を比較し、マレーシアではクーポンより懸賞が好まれ、台湾では懸賞よりクーポンが好まれるという結果を導出している。

懸賞における CRM の有効性に着目した契機となった研究として、Narayana ら[30] があげられる。同稿は、社会経済的要因やデモグラフィック的要因によって、ギフトと懸賞のどちらを好むかに違いがみられるかを調べ、懸賞を好む人の方が、比較的高い社会的地位（higher occupational status）にあるとしている。そして、この比較的高い社会的地位にある人は、消費者を 4 つのタイプに分類した Webb ら[31] によると、CRM に対して最も好意的な「社会性重視派（Socially-Concerned）」に属すると捉えることができるため、懸賞において CRM が機能する可能性が高いと推察した。

(2) 仮説の導出

①応募意欲と落選時の印象

Ward ら[32] では、前述のように、消費者をまずそれに参加するよう動機づけることの重要性を指摘している。そして、単に賞金の金額を提示するのではなく、その賞金で買うことができるものを提示する等の具体策をいくつか示している。そこで、本研究ではそれらの懸賞応募意欲を高める策の1つとしての CRM の有効性を検証していく。具体的には、懸賞応募とコーズ支援を連動させ、落選しても応募することにより寄付がなされることが、懸賞応募の誘因たり得るかを検証していく。そこで、「寄付と懸賞の連動の有無」と「懸賞応募意欲」の関係を検証すべく、以下の仮説を設定した。

仮説 1a 寄付と懸賞応募の連動の有無によって、懸賞応募意欲に違いがある。

次に、前述の Ward ら[33] が指摘した2点のうち、後者の応募先企業に対する印象について、小川ら[34] では、応募抽選型の当たりと外れの効果差を検証し、利用頻度、ブランドへの親しみ度、信頼度、商品および企業への好意度すべてに有意差があり、当たった場合は正の長期効果があるのに対し、外れた場合は負の効果がかなり強いことが実証されている。同稿では、懸賞の落選者を当選者と比較しており、落選者の落選前後の印象の違いよりも、差が顕著に出ることが予想される。そこで、本研究では、落選者と当選者の印象の違いを比較するのではなく、落選者の落選前後の印象の違いを比較していく。そのため、寄付連動のない「通常の懸賞」で落選した場合（仮説 1b）と、「寄付連動型懸賞」で落選した場合（仮説 1c）の、それぞれの場合における「懸賞落選」と「応募先企業に対する印象」の関係を検証すべく、それぞれ以下の仮説を設定した。

▶**仮説 1b** 通常の懸賞の場合、懸賞に落選した際の応募先企業に対する印象は応募前と違いがある。　　　　　　　　　　　　　　　　　**……通常の懸賞**

▶**仮説 1c** 寄付を懸賞応募と連動させた場合、懸賞に落選した際の応募先企業に対する印象は応募前と違いがある。　　　　　　　　　　**……寄付連動型懸賞**

さらに、「寄付連動型懸賞」の場合、落選しても寄付がなされることから、「通常の懸賞」の場合よりも、落選した際の印象の悪化を軽減できると考えられる。そこで、「懸賞と寄付の連動の有無」と「懸賞落選先企業に対する印象」の関係を検証すべく、以下の仮説を設定した。

▶**仮説 1d**　寄付と懸賞応募の連動の有無によって、懸賞に落選した際の応募先企業に対する印象に違いがある。

②オープン懸賞とクローズド懸賞による違い

　寄付連動型懸賞を実施する際、オープン懸賞とクローズド懸賞のどちらと連動させた方が、より効果的であるかを知ることは実務上重要であろう。そこで、寄付連動型懸賞におけるオープン懸賞とクローズド懸賞の違いが、「懸賞応募意欲」と「懸賞落選先企業に対する印象」にあたえる影響を検証していく。

　まず、寄付連動型懸賞において、「オープン懸賞とクローズド懸賞の違い」が「懸賞応募意欲」に影響をあたえることが考えられる。そこで、「オープン懸賞とクローズド懸賞の違い」と「懸賞応募意欲」との関係を検証すべく、以下の仮説を設定した。

▶**仮説 2a**　オープン懸賞とクローズド懸賞では、寄付と連動させた懸賞の応募意欲に違いがある。

　次に、寄付連動型懸賞のもう1つの効果として考えられる「懸賞落選時の印象改善効果」においても、「オープン懸賞とクローズド懸賞の違い」が影響する可能性がある。そこで、「オープン懸賞とクローズド懸賞による違い」と「寄付連動型懸賞における落選時の印象」の関係を検証すべく、以下の仮説を設定した。

▶**仮説 2b**　オープン懸賞とクローズド懸賞では、寄付と連動させた懸賞に落選した際の応募先企業に対する印象に違いがある。

③支援先コーズによる違い

　ここでは、「消費者と支援先コーズの関係」による違いに焦点を当てていく。「消費者と支援先コーズの関係」が CRM の効果へあたえる影響については、多くの研究において確認されている[35]。

　寄付連動型懸賞においても「消費者と支援先コーズの関係」がその効果に影響する可能性がある。そこで、寄付連動型懸賞を実施する際の支援先コーズ選択の判断材料として、以下の関係を検証していく。

　まず、寄付連動型懸賞において、「支援先コーズに対する関心の高低」が「懸賞応募意欲」に影響を与えることが考えられる。そこで、「支援先コーズに対する関心の高低」と「懸賞応募意欲」との関係を検証すべく、以下の仮説を設定した。

▶**仮説 3a**　支援先コーズに対する関心の高低により、寄付と懸賞応募を連動させた場合の応募意欲に違いがある。

　次に、寄付連動型懸賞のもう 1 つの効果として考えられる「懸賞落選時の印象改善効果」においても、「支援先コーズに対する関心の高低」が影響する可能性がある。そこで、「支援先コーズに対する関心の高低」と「寄付連動型懸賞における落選時の印象」の関係を検証すべく、以下の仮説を設定した。

▶**仮説 3b**　支援先コーズに対する関心の高低により、寄付と懸賞応募を連動させた場合の懸賞に落選した際の応募先企業に対する印象に違いがある。

　また、寄付連動型懸賞において、「支援先コーズの違い」も「懸賞応募意欲」に影響をあたえることが考えられる。そこで、「支援先コーズの違い」と「懸賞応募意欲」との関係を検証すべく、以下の仮説を設定した。

▶**仮説 3c**　支援先コーズの違いにより、寄付と懸賞応募を連動させた場合の応募意欲に違いがある。

　同様に、「懸賞落選時の印象改善効果」においても、「支援先コーズの違い」

が影響する可能性がある。そこで、「支援先コーズの違い」と「寄付連動型懸賞における落選時の印象」の関係を検証すべく、以下の仮説を設定した。

▶**仮説 3d**　支援先コーズの違いにより、寄付と懸賞応募を連動させた場合の懸賞に落選した際の応募先企業に対する印象に違いがある。

④寄付の多寡の影響

　筆者が行った研究[36] では、寄付の多寡が購買意欲へ影響を及ぼすことが実証されている。そのため、「寄付連動型懸賞」においても「寄付の多寡」がその効果に影響する可能性がある。寄付連動型懸賞を実施する際、「寄付の多寡」の影響はそのコストの多寡に直結することになる。

　まず、寄付連動型懸賞において、「寄付の多寡」が「懸賞応募意欲」に影響をあたえることが考えられる。そこで、「寄付の多寡」と「懸賞応募意欲」との関係を検証すべく、以下の仮説を設定した。

▶**仮説 4a**　寄付率の高低により、寄付を懸賞応募と連動させた場合の応募意欲に違いがある。

　次に、寄付連動型懸賞のもう1つの効果として考えられる「懸賞落選時の印象改善効果」においても、「寄付の多寡」が影響する可能性がある。そこで、「寄付の多寡」と「寄付連動型懸賞における落選時の印象」の関係を検証すべく、以下の仮説を設定した。

▶**仮説 4b**　寄付率の高低により、寄付を懸賞応募と連動させた場合の懸賞に落選した際の応募先企業に対する印象に違いがある。

⑤商品価格の影響

　筆者が行った研究[37] では、CRM において商品価格が購買意欲へ影響を及ぼすことが実証されている。そのため、「寄付連動型懸賞」においても「商品価格」がその効果に影響する可能性がある。「商品価格」があたえる影響を検証することにより、寄付連動型懸賞を高額商品と連動させるべきか、低額商品

と連動させるべきかの判断材料となるであろう。

　まず、寄付連動型懸賞において、「商品価格の違い」が「懸賞応募意欲」に影響をあたえることが考えられる。そこで、「商品価格の違い」と「懸賞応募意欲」との関係を検証すべく、以下の仮説を設定した。

▶**仮説 5a**　同率の寄付であっても、商品価格の違いにより、寄付と懸賞応募を連動させた場合の応募意欲に違いがある。

　次に、寄付連動型懸賞のもう 1 つの効果として考えられる「懸賞落選時の印象改善効果」においても、「商品価格の違い」が影響する可能性がある。そこで、「商品価格の違い」と「寄付連動型懸賞における落選時の印象」の関係を検証すべく、以下の仮説を設定した。

▶**仮説 5b**　同率の寄付であっても、商品価格の違いにより、寄付と懸賞応募を連動させた場合の懸賞に落選した際の応募先企業に対する印象に違いがある。

2. 調査の概要

　以上の仮説を検証すべく、2008 年 7 月に調査を行った。東京の大学生 488 名を対象とし、18 歳から 22 歳の被験者が全体の 94.1% を占めた（欠損値 10）。

　筆者が行った研究[38] では、同一被験者に複数の「商品価格と寄付額の組み合わせ」を提示し、購買意欲について尋ねた。そのため、被験者が商品価格や寄付率や寄付額の違いに注意を払い、これらの違いに対し、より敏感に反応した可能性があった。

　そこで、この調査では、1 人の被験者には 1 組の商品価格と寄付額の組み合わせのみを提示し、そのような危険性を排除した。被験者に提示した「商品価格」と「応募 1 口あたりの寄付額」の組み合わせは、6 通りであった。その具体的な組み合わせと、それぞれの被験者の数は以下の通りとなった。① 1,000 円の商品 − 10 円の寄付：被験者数 80 人、② 1,000 円の商品 − 100 円の寄付：被験者数 80 人、③ 10,000 円の商品 − 10 円の寄付：被験者数 82 人、④ 10,000

円の商品−100円の寄付：被験者数82人、⑤ 100,000円の商品−10円の寄付：被験者数82人、⑥ 100,000円の商品−100円の寄付：被験者数82人。

　さらに、支援先コースによる違いをみるべく、筆者が行った研究[39]において、被験者に提示し、「消費者と支援先コースの関係」によって顕著な違いがみられた「YOSAKOIソーラン祭り」と同様に、被験者すべてが認知している祭りとして、錦祭（被験者が所属する東京電機大学の学園祭）実行委員会を支援先コースの1つとして提示した。また、他の支援先コースとしては、筆者の行った調査の結果[40]、支援先として最もふさわしいと考えられている環境問題に関するコースとして環境保護団体を、最も支持が少なかった麻薬問題に関するコースとして麻薬撲滅運動団体を提示した。そして、「消費者と支援先コースの関係」があたえる影響を調べるべく、これらのコースに対する関心の有無について、5段階リッカート法を用いて、回答してもらった（関心がない＝1、どちらかというと関心がない＝2、どちらともいえない＝3、どちらかというと関心がある＝4、関心がある＝5）。そして、前述の6通りの商品価格と寄付額の組み合わせにおいて、前述の3つのコースのそれぞれに対して応募と連動した寄付を行った場合の応募意欲について、5段階リッカート法を用いて、回答してもらった（懸賞に応募する意欲が減退する＝1、どちらかというと懸賞に応募する意欲が減退する＝2、懸賞に応募する意欲は変わらない＝3、どちらかというと懸賞に応募する意欲が増す＝4、懸賞に応募する意欲が増す＝5）。なお、オープン懸賞とクローズド懸賞のそれぞれの場合について尋ねた。

　次に、前述の6通りの商品価格と寄付額の組み合わせにおいて、「前述の3つのコースのそれぞれに対して応募と連動した寄付を行う懸賞の場合」と「通常の懸賞の場合」の「懸賞に応募し、落選した際のそれぞれの応募先企業に対する印象」について、5段階リッカート法を用いて、回答してもらった（応募先企業に対する印象が悪くなる＝1、応募先企業に対する印象がどちらかといえば悪くなる＝2、応募先企業に対する印象は変わらない＝3、応募先企業に対する印象がどちらかといえば良くなる＝4、応募先企業に対する印象が良くなる＝5）。なお、応募意欲の場合と同様に、オープン懸賞とクローズド懸賞のそれぞれの場合に

ついて尋ねた。

3. 結　果

（1）応募意欲と落選時の印象

　図表5-14 はオープン懸賞において、懸賞応募と連動して各コースへ寄付を行った場合の応募意欲の結果をまとめたものである。懸賞応募をコース支援と連動させることによる影響がないのであれば、応募意欲は図表5-14 上の点線で示した3（懸賞に応募する意欲は変わらない）となるはずである。そこで、1 サンプルの t 検定（検定値＝3）を行った。その結果すべてのコースにおいて危険率 1% 水準で有意となった（環境保護団体：t=24.037, df=487, p<0.01、麻薬撲滅運動団体：t=14.601, df=487, p<0.01、学園祭実行委員会：t=3.036, df=487, p<0.01）。この結果から、オープン懸賞においては、「寄付と懸賞応募の連動の有無によって、懸賞応募意欲に違いがある」という仮説 1a は支持されたことになり、図表5-14 から、懸賞応募と寄付を連動させることにより、応募意欲が向上することがわかる。

　図表5-15 はクローズド懸賞において、懸賞応募と連動して各コースへ寄付を行った場合の応募意欲の結果をまとめたものである。クローズド懸賞においてもオープン懸賞の場合と同様に 1 サンプルの t 検定（検定値＝3）を行ったところ、すべてのコースにおいて危険率 1% 水準で有意となった（環境保護団体：t=12.621, df=487, p<0.01、麻薬撲滅運動団体：t=6.453, df=487,

図表 5-14　オープン懸賞において寄付を懸賞応募と連動した際の応募意欲の支援先コースによる違い

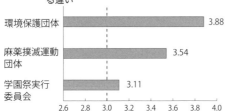

図表 5-15　クローズド懸賞において寄付を懸賞応募と連動した際の応募意欲の支援先コースによる違い

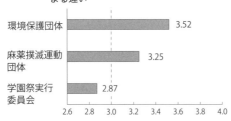

p<0.01、学園祭実行委員会：t=3.290, df=486, p<0.01)。クローズド懸賞においても、「寄付と懸賞応募の連動の有無によって、懸賞応募意欲に違いがある」という仮説 1a は支持されたことになる。しかし、図表 5-15 から、環境問題と麻薬問題の場合は検定値を上回り、クローズド懸賞と連動することにより、懸賞応募意欲が向上しているのに対し、学園祭の場合は「2.87」と検定値を下回り、クローズド懸賞と連動させることにより、応募意欲が減退することがわかる。

　図表 5-16 は「通常の懸賞」に応募し、落選した際の応募先企業に対する印象を、オープン懸賞の場合とクローズド懸賞の場合について表したものである。懸賞に応募し落選した際、応募先企業に対する印象が変わらないのであれば、応募先企業に対する印象は図表 5-16 上の点線で示した 3（応募先企業に対する印象は変わらない）となるはずである。そこで、1 サンプルの t 検定（検定値 = 3）を行った結果、オープン懸賞の場合もクローズド懸賞の場合も共に危険率 1% 水準で有意となった（オープン懸賞：t=4.953, df=487, p<0.01　クローズド懸賞：t=10.550, df=487, p<0.01)。したがって、「通常の懸賞の場合、懸賞に落選した際の応募先企業に対する印象は応募前と違いがある」という仮説 1b は支持されたことになり、図表 5-16 から「通常の懸賞」に応募し、落選した場合、応募先企業に対する印象が悪化するといえる。

　図表 5-17 はオープン懸賞において、懸賞応募と連動して各コースへ寄付を行った場合の懸賞落選時の応募先企業に対する印象の結果をまとめたものである。懸賞に応募し、落選した際の応募先企業に対する印象に応募前と違いがないのであれば、応募先企業に対する印象は図表 5-17 上に点線で示した「3」（応募先企業に対する印象は変わらない）となるはずである。そこで、1 サンプルの t 検定（検定値 = 3）を行った結果、すべてのコースにおいて危険率 1% 水準で有意となった（環境保護団体：t=20.831, df=487, p<0.01、麻薬撲滅運動団体：t=15.922, df=487, p<0.01、学園祭実行委員会：t=7.122, df=487, p<0.01)。この結果から、オープン懸賞においては、寄付を懸賞応募と連動させた場合、「懸賞に落選した際の応募先企業に対する印象は応募前と違いがある」という仮説 1c は支持されたことになる。

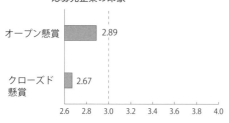

図表 5-16 「通常の懸賞」に応募し、落選した際の
応募先企業の印象

オープン懸賞　2.89

クローズド
懸賞　2.67

2.6　2.8　3.0　3.2　3.4　3.6　3.8　4.0

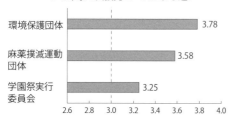

図表 5-17　オープン懸賞において寄付を懸賞応募と
連動した際の懸賞落選時の応募先企業に対
する印象の支援先コーズによる違い

環境保護団体　3.78

麻薬撲滅運動
団体　3.58

学園祭実行
委員会　3.25

2.6　2.8　3.0　3.2　3.4　3.6　3.8　4.0

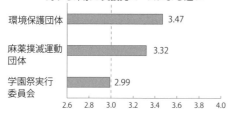

図表 5-18　クローズド懸賞において寄付を懸賞応募
と連動した際の懸賞落選時の応募先企業に
対する印象の支援先コーズによる違い

環境保護団体　3.47

麻薬撲滅運動
団体　3.32

学園祭実行
委員会　2.99

2.6　2.8　3.0　3.2　3.4　3.6　3.8　4.0

図表 5-18 はクローズド懸賞において、懸賞応募と連動して各コーズへ寄付を行った場合の懸賞落選時の応募先企業に対する印象の結果をまとめたものである。オープン懸賞のときと同様に、懸賞に応募し、落選した際の応募先企業に対する印象に応募前と違いがないのであれば、応募先企業に対する印象は図表 5-18 上に点線で示した「3」（応募先企業に対する印象は変わらない）となるはずである。そこで、1 サンプルの t 検定（検定値 = 3）を行った結果、環境保護団体と麻薬撲滅運動団体に関しては、危険率 1% 水準で有意となった。しかし、学園祭実行委員会に関しては有意差がみられなかった（環境保護団体：t=11.754, df=487, p<0.01、麻薬撲滅運動団体：t=8.524, df=487, p<0.01、学園祭実行委員会：t=0.280, df=487, n.s.）。この結果から、クローズド懸賞においては、支援先コーズが環境保護団体と麻薬撲滅運動団体の場合は「懸賞に落選した際の応募先企業に対する印象は応募前と違いがある」という仮説 1c が支持されたが、学園祭実行委員会の場合は仮説 1c は棄却されたことになる。

次に、仮説 1d を検証すべく「通常の懸賞の場合の落選先企業の印象（図表 5-16）」と、「それぞれのコーズへの寄付と懸賞応募を連動させた場合の落選先

図表5-19 懸賞応募連動寄付の有無による落選先企業の印象の違いの対応のあるt検定

懸賞の種類	支援先コース	n	Mean ± SD		検定統計量	P-value
			懸賞応募連動寄付なし	懸賞応募連動寄付あり		
オープン懸賞	環境保護団体	488	2.89 ± 0.512	3.78 ± 0.826	t=22.691	**
オープン懸賞	麻薬撲滅運動団体	488	2.89 ± 0.512	3.58 ± 0.802	t=18.051	**
オープン懸賞	学園祭実行委員会	488	2.89 ± 0.512	3.25 ± 0.788	t=9.904	**
クローズド懸賞	環境保護団体	488	2.67 ± 0.687	3.47 ± 0.878	t=19.441	**
クローズド懸賞	麻薬撲滅運動団体	488	2.67 ± 0.687	3.32 ± 0.839	t=16.866	**
クローズド懸賞	学園祭実行委員会	488	2.67 ± 0.687	2.99 ± 0.809	t=8.632	**

**P < 0.01

企業の印象（図表5-17および図表5-18）」を、それぞれ対応のあるt検定にかけた。その結果、図表5-19で示したように、すべての組み合わせにおいて、危険率1%水準で有意差がみられた。このことから、「寄付と懸賞応募の連動の有無によって、懸賞に落選した際の応募先企業に対する印象に違いがある」という仮説1dは支持され、懸賞応募を支援先コースへの寄付と連動させることにより、すべてのケースにおいて落選時の企業の印象が改善することがわかる。

(2) オープン懸賞とクローズド懸賞による違い

環境保護団体を支援先コースとしたときの応募意欲はオープン懸賞の場合は図表5-14にあるように3.88となっているのに対し、クローズド懸賞の場合の応募意欲は図表5-15から3.52となっている。同様に、麻薬撲滅運動団体では、図表5-14からオープン懸賞の場合3.54となっているのに対し、クローズド懸賞の場合の応募意欲は図表5-15から3.25となっている。さらに、学園祭実行委員会では、図表5-14からオープン懸賞の場合の応募意欲は3.11となっているのに対し、クローズド懸賞の場合の応募意欲は図表5-15から2.87となっている。これらの違いを対応のあるt検定したものが図表5-20である。すべての場合において、危険率1%水準で有意となり、「オープン懸賞とクローズド懸賞では、寄付と連動させた懸賞の応募意欲に違いがある」という仮説2aは支持されたことになる。いずれの場合もコース支援と連動した場合の応募意欲

図表 5-20　オープン懸賞とクローズド懸賞による応募意欲の違いの対応のある t 検定

支援先コース	n	Mean ± SD		検定統計量	P-value
		オープン懸賞	クローズド懸賞		
環境保護団体	488	3.88 ± 0.81	3.52 ± 0.90	t=9.722	**
麻薬撲滅運動団体	488	3.54 ± 0.81	3.25 ± 0.87	t=7.843	**
学園祭実行委員会	488	3.11 ± 0.83	2.87 ± 0.88	t=6.266	**

**P＜0.01

図表 5-21　オープン懸賞とクローズド懸賞による落選先企業の印象の違いの対応のある t 検定

支援先コース	n	Mean ± SD		検定統計量	P-value
		オープン懸賞	クローズド懸賞		
環境保護団体	488	3.78 ± 0.83	3.47 ± 0.88	t=9.515	**
麻薬撲滅運動団体	488	3.58 ± 0.80	3.32 ± 0.84	t=7.675	**
学園祭実行委員会	488	3.25 ± 0.79	2.99 ± 0.81	t=8.632	**

**P＜0.01

はオープン懸賞の方が高くなっている。

　さらに、環境保護団体を支援先コースとしたときの落選先企業の印象はオープン懸賞の場合は図表5-17にあるように3.78となっているのに対し、クローズド懸賞の場合の落選先企業の印象は図表5-18から3.47となっている。同様に、麻薬撲滅運動団体では、図表5-17からオープン懸賞の場合は3.58となっているのに対し、クローズド懸賞の場合は図表5-18から3.32となっている。さらに、学園祭実行委員会では、図表5-17からオープン懸賞の場合は3.25となっているのに対し、クローズド懸賞の場合は図表5-18から2.99となっている。これらの違いを対応のある t 検定したものが図表5-21である。すべての場合において、危険率1%水準で有意となり、「オープン懸賞とクローズド懸賞では、寄付と連動させた懸賞に落選した際の応募先企業に対する印象に違いがある」という仮説2bは支持されたことになる。いずれの場合もコーズ支援と連動した場合の落選先企業の印象はオープン懸賞の方が高くなっている。

（3）支援先コーズによる違い

　仮説3aを検証すべく「各コーズに対する関心の有無」と「それぞれのコーズに対する寄付と懸賞応募を連動させた場合の応募意欲」の相関分析を行っ

ていく。まず、「環境問題に対する関心の有無」と「懸賞応募と環境保護団体への寄付を連動した場合の応募意欲」の相関分析を行った結果、相関係数はオープン懸賞の場合が 0.347、クローズド懸賞の場合が 0.216 となった。同様に、「麻薬問題に対する関心の有無」と「懸賞応募と麻薬撲滅運動団体への寄付を連動した場合の応募意欲」の相関分析を行った結果、相関係数はオープン懸賞の場合が 0.400、クローズド懸賞の場合が 0.262 となった。また、「学園祭に対する関心の有無」と「懸賞応募と学園祭実行委員会への寄付を連動した場合の応募意欲」の相関分析を行った結果、相関係数はオープン懸賞の場合が 0.338、クローズド懸賞の場合が 0.294 となった。そして、いずれの場合も、危険率 1% 水準で有意となった。そこで、それぞれの相関係数の絶対値をみてみると、いずれの場合も 0.2 ～ 0.4 のあいだにあり、低い正の相関があるとみることができ、「支援先コーズに対する関心の高低により、寄付と懸賞応募を連動させた場合の応募意欲に違いがある」という仮説 3a はすべてのコーズにおいて支持されたことになる。

　次に仮説 3b を検証すべく「各コーズに対する関心の有無」と「それぞれのコーズに対する寄付と懸賞応募を連動させた場合の落選先企業に対する印象」の相関分析を行っていく。まず、「環境問題に対する関心の有無」と「懸賞応募と環境保護団体への寄付を連動した場合の落選先企業に対する印象」の相関分析を行った結果、相関係数はオープン懸賞の場合が 0.222、クローズド懸賞の場合が 0.189 となった。同様に、「麻薬問題に対する関心の有無」と「懸賞応募と麻薬撲滅運動団体への寄付を連動した場合の落選先企業に対する印象」の相関分析を行った結果、相関係数はオープン懸賞の場合が 0.224、クローズド懸賞の場合が 0.137 となった。また、「学園祭に対する関心の有無」と「懸賞応募と学園祭実行委員会への寄付を連動した場合の落選先企業に対する印象」の相関分析を行った結果、相関係数はオープン懸賞の場合が 0.246、クローズド懸賞の場合が 0.172 となった。そして、いずれの場合も、危険率 1% 水準で有意となった。そこで、それぞれの相関係数の絶対値をみてみると、オープン懸賞の場合はいずれのコーズに対しても 0.2 ～ 0.4 のあいだにあり、低い

正の相関があるとみることができるが、クローズド懸賞の場合はいずれのコースに対しても 0.2 未満となり相関関係があるとはいえなかった。したがって、「支援先コースに対する関心の高低により、寄付と懸賞応募を連動させた場合の懸賞に落選した際の応募先企業に対する印象に違いがある」という仮説 3b は、オープン懸賞の場合、すべてのコースにおいて支持されたことになるが、クローズド懸賞の場合は、すべてのコースにおいて棄却されたことになる。

　次に、仮説 3c を検証すべく、支援先コースによる「コースに対する寄付と懸賞応募を連動させた場合の応募意欲」の違いについてみていく。まず、図表 5-14 のオープン懸賞の場合の 3 つの支援先コースにおける応募意欲の違いについて対応のある一元配置の分散分析を行った結果、危険率 1 ％水準で有意差がみられた（F（1.754, 854.394）=150.508, p<0.01）。次に図表 5-15 のクローズド懸賞の場合の支援先コースによる応募意欲の違いの対応のある一元配置の分散分析を行った結果、同様に、危険率 1 ％水準で有意差がみられた（F（1.710, 831.120）=125.265, p<0.01）。したがって、「支援先コースの違いにより、寄付と懸賞応募を連動させた場合の応募意欲に違いがある」という仮説 3c は、オープン懸賞の場合もクローズド懸賞の場合も共に支持されたことになる。

　また、仮説 3d を検証すべく、支援先コースの違いによる「コースに対する寄付と懸賞応募を連動させた場合の落選先企業に対する印象」の違いについてみていく。まず、図表 5-17 のオープン懸賞の場合の 3 つの支援先コースにおける落選先企業の印象の違いの対応のある一元配置の分散分析を行った結果、危険率 1％水準で有意差がみられた（F（1.622, 790.030）=113.409, p<0.01）。次に、図表 5-18 のクローズド懸賞の場合の支援先コースによる落選先企業の印象の違いの対応のある一元配置の分散分析を行った結果、同様に、危険率 1 ％水準で有意差がみられた（F（1.515, 737.902）=105.622, p<0.01）。したがって、「支援先コースの違いにより、寄付と懸賞応募を連動させた場合の懸賞に落選した際の応募先企業に対する印象に違いがある」という仮説 3d は、オープン懸賞の場合もクローズド懸賞の場合も共に支持されたことになる。

(4) 寄付の多寡の影響

　調査の概要で述べたように、被験者には3種類の商品価格と2種類の寄付額による6種類の組み合わせのうちいずれかを提示した。これらの組み合わせを寄付率でみていくと、10%（1,000円の商品に対して100円の寄付）、1%（1,000円の商品に対して10円の寄付および10,000円の商品に対して100円の寄付）、0.1%（10,000円の商品に対して10円の寄付および100,000円の商品に対して100円の寄付）、0.01%（100,000円の商品に対して10円の寄付）の4通りに分けられる。

　これらの寄付率の違いが応募意欲に与える影響を示したものが図表5-22である。図表5-22において、支援先コースごとに応募意欲の違いを対応のない一元配置の分散分析を行った結果、クローズド懸賞における麻薬撲滅運動団体への寄付が危険率5%水準で有意になったが、それ以外では有意差がみられなかった。このことから、「寄付率の高低により、寄付を懸賞応募と連動させた場合の応募意欲に違いがある」という仮説4aはクローズド懸賞における麻薬撲滅運動団体を支援先コースとしたときのみ支持されたことになり、図表5-22にあるように、他の5つのケースでは棄却されたことになる。

図表5-22　懸賞応募と連動した寄付率による懸賞応募意欲の違い

寄付率	オープン懸賞						クローズド懸賞					
	環境保護団体		麻薬撲滅運動団体		学園祭実行委員会		環境保護団体		麻薬撲滅運動団体		学園祭実行委員会	
0.01%	3.89		3.41		3.10		3.46		3.09		2.76	
0.10%	3.79	n.s.	3.46	n.s.	3.15	n.s.	3.43	n.s.	3.18	*	2.85	n.s.
1%	3.94		3.64		3.15		3.54		3.33		2.91	
10%	3.93		3.60		3.00		3.69		3.43		2.93	

*$P < 0.05$　n.s. 有意差なし

図表5-23　懸賞応募と連動した寄付率による落選先企業の印象の違い

寄付率	オープン懸賞						クローズド懸賞					
	環境保護団体		麻薬撲滅運動団体		学園祭実行委員会		環境保護団体		麻薬撲滅運動団体		学園祭実行委員会	
0.01%	3.82		3.55		3.37		3.41		3.24		3.01	
0.10%	3.69	n.s.	3.52	n.s.	3.20	n.s.	3.38	n.s.	3.24	n.s	2.89	n.s.
1%	3.82		3.64		3.28		3.52		3.41		3.04	
10%	3.84		3.61		3.20		3.59		3.39		3.08	

n.s. 有意差なし

図表5-23は懸賞応募と連動した寄付率の違いが、懸賞落選先企業の印象に与える影響を示したものである。支援先コーズごとに懸賞落選先企業の印象の違いを対応のない一元配置の分散分析を行った結果、すべてのコーズにおいて、オープン懸賞とクローズド懸賞のいずれの場合においても有意差はみられなかった。したがって、「寄付率の高低により、寄付を懸賞応募と連動させた場合の懸賞に落選した際の応募先企業に対する印象に違いがある」という仮説4bは棄却されたことになる。

(5) 商品価格の影響

　図表5-24は前述の被験者に提示した6組の商品価格と寄付額の組み合わせのうち、懸賞に連動した寄付率が同率となる組み合わせにおける応募意欲を示したものである。具体的には、寄付率が0.1%となる「10,000円の商品に対して10円の寄付」と「100,000円の商品に対して100円の寄付」の組み合わせと、寄付率が1%となる「1,000円の商品に対して10円の寄付」と「10,000円の商品に対して100円の寄付」の組み合わせである。それぞれのコーズについて、それ

図表5-24　同寄付率における商品価格による懸賞応募意欲の違い

寄付率	商品価格	オープン懸賞			クローズド懸賞		
		環境保護団体	麻薬撲滅運動団体	学園祭実行委員会	環境保護団体	麻薬撲滅運動団体	学園祭実行委員会
0.1%	10,000 100,000	3.83 3.76 〉n.s.	3.48 3.45 〉n.s.	3.23 3.06 〉n.s.	3.48 3.39 〉n.s.	3.15 3.22 〉n.s.	2.90 2.80 〉n.s.
1.0%	1,000 10,000	3.99 3.89 〉n.s.	3.68 3.61 〉n.s.	3.04 3.26 〉n.s.	3.63 3.46 〉n.s.	3.41 3.24 〉n.s.	2.98 2.85 〉n.s.

n.s. 有意差なし

図表5-25　同寄付率における商品価格による落選先企業の印象の違い

寄付率	商品価格	オープン懸賞			クローズド懸賞		
		環境保護団体	麻薬撲滅運動団体	学園祭実行委員会	環境保護団体	麻薬撲滅運動団体	学園祭実行委員会
0.1%	10,000 100,000	3.68 3.70 〉n.s.	3.51 3.52 〉n.s.	3.17 3.22 〉n.s.	3.46 3.29 〉n.s.	3.27 3.22 〉n.s.	2.85 2.93 〉n.s.
1.0%	1,000 10,000	3.81 3.83 〉n.s.	3.65 3.62 〉n.s.	3.23 3.34 〉n.s.	3.66 3.39 〉*	3.53 3.30 〉n.s.	3.08 3.00 〉n.s.

*$P < 0.05$　n.s. 有意差なし

ぞれの組み合わせにおいて、オープン懸賞とクローズド懸賞共に、対応のない t 検定を行ったが、12 組すべてにおいて有意差はみられなかった。したがって、「同率の寄付であっても、商品価格の違いにより、寄付と懸賞応募を連動させた場合の応募意欲に違いがある」という仮説 5a は棄却されたことになる。

　同様に、図表 5-25 は寄付率が同率となる組み合わせについて、懸賞落選時の企業の印象の違いを示したものである。それぞれのコースについて、それぞれの組み合わせにおいて、オープン懸賞とクローズド懸賞共に、対応のない t 検定を行ったところ、クローズド懸賞における寄付率 1% の場合のみ、危険率 5% 水準で有意差がみられ、「同率の寄付であっても、商品価格の違いにより、寄付と懸賞応募を連動させた場合の懸賞に落選した際の応募先企業に対する印象に違いがある」という仮説 5b は支持されたことになるが、他の 11 組については、仮説 5b は棄却されたことになる。

4. 考　察

　前述の結果を考察していく。

(1) 応募意欲

　「寄付と懸賞応募の連動の有無によって、懸賞応募意欲に違いがある」という仮説 1a が被験者に提示したすべての組み合わせにおいて支持されたことから、寄付を懸賞と連動させることにより、オープン懸賞においてもクローズド懸賞においても、応募意欲に影響をあたえることが確認できた。図表 5-14 と図表 5-15 における、「3 つの支援先コース」と「オープン懸賞とクローズド懸賞の 2 つのケース」を掛け合わせた 6 通りの組み合わせのうち、5 つの組み合わせでは、コースへの寄付を懸賞応募と連動させることにより、懸賞応募意欲へのプラスの影響が確認されている。しかし、ここで、注意が必要な点は、図表 5-15 からわかるように、学園祭への寄付をクローズド懸賞と連動させた場合、応募意欲にマイナスの影響を与えている点である。図表 5-14 にあるように、学園祭への寄付はオープン懸賞では応募意欲へプラスの影響を与えること

が確認されている。そのため、応募意欲へは、「オープン懸賞とクローズド懸賞との違い」と「支援先コースによる違い」が複雑に影響しあっていると考えられる。そのため、寄付を懸賞と連動させ、応募意欲を高めるためには、支援先コースの選定と共に、オープン懸賞とクローズド懸賞のどちらを選択するかをあわせた慎重な判断が必要になるといえよう。

(2) 落選時の印象

「通常の懸賞の場合、懸賞に落選した際の応募先企業に対する印象は応募前と違いがある」という仮説 1b が支持されたことにより、寄付と連動しない「通常の懸賞」に応募し、落選した場合、図表 5-16 にあるように、オープン懸賞とクローズド懸賞共に、応募先企業に対する印象が悪化していることが確認できた。先行研究の小川ら[41]で確認されたのは当選者と落選者のあいだの違いであったため、落選者の落選前後の企業に対する印象の違いが確認できた点は新たな知見といえよう。

オープン懸賞においては、「寄付を懸賞応募と連動させた場合、懸賞に落選した際の応募先企業に対する印象は応募前と違いがある」という仮説 1c が支持され、図表 5-17 にあるように、すべてのコースについて、寄付連動型懸賞の導入により、落選時の印象がプラスになっていることが確認できた。一方、仮説 1b が支持され、図表 5-16 にあるように、「通常の懸賞」の場合は、落選先企業に対する印象がマイナスになっていたことを鑑みると、懸賞応募と寄付を連動させることにより、落選時に生じていたマイナスの印象をゼロに戻すだけではなく、一挙にプラスに持って行く効果があることになる。

クローズド懸賞においては、支援先コースが環境保護団体と麻薬撲滅運動団体の場合、仮説 1c は支持されたが、学園祭実行委員会の場合は棄却された。一方、仮説 1b が支持され、図表 5-16 の「通常の懸賞」の場合は、落選先企業に対する印象がマイナスになっていたことを鑑みると、環境保護団体と麻薬撲滅運動団体の場合、懸賞応募と寄付を連動させることにより、落選時に生じていたマイナスの印象をゼロに戻すだけではなく、一挙にプラスに持って行く効

果が期待できることになる一方、学園祭実行委員会の場合、懸賞応募を連動させることにより、落選先企業の印象をプラスには持って行けないものの、ゼロに戻し、印象悪化は食い止めることができることになる。

また、図表 5-19 にあるように、すべてのケースにおいて、「寄付と懸賞応募の連動の有無によって、懸賞に落選した際の応募先企業に対する印象に違いがある」という仮説 1d が支持されたことにより、懸賞落選時の応募先企業の印象改善効果は、「オープン懸賞とクローズド懸賞との違い」や「支援先コースによる違い」に関係なく確認できたことになる。これは、前述の応募意欲の場合と異なる結果といえる。

(3) オープン懸賞とクローズド懸賞による違い

「オープン懸賞とクローズド懸賞では、寄付と連動させた懸賞の応募意欲に違いがある」という仮説 2a がすべてのコースにおいて支持されたことから、図表 5-20 にあるように、いずれの場合も懸賞応募をコース支援と連動した場合の応募意欲はオープン懸賞の方がクローズド懸賞よりも高くなるといえよう。

「オープン懸賞とクローズド懸賞では、寄付と連動させた懸賞に落選した際の応募先企業に対する印象に違いがある」という仮説 2b が支持されたことにより、図表 5-21 から、「寄付連動型懸賞」において、支援先コースのいかんを問わず、オープン懸賞の方がクローズド懸賞よりも応募先企業の印象改善効果が大きいことになる。

(4) 支援先コースによる違い

「支援先コースに対する関心の高低により、寄付と懸賞応募を連動させた場合の応募意欲に違いがある」という仮説 3a はすべてのコースにおいて支持されたことから、支援先への関心の有無が、寄付連動型懸賞の応募意欲へ影響をあたえるということになる。しかし、「支援先コースに対する関心の高低により、寄付と懸賞応募を連動させた場合の懸賞に落選した際の応募先企業に対する印象に違いがある」という仮説 3b はオープン懸賞においては支持されたも

図表 5-26　100,000 円の商品に対し応募一口当たり 10 円の懸賞応募連動寄付の有無による落選先企業の印象の違いの対応のある t 検定

懸賞の種類	支援先コース	n	Mean ± SD		検定統計量	P-value
			懸賞応募連動寄付なし	懸賞応募連動寄付あり		
オープン懸賞	環境保護団体	82	2.87 ± 0.47	3.82 ± 0.77	t=10.378	**
オープン懸賞	麻薬撲滅運動団体	82	2.87 ± 0.47	3.55 ± 0.79	t=7.082	**
オープン懸賞	学園祭実行委員会	82	2.87 ± 0.47	3.37 ± 0.78	t=5.239	**
クローズド懸賞	環境保護団体	82	2.68 ± 0.63	3.41 ± 0.75	t=7.448	**
クローズド懸賞	麻薬撲滅運動団体	82	2.68 ± 0.63	3.24 ± 0.66	t=6.210	**
クローズド懸賞	学園祭実行委員会	82	2.68 ± 0.63	3.01 ± 0.68	t=3.582	**

**P < 0.01

のの、クローズド懸賞においては棄却された。このことから、支援先コースへの関心の有無はオープン懸賞に応募し、落選した際の応募先企業の印象へは影響をあたえるが、クローズド懸賞に応募し、落選した際の応募先企業の印象へは影響をあたえないと考えられる。Fiske[42] と Lafferty ら[43] において、「消費者と支援先コースの関係」が CRM 効果に影響をあたえないという調査結果が出ているように、「消費者と支援先コースの関係」が CRM 効果に影響をあたえるかどうかは、その他の条件によるといえよう。ここでは、オープン懸賞かクローズド懸賞かの懸賞形態の違いが、「消費者と支援先コースの関係」の「落選時の応募先企業の印象」への影響力を変えていると捉えることができる。また、「応募意欲」と「落選先企業の印象」共に、いずれのコースにおいても、クローズド懸賞よりもオープン懸賞の相関係数が高くなる傾向がある。このことから、オープン懸賞において、より「消費者と支援先コースの関係」への配慮が必要といえよう。

(5) 寄付の多寡の影響

　図表 5-22 の「寄付の多寡による応募意欲」と図表 5-23 の「寄付の多寡による落選時の印象」についての計 12 組の検定において、有意差がみられたのは、1 組だけであり、それも危険率 5% 水準という結果になった。この結果から、寄付連動型懸賞においては、寄付率が極めて低い水準であっても効果がみられ

ると考えられる。この点を検証すべく、6組すべてにおいて有意差がみられなかった「寄付の多寡と落選先企業の印象」（図表5-23）において、寄付率が最も低い「100,000円の商品に対して10円の寄付」という組み合わせのアンケートに回答した被験者における「寄付の有無による落選先企業の印象の違い」を示したものが図表5-26である。オープン懸賞においてもクローズド懸賞においてもすべてのコースに対して、危険率1%水準で有意差が認められた。この結果から、寄付連動型懸賞は0.01%という極めて低率の寄付においても落選時の印象改善効果が期待できることになる。したがって、低率の寄付を懸賞応募と連動させることにより、企業は軽い資金負担で効果を得られることになる。

(6) 商品価格の影響

「寄付の多寡の影響」と同様に、図表5-24の「商品価格の違いによる応募意欲」と図表5-25の「商品価格の違いによる落選時の印象」についての24組の検定において、有意差がみられたのは、1組だけであり、それも危険率5%水準という結果になった。この結果から、寄付連動型懸賞においては、商品価格の違いの影響はほとんどなく、どのような価格帯の商品に対しても援用可能で同様の効果が得られることになる。

5. 要約と意義・課題

本研究の結果から、寄付を懸賞応募と連動させることにより、「懸賞応募促進効果」と「懸賞落選時の印象改善効果」が期待できるといえよう。そして、いずれの効果もオープン懸賞の方がクローズド懸賞よりも高い傾向にあることが判明した。支援先コースにより、両効果に違いがみられたことから、寄付連動型懸賞においても支援先コースの選定は重要と考えられる。また、寄付の多寡に関して、0.01%という極めて低い寄付率においても効果が確認できた点は、費用対効果を鑑みて、実施に際して、有益な示唆となり得よう。

最後に本研究の結果を踏まえた今後の研究課題をあげておきたい。筆者が行った研究[44]では、「購買意欲」へ影響をあたえていた「寄付の多寡」や「商

品価格の高低」が、懸賞の「応募意欲」と「落選先企業の印象」には影響しないという結果になった。本研究とは被験者への商品価格と寄付額の提示の仕方が、異なっているため、その影響がどの程度あるかを、本研究では提示しなかった寄付額を明示しない「曖昧表記」の場合も含めて、検証する必要があろう。

<注>
(1) この節は以下の論文を加筆修正したものである。
　　世良耕一 (2007a)「コーズ・リレイテッド・マーケティングのサンプリング促進効果に関する一考察〜『消費者と支援先コーズの関係』を中心にして〜」『広告科学』(日本広告学会) 第48集、pp.66-79。
(2) 日経産業新聞、2006年6月9日。
(3) Country of Origin の影響とは、商品の生産国名が与える影響のこと。
(4) 日経産業新聞、2009年5月26日。
(5) Marks, Lawrence J. and Michael A. Kamins (1988), "The Use of Product Sampling and Advertising: Effects of Sequence of Exposure and Degree of Advertising Claim Exaggeration on Consumers' Belief, Belief Confidence, and Attitudes." *Journal of Marketing Research*, Vol.25, Iss.3, pp.266-281; Smith, Robert E. and William R. Swinyard (1983), "Attitude-Behavior Consistency: The Impact of Product Trial Versus Advertising," *Journal of Marketing Research*, Vol.20, Iss.3 pp.257-267.
(6) Bearden, William O.,Thomas N. Ingram and Raymond W. LaForge (2003) *Marketing : Principles and Perspectives*, McGraw-Hill; Keegan, Warren, Sandra Moriarty, and Tom Duncan (1992), *Marketing, Prentice-Hall*; Kerin, Roger A., Eric N Berkowitz, Steven W. Hartley, and William Rudelius (2002), *Marketing 7th ed.*, McGraw-Hill; Kotler, Philip and Gray Armstrong (2006), *Principles of Marketing 11th ed.*, Prentice-Hall.
(7) Heiman, Amir, Bruce McWilliams, Zhihua Shen, and David Zilberman (2001), "Learning and Forgetting: Modeling Optimal Product Sampling Over Time," *Management Science*, Vol.47, Iss.4, pp.532-546.
(8) Bawa, Kapil and Robert Shoemaker (2004), "The Effects of Free Sample Promotions on Incremental Brand Sales," *Marketing Science*, Vol.23, Iss.3, pp.345-363.
(9) Holmes, John H. and John D. Lett, Jr. (1977), "Product Sampling and Word of Mouth," *Journal of Advertising Research*, Vol.17, Iss.5, pp.35-40.
(10) Pringle, Hamish and Marjorie Thompson (1999), *Brand Spirit: How Cause Related Marketing Builds Brands*, Wiley.
(11) Strahilevitz, Michal and John G. Myers (1998), "Donations to Charity as Purchase Incentives: How Well They Work May Depend on What You Are Trying to Sell," *Journal of Consumer Research*, Vol.24, (March), pp.434-446.
(12) Broderick, Anne, Amandeep Jogi and Tony Garry (2003), "Tickled Pink: The Personal Meaning of Cause Related Marketing for Customers," *Journal of Marketing Management*, Vol.19, Iss.5/6, pp.583-610; Lafferty, Barbara A. (1999), "Assessing Cause-Brand Alliance Evaluations on Subsequent Attitudes toward the Cause and Brand," Dissertation, The

Florida State University College of Business; 世良耕一（2004a）「コーズ・リレイテッド・マーケティング評価に影響を与える要因に関する一考察～『消費者とコーズの関係』からのアプローチ～」『広告科学』（日本広告学会）第45集、pp.90-105。

（13）Carr, Patrick Joseph (2005), "Cause Related Marketing: A Study of Consumer Nonprofit Brand Identification," Dissertation, Department of Planning, Public Policy, and Management and the Graduate School of the University of Oregon; Cornwell, T. Bettina and Leonard V. Coote (2005), "Corporate Sponsorship of a Cause: The Role of Identification in Purchase Intent," *Journal of Business Research*, Vol.58, pp.268-276; Lafferty, Barbara A. (1997), "Cause-Related Marketing: Does the Cause Make a Difference in Consumers' Attitudes and Purchase Intentions toward the Product?", *Advances in Consumer Research*, Vol.24, M Brucks and D.MacInnis eds., Tucson, AZ.: Association for Consumer Research, p113; Landreth, Stacy (2002), "For A Good Cause: The Effects of Cause Importance, Cause Proximity, Congruency and Participation Effort on Consumers' Evaluations of Cause Related Marketing," Dissertation, Louisiana State University and Agricultural and Mechanical College; Vaidyanathan, Rajiv and Praveen Aggarwal (2005), "Using Commitment to Drive Consistency: Enhancing the Effectiveness of Cause-Related Marketing Communications," *Journal of Marketing Communications*, Vol.11, Iss.4, pp.231-246; Webb, Deborah J. (1999), "Consumer Attributions Regarding Cause-related Marketing Offers and Their Impact on Evaluations of the Firm and Purchase Intent: An Experimental Examination," Dissertation, College of Business Administration of Georgia State University.

（14）Fiske, Carlo A. (1997), "Understanding the Effects of Cause-Related Advertising on Consumer Attitudes," Dissertation, College of Business Administration University of South Carolina.

（15）Lafferty, A. Barbara and Ronald E. Goldsmith (2005), "Cause-Brand Alliances: Does the Cause Help the Brand or Does the Brand Help the Cause," *Journal of Business Research*, Vol. 58, Iss.4 pp.423-429.

（16）本書「第6章②1.『消費者と支援先コーズの関係』がCRMに与える影響の検証」。

（17）本書「第6章②1.『消費者と支援先コーズの関係』がCRMに与える影響の検証」。

（18）本書「第6章②1.『消費者と支援先コーズの関係』がCRMに与える影響の検証」。

（19）世良（2007a）、前掲論文。

（20）本書「第6章②2. 寄付表記がCRMに与える影響の検証」

（21）この節は以下の論文を加筆修正したものである。

世良耕一（2009a）「コーズ・リレーテッド・マーケティングの懸賞における効果に関する一考察」『広告科学』（日本広告学会）第50集、pp.33-49。

（22）Ward, James C. and Ronald Paul Hill (1991), "Designing Effective Promotional Games: Opportunities and Problems," *Journal of Advertising*, Vol. 20, Iss. 3, pp.69-81.

（23）商品の購入いかんにかかわらず、誰もが応募可能な懸賞。

（24）対象商品を購入した人のみが応募可能な懸賞。

（25）Kalra, Ajay and Mengze Shi (2002), "Consumer Value-Maximizing Sweepstakes & Contests: A Theoretical and Experimental Investigation," *Review of Marketing Science Working Papers*, Vol.1, Iss.3, Article 2, pp.1-36.

（26）Ward and Hill (1991)、前掲論文。

（27）Kim, Cue D., Shirish Dant, C. Christopher Lee, and Yun-Oh Whang (2001), "Increasing Response Rate in Industrial Mail Surveys: The Effect of Respondent Involvement in

Sweepstakes Incentive," *Academy of Marketing Studies Journal*, Vol.5, Iss.1, pp.49-56.

(28) Kim, Kyudong, Chulho Lee, and Yun-Oh Whang (1995), "The Effect of Respondent Involvement in Sweepstakes on Response Rate in Mail Surveys," *Proceedings of the Survey Research Methods Section, American Statistical Association*, pp.216-220.

(29) Huff, Lenard C. and Dana L. Alden (1998), "An Investigation of Consumer Response to Sales Promotions in Developing Markets: A Three-Country Analysis," *Journal of Advertising Research*, Vol., pp.47-56.

(30) Narayana, Chem L. and P. S. Raju (1985), "Gifts Versus Sweepstakes: Consumer Choices and Profiles," *Journal of Advertising*, Vol. 14, Iss. 1, pp.50-53.

(31) Webb, Deborah J. and Louis A. Mohr (1998)," A Typology of Consumer Responses to Cause-Related Marketing: From Skeptics to Socially Concerned," *Journal of Public Policy & Marketing*, Vol.17, Iss.2, (Fall), pp.226-238; 本書「第 6 章 ① (3) ①消費者のタイプの違いの CRM 評価への影響」参照。

(32) Ward and Hill (1991), 前掲論文。

(33) Ward and Hill (1991), 前掲論文。

(34) 小川孔輔・ミラー前野和子・野沢誠治 (1999)「ブランド・エクイティと景品付きセールスプロモーション〜 SP の長期効果についての実証分析〜」『日経広告研究所報』184 号、pp.7-13。

(35) Broderick, Jogi and Garry (2003), 前掲論文; Carr (2005), 前掲論文; Cornwell and Coote (2005), 前掲論文; Gupta, Shruti and Julie Pirsch (2006), "The Company-Cause-Customer Fit Decision in Cause-Related Marketing," *Journal of Consumer Marketing*, Vol.23, Iss.6, pp.314-326; Lafferty (1997), 前掲論文; Lafferty (1999), 前掲論文; Landreth (2002), 前掲論文; 世良 (2004a)、前掲論文; 世良 (2007a)、前掲論文; 世良耕一 (2008a)「コーズ・リレイテッド・マーケティングにおける寄付表記がもたらす影響に関する一考察」『広告科学』(日本広告学会) 第 49 集、pp.46-61; Vaidyanathan and Aggarwal (2005), 前掲論文; Webb (1999), 前掲論文等。

(36) 本書「第 6 章 ② 2. 寄付表記が CRM に与える影響の検証」。

(37) 本書「第 6 章 ② 2. 寄付表記が CRM に与える影響の検証」。

(38) 本書「第 6 章 ② 2. 寄付表記が CRM に与える影響の検証」。

(39) 本書「第 6 章 ② 1. 『消費者と支援先コーズの関係』が CRM に与える影響の検証」、および「第 5 章 ① CRM のサンプリング促進効果の検証」。

(40) 本書図表 5-1 参照。

(41) 小川・ミラー・野沢 (1999)、前掲論文。

(42) Fiske (1997), 前掲論文。

(43) Lafferty and Goldsmith (2005), 前掲論文。

(44) 本書「第 6 章 ② 2. 寄付表記が CRM に与える影響の検証」。

第 6 章
コーズ・リレーテッド・マーケティング実施時の留意点とその検証

本章では、CRM 実施時の留意点について、「CRM 当事者自身の特性」と「支援先コーズとの関係」と「CRM 実施方法」に分けて論じていく。そのうえで「消費者と支援先コーズの関係」と「寄付表記」があたえる影響について検証する。

CRM 実施時の留意点[1]

1.「CRM 当事者自身の特性」による留意点

CRM の当事者である「企業」と「コーズ」と「消費者」のそれぞれの特性による実施時の留意点についてみていく。

(1) 企 業

企業の社会に対する過去の行動特性により、CRM 導入後の効果にどのような違いがみられるかについて、以下のような研究がなされている。

Strahilevitz[2] では、企業に対する倫理面での事前評価が、CRM 評価に与える影響を調査し、事前に倫理的とみなされていた企業が、CRM 実施後に、利己的とみなされる心配は最も少ないものの、CRM を通して、最もイメージを改善することができたのは、倫理的に中立な評価を受けていた企業であるという結果を導出している。

Lichtenstein ら[3] では、企業の CSR 履歴に着目し、企業のコーズ支援が消

費者のコーズへの寄付を誘発するとしているが、海外の工場の労働環境改善に対して消極的であった企業の方が、積極的であった企業よりも、被験者が5%の値引きと5%分の寄付の選択を迫られた際、寄付を選択するという結果を導出している。これは、CSRに対して消極的であった企業の場合、消費者が、変わろうとしている企業の手助けになるという、CSRに対して積極的であった企業に対する場合とは異なる、より良いことをする機会であると捉えているためであるとしている。しかし、CSRの履歴による寄付効果の方が、この効果よりも3倍大きいため、コーズはより良いCSR履歴のある企業と連携した方が良いとしている。

(2) コーズ

コーズについては、その地域性と緊急性がCRMにあたえる影響について様々な研究がなされているため、それらの研究についてみていく。

①コーズの地域性の影響

Grauら、Rossら (1991)、およびVilelaでは、CRMにおいて地域的なコーズを支援する方が、全国的なコーズを支援するより良いとしている[4]。一方、CuiらおよびRossら (1992) では地域的なコーズ支援と全国的なコーズ支援による違いが認められなかった[5]。また、Oppewalら[6]では、コーズ支援に地域性を持たせることにより、コーズ支援に対する評価はあがり、市民の支持や従業員のモチベーションには役立つものの、売上には結び付かないとしている。

地域のコーズ支援と全国的なコーズ支援の比較ではないが、地域のコーズ支援を含む支援が、国際コーズ支援よりも低い評価を得ている調査結果もある。Vanhammeら[7]では、コーズの範囲 (cause scope) について、調査地であるオランダは米国に比べて小さく、地域のコーズと全国のコーズが密接しているため、両者を支援した場合の違いを比較するのではなく、地域と全国コーズをひとまとめにし、地域・全国コーズと国際コーズとの比較分析を行い、国際コーズに比べて地域・全国コーズを支援した場合、コーズと消費者の共感 (identification) にはプラスに働くが、企業イメージには国際コーズを支援した

方がプラスに働くとしている。

　以上のように、コーズの地域性に関する調査結果には様々なものがある。これは、それぞれの調査における、被験者に提示されたコーズや企業の違いや、被験者自身の違いによるものと思われる。例えば Vilela[8] では、企業の地域性について、地域のコーズを支援する場合は、地域の企業よりも全国的な企業が支援した方が高い評価を獲得し、逆に、全国的なコーズを支援する場合は、全国的な企業よりも地域の企業が支援した方が高い評価を得ているとしている。

　以上の調査結果を概観すると、地域のコーズと全国のコーズを比較した場合において、地域のコーズの方が全国的なコーズよりも低い評価に終わった調査結果はないため、支援対象は全国的なコーズよりも地域のコーズにした方が良い結果が得られる可能性が高いといえよう。

②コーズの緊急性の影響

　Ellen ら[9] では、寄付状況として「災害時」と「継続している（ongoing）コーズ」とを比較した場合、災害時に援助を行う方が、継続しているコーズを支援するより、好意的に受け取られるとの仮説を立てた。そのうえで、まず、被験者に災害のビデオを見せたうえで、被験者の身の回りでこのような災害が起こり、被験者の家族や友人は犠牲にならなかったものの、被験者の居住地域が甚大な損害を被ったとの説明をあたえた。一方、「継続しているコーズ」としては、被験者が重要だと思うコーズを企業が支援した場合を想定した。そして、仮説は、肯定されている。Cui ら[10] では、災害時として、9.11 のテロの犠牲者支援をコーズとして提示し、同様の結果を得ている。

　これらの結果から企業の CRM 活動において、災害時には、災害支援を最優先に考えることが重要であるといえよう。

（3）消費者

①消費者の性別の影響

　Cone、Cui ら、Moosmayer 、Ross ら（1991）、および Ross ら（1992）等多くの研究において CRM は男性よりも女性に対して、より有効であるとの調査結

果が出ている[11]。

一方、Youn ら[12]では、女性の方が男性よりも CRM を支持するという仮説が、「マイノリティー関連のコーズ」と「チャリティー関連のコーズ」を支援した場合の両ケース共に、棄却されている。

これらの結果において、性別による効果の違いがみられない場合もあったが、男性の方が女性よりも CRM に対して良い評価をしている事例はみられないため、CRM の効果を考慮すると CRM は男性よりも女性をターゲットに展開した方が効果的であるといえよう。

②消費者のタイプの違いの影響

Webb ら[13]では、定性的調査を行い、デモグラフィック的には与党に属する可能性が最も低く、ビジネスに対する懐疑心は政治にも向けられている「懐疑主義派(Skeptics)」と、最も保守的で、女性が最も多いグループである「バランス重視派(Balancers)」と、リベラリストで男性の割合が最も多くなっている「性能重視派(Attribution-Oriented)」と、高学歴で、社会的な地位が高い人によって構成されている「社会性重視派(Socially-Concerned)」の4つのタイプに分類し、それぞれのタイプ別に CRM の「商品選択」への影響を以下のように描写している。CRM が商品購入時に最も影響を及ぼすのは、「社会性重視派」に属する人に対してである。このタイプに属する人は、CRM に対する知識が最もあり、CRM を行っている企業に対しては、その動機にかかわらず好印象を抱いているという。一方、「懐疑主義派」に属する人は、CRM を行っている企業に対しては、CRM を自己の利益のために利用していると、最も否定的に捉えているため、CRM による影響を最も受けないとしている。また、「バランス重視派」に属する人は、「社会性重視派」に属する人と同様に、CRM を行っている企業に対しては好印象を持っている。それにもかかわらず、商品購入時には CRM はほとんど影響しないという。それは、「バランス重視派」の人は、商品購入時には、伝統的な基準である価格や品質や利便性を重んじるからである。また、「性能重視派」に属する人は、短期間で終わる CRM では、CRM を商品購入時に考慮しないが、CRM 活動が長期間にわたることにより、

その活動を認めるようになった場合は、その CRM は商品購入時に影響するようになるという。

　しかし、この「懐疑主義派」に対する分析結果とは逆に、Youn ら[14]では、広告に対して懐疑的な人の方が、CRM を支持するという結果を導出している。これは、同稿が立てた仮説とも逆の結果となっており、その理由を、広告に対して懐疑的な人は、CRM を伝統的な商業広告とは別なものと捉えているためとしている。

③消費者の社会的な活動経験の影響

　また、過去の社会的な活動経験が CRM の評価に影響をあたえることが考えられる。筆者が隔年で行っている大学生に対するボランティア経験の有無の推移は図表 6-1 のようになっている。ボランティア経験率は上昇した後、60% 前後で安定していることがわかる。

　このような社会活動経験の有無が CRM の効果にあたえる影響をみるため、2015 年のデータにおいて、ボランティア経験の有無がブランドや店舗の変更に影響をあ

図表 6-1　ボランティア経験率の推移

出所：筆者が大学生を対象に行った調査（被験者数：1999 年 251 名、2001 年 184 名、2003 年 151 名、2005 年 95 名、2007 年 249 名、2009 年 249 名、2011 年 667 名、2013 年 378 名、2015 年 529 名）。

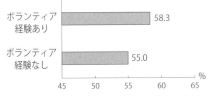

図表 6-2　「ボランティア経験の有無」による「価格と品質が同じであれば、社会貢献活動と関連のあるブランドに変更する割合」の違い

出所：2015 年に大学生 526 名に対して筆者が行った調査結果。

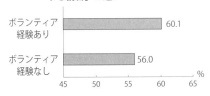

図表 6-3　「ボランティア経験の有無」による「価格と品質と距離が同じであれば、社会貢献活動を行っている店に変更する割合」の違い

出所：2015 年に大学生 526 名に対して筆者が行った調査結果。

たえるかを示したものが、図表 6-2 と図表 6-3 である。数値上は両者共に、ボランティア経験がある人の方が、上回っているが、カイ二乗検定の結果、有意差はみられなかった。

2. 支援先コーズとの関係による留意点

(1)「企業と支援先コーズの適合度」の影響

米国で有名な CRM キャンペーンの担当者が「あなたの会社が特定のコーズとかかわりを持った理由を、消費者が思い浮かべるのに、1 秒以上かかるようでは、失敗です」[15] と述べているように、「企業と支援先コーズの適合度」は CRM の成否の鍵を握っている。そのため、CRM を実施する際に、消費者からみて、「企業と支援先コーズの関係」が自然に映るかどうかがあたえる影響について、多くの研究蓄積がある。それらの研究結果をまとめると以下のようになる。

①「企業と支援先コーズの適合度」の影響

「企業と支援先コーズの適合度」が高い場合の CRM への効果について言及した研究には以下のようなものがある。

- 企業と支援先コーズの提携に対する態度が改善し、購買意欲も高まる。: Gupta ら [16]
- CRM 戦略に対する態度にプラスに働く。: Westberg ら [17]
- コーズとブランドに対する価値は高まる。: Lafferty ら (2004) [18]
- コーズとブランドの連携に対する態度にプラスに働く。: Lafferty (1999) [19]
- 肯定的な口コミを増やし、ブランド・イメージを改善する。: Thomas [20]
- 企業に対する信頼性と態度が改善する。: Rifon ら [21]

また、Landreth[22] では「企業と支援先コーズの適合度」は商品の購買意欲と CRM キャンペーンへの参加意欲には影響するが、商品に対する態度には影響しないとしている。

一方、数は少ないものの、「企業と支援先コーズの適合度」の影響がみられなかった研究もある。Hoek ら [23] では、ブランドと支援先コーズの適合度が低い場合、高い場合と比べて消費者の選択行動に与える影響が小さくなるという仮説を立てたが棄却されている。Lafferty（2007）[24] では、ブランドと支援先コーズの適合度が高い方が、低いよりも、企業とブランドに対する態度と、購買意欲に良い影響をあたえるという仮説を立てたが、棄却されている。

② 「企業と支援先コーズの適合度」と「消費者と支援先コーズの関係」による影響

　「企業と支援先コーズの適合度」による影響は、「消費者と支援先コーズの関係」によって変わるとしている研究には以下のようなものがある。

　Zdravkovic ら [25] では、「消費者の支援先コーズに対する精通度（familiarity）」が高まった場合、「企業と支援先コーズの適合度」がスポンサーシップに対する態度にあたえる影響は小さくなるが、ブランドに対する態度にあたえる影響は大きくなるとしている。また、Lafferty ら（2004）[26] では、消費者の支援先コーズに対する精通度が高まると、「企業と支援先コーズの適合度」の支援先コーズとブランドに対する態度への影響は大きくなるとしている。Gupta ら [27] では、「消費者と支援先コーズの関係」が深いほど、「企業と支援先コーズの適合度」が購買意欲にあたえる影響が大きくなるとしている。Barone ら [28] では「企業と支援先コーズの適合度」は消費者が支援先コーズに対して好感を持っているときには CRM 評価に影響しないが、好感を持っていないときには、適合度が高いと CRM 評価にプラスに影響するとしている。

　以上の関係を図示すると、図表 6-4 のようになる。消費者と支援先コーズの関係が深まった場合と消費者の支援先コーズに対する精通度が高まった場合は、スポンサーシップに対する態度を除いて、「企業と支援先コーズの適合度による影響」が高まっていることがわかる。しかし、消費者の支援先コーズに対する好感については、逆に、低い方が、「企業と支援先コーズの適合度による影響」が高まっている。

　一方、「消費者と支援先コーズの関係」による影響は、「企業と支援先コーズの適合度」によって変わるとしている研究には Trimble ら [29] がある。まず、

図表 6-4 「消費者と支援先コーズの関係」の変化が「企業と支援先コーズの適合度による影響」に
与える変化

	消費者と支援先コーズの関係	企業と支援先コーズの適合度による影響	
Zdravkovicら (2010)	↑ (精通度)	↑ (ブランドに対する態度)	↓ (スポンサーシップに対する態度)
Laffertyら (2004)	↑ (精通度)	↑ (支援先コーズとブランドに対する態度)	
Guptaら (2006)	↑ (関　係)	↑ (購買意欲)	
Baroneら (2007)	↓ (好　感)	↑ (CRM 評価)	

「支援先コーズと企業のあいだの機能的な同一性 (functional similarity)」に欠ける場合、「支援先コーズに対する精通度」が「信用度に関する知覚 (perceptions of credibility)」に影響をあたえるとしている。一方、「支援先コーズと企業間に機能的同一性」がある場合には、「信用度に関する知覚」を決定する際、「支援先コーズに対する精通度」の影響はより小さくなるとしている。

③「企業と支援先コーズの適合度」と「企業と消費者の関係」による影響

　さらに、「企業と支援先コーズの適合度」による影響は、「企業と消費者の関係」によって変わってくるとしている研究には以下のようなものがある。

　Guptaら[30] では、「企業と消費者の関係」が深いと、「企業と支援先コーズの適合度」が高い場合の消費者の購買意欲にあたえる影響が大きくなるとしている。また、Nanら[31] では、ブランド意識 (brand consciousness) が高い消費者の場合は、ブランドと支援先コーズが適合していると、広告とブランドに対する態度へプラスの影響があるが、ブランド意識の低い消費者の場合は、ブランドと支援先コーズが適合していても、広告やブランドに対する評価に影響しないとしている。

④「企業と支援先コーズの適合度」の影響に関する研究のまとめ

　以上の研究から、「企業と支援先コーズの適合度」が高いほど、CRM にはプラスの効果が働き、その効果は、「消費者と支援先コーズの関係」や「企業と消費者の関係」によって影響を受けるといえよう。また、「企業と支援先コーズの適合度」の影響は、CRM において関連づける商品によっても変わって

くることが、以下の研究で指摘されている。Haas ら[32] では、ブランドとの適合度の高いコーズを用いた方が、ブランドとの適合度の低いコーズを用いるよりもブランドに対する好感が高まるという仮説を立てたところ、「粉ミルクとおむつ」という組み合わせで調査した場合は仮説は支持されたが、「大人用おむつとプロテイン・ドリンク」という組み合わせで調査した場合は、この仮説は支持されなかったという。このことから、「企業と支援先コーズの適合度」の影響は、関連づける商品によっても異なることになる。

(2)「消費者と支援先コーズの関係」の影響

　ここでは、「消費者と支援先コーズの関係」の CRM への影響に関する研究をまとめたうえで、その関係を深める方法について言及し、支援先コーズとして「環境問題」が日本において支持を集めている点について述べていく。

①「消費者と支援先コーズの関係」の消費者の態度への影響

　「消費者と支援先コーズの関係」の CRM を実施した際の消費者の態度への影響に言及した研究についてみていく。

　Broderick ら[33] では、定性調査を行い、支援先コーズとの感情レベルの個人的な関与が、CRM キャンペーンに対する顧客の態度形成の重要な要因であるという調査結果を導出している。一方、定量調査を行い、これと同様に「消費者と支援先コーズの関係」が CRM を通した消費者の商品に対する態度形成に影響をあたえるとしている研究には以下のようなものがある。

　Lafferty (1999)[34] では、支援先コーズに対しての精通度が高まると、支援先コーズとブランドに対する態度へ、より大きな影響をあたえるという結果を導出している。

　また、筆者が行った研究[35] では、この「消費者と支援先コーズの関係」が及ぼすマイナスの影響について検証し、コーズ支援している旨を伝達している CM を被験者に見せた場合、そのコーズと関係が薄い人は、通常の CM に比べ、CM を見た後の商品に対する好感度が低下していることが判明している。逆に、コーズに対して関係が深い人の場合は、同じ CM を見ているのにもか

かわらず、商品に対する好感度が上昇することが判明している。

② 「消費者と支援先コーズの関係」の購買意欲への影響

　次に、「消費者と支援先コーズの関係」の CRM を実施した際の購買意欲への影響に言及した研究についてみていく。

　筆者が行った研究[36]では、「寄付率のいかんを問わず、支援先コーズにおける『消費者と支援先コーズの関係』により購買意欲に違いがある」との仮説を立て、売上の 1 ％、10％、20％の寄付がなされた場合、すべての寄付率で、コーズ（環境保護団体と学園祭実行委員会）に対して関心がある人と無い人の間で、購買意欲に違いがあるという結果になっている。なお、コーズを麻薬撲滅団体とした場合は寄付率 20％ と 10％ の場合は違いがみられたが、 1 ％の場合、購買意欲に差はみられなかった。

　Webb[37]では消費者の支援先コーズへの関与（personal relevance）が購買行動に重大な影響をあたえるとしている。また、Lafferty（1997）[38]と Landreth[39]は、支援先コーズの消費者にとっての「重要性（importance）」が、商品に対する態度や、購買意欲に、影響をあたえるとしている。そして、Carr[40]と Cornwell ら[41]では、支援先コーズに対する消費者との「共感（identification）」という概念を用い、それが購買意欲へ影響するとしている。

　Vaidyanathan ら[42]では、被験者に事前に支援先コーズに関する情報をあたえ、それを支持するかどうかを尋ねたうえで、そのコーズと関連づけた CRM 広告（紙媒体）を被験者に見せ、その反応を検証している。その結果、消費者の支援先コーズに対する支持表明（commitment）が、そのコーズを支援している CRM 広告を通しての購買意欲に影響を及ぼすとの調査結果を導出している。

③ 「消費者と支援先コーズの関係」の影響に関する研究のまとめ

　以上みてきたように、「消費者と支援先コーズの関係」は消費者の態度や購買意欲に影響をあたえることが判明している。一方、「消費者と支援先コーズの関係」が消費者の態度形成に影響をあたえないという調査結果もある。Fiske[43]では、人気のある支援先として「赤十字」を、あまり関心を持たれていない支援先として「マダラフクロウ保護活動」を選び、消費者のブランドに

対する態度についての調査を行った。その結果、両者のあいだに、差異は見られなかった。また、Lafferty ら (2005) [44] では、「支援先コーズに対する精通度」の程度にかかわらず、支援先コーズと企業の適合度はブランドに対する態度にプラスの影響があるとしている。つまり、これら 2 つの研究では、「消費者と支援先コーズの関係」は CRM の有効性とは無関係ということになる。

　また、「消費者と支援先コーズの関係」が態度や購買意欲以外に影響をあたえるとした研究もある。筆者が行った研究では、「消費者と支援先コーズの関係」が、コーズへの寄付と連動した試乗のしやすさ [45] と、寄付と懸賞応募を連動させた場合の「応募意欲」と「落選先企業に対する印象」[46] に、それぞれ影響を及ぼすという結果になっている。

　これらの結果から、「消費者と支援先コーズの関係」は条件によっては CRM の効果に影響を及ぼさないことはあるものの、多くの場合、CRM の効果に様々な影響を及ぼすといえよう。さらに、消費との関係が薄いコーズを支援すると、マイナスの影響を及ぼす場合もあるため、CRM 実施時には「消費者と支援先コーズの関係」に配慮する必要がある。

④ 「消費者と支援先コーズの関係」を深める方法

　企業は、「消費者と支援先コーズの関係」を、所与のものとして受け入れるのではなく、消費者と支援先コーズとの関係を深めるように能動的に働きかけることができる。その例として、「イオン 幸せの黄色いレシートキャンペーン」があげられる [47]。毎月 11 日、イオン・グループの各店のレシートが黄色に変わる。その黄色いレシートを受け取った顧客が、出店地域内の様々なボランティア団体名が書かれたセルが並ぶ店内備え付けの透明 BOX において、自らが支援したいと思うボランティア団体のセルへ、そのレシートを投函する。すると、レシートの金額の 1 ％が希望の物品というかたちで、そのボランティア団体へ助成される仕組みになっている。2001 年 10 月に始まったものである。このキャンペーンにおいて、消費者が自ら支援したいと思うボランティア団体を選択するという行為が、コーズと消費者との関係を深めるという点で重要な意味を持つことになる。これを裏づけるように、Cone [48] では、84% が支援先コ

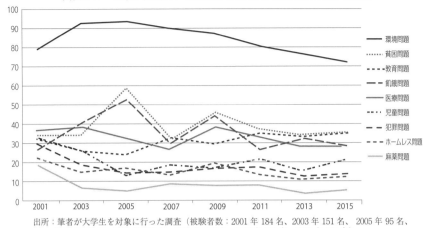

図表 6-5 「企業が取り組むべき問題としてふさわしいと思うもの」の推移

凡例:
- 環境問題
- 貧困問題
- 教育問題
- 飢餓問題
- 医療問題
- 児童問題
- 犯罪問題
- ホームレス問題
- 麻薬問題

出所:筆者が大学生を対象に行った調査(被験者数:2001 年 184 名、2003 年 151 名、 2005 年 95 名、2007 年 249 名、2009 年 249 名、2011 年 667 名、2013 年 378 名、2015 年 528 名)。

ーズを自らが選択したいと回答している。

⑤日本における支援先コーズとしての「環境問題」の特殊性

　それでは、日本においてどのようなコーズに対する関心が高いのであろうか。筆者は 2001 年から隔年ごとに大学生に対して「企業が取り組むべき問題としてふさわしいと思うもの」を複数回答を許して選択してもらうかたちで調査を継続している。その結果が図表 6-5 である。常に、環境問題が圧倒的な支持を集めていることがわかる。この結果から、「消費者と支援先コーズの関係」を考慮した場合、環境問題と関係したコーズを支援することが肝要といえよう。米国においては、図表 6-6 にあるように、環境問題が特に高い支持を集めているわけではない。この結果から、日本における環境問題への支持がいかに突出しているかがわかるであろう。

⑥ミネラルウォーターの事例研究

　「消費者と支援先コーズの関係」に関する研究は、「第 3 章 ③ 2. CRM の『CSV』への援用」で示したように、筆者が提唱している「本業を通した CRM」にも援用可能である。ミネラル・ウォーターにおいて、「い・ろ・は・す」が「環境負荷を低減したペットボトル」という環境を前面に押し出したコ

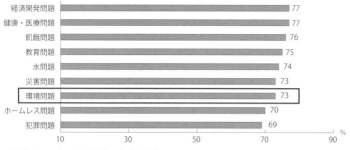

図表 6-6　米国における「企業が取り組むべき問題としてふさわしいと思うもの」

	%
経済開発問題	77
健康・医療問題	77
飢餓問題	76
教育問題	75
水問題	74
災害問題	73
環境問題	73
ホームレス問題	70
犯罪問題	69

出所：Cone（2010）をもとに筆者が作成。

ミュニケーションを行っ
た。これは「商品の環境
負荷を軽減するという本
業を通した環境保護活
動」をコミュニケーショ
ンし、マーケティングに
結びつけた「本業を通
した CRM」と位置づけ
られる。2009 年の「い
・ろ・は・す」投入によ
り、日経エコロジーと日
経 BP 環境経営フォーラ

図表 6-7　ミネラルウォーター市場における日本コカ・コーラと
キリンビバレッジのシェアの推移

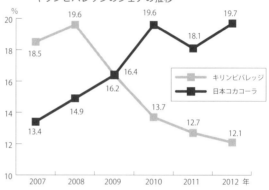

出所：日経産業新聞編（2008）、日経産業新聞編（2009）、日経
産業新聞編（2010）、日経産業新聞編（2011）、日経産業新
聞編（2012）、日経産業新聞編（2013）をもとに筆者が作成。

ムが実施している環境ブランド調査において、図表 3-8 で示したように、日本
コカコーラの環境ブランド指数は、翌年の 2010 年に急上昇し、その後も上昇
を続けている。

　この日本コカコーラの環境イメージ改善効果は、ミネラル・ウォーターのシ
ェアの変遷に表れている。図表 6-7 で示したように、「1 リッター・フォー 10
リッタープログラム」で消費者との関係の薄いアフリカの水支援を中心にコミ
ュニケーションを行ったボルヴィックを販売しているキリンビバレッジのシェ

アを、「い・ろ・は・す」で図表6-5にあるように消費者の支持を得ている環境問題を前面に出したコミュニケーション行った日本コカ・コーラが逆転し、その後、大きく引き離している。このことから、「本業を通したCRM」においても「消費者と支援先コーズの関係」を考慮したコーズ選択が必要といえよう。

「消費者と支援先コーズの関係」を考慮したとき、アフリカの水の問題は、消費者からみると非常に関係の薄いコーズといえよう。そのため、2007年に開始した「1リッター・フォー10リッタープログラム」を通したコーズ支援を積極的にコミュニケーションした効果は長続きせず、新奇性が失われてからは、図表6-7のように、シェアは大幅に落ち込み続けている。その間、前述のように2009年7月度にはCM放送回数ランキングで9位に位置する534回と大量の「1リッター・フォー10リッタープログラム」のCMを投入した[49]にもかかわらず、その効果はみられなかった。

3. 「CRM実施方法」による留意点

ここでは、実施期間、関連づける商品の特性、寄付の多寡、寄付形態、寄付表記等のCRM実施方法が与える影響についての研究をみていく。

(1) 実施期間

Fiske[50]では精緻化見込みモデル（Elaboration Likelihood Model, ELM, 以下ELMと表記）を用いてCRMの影響について検証している。

ここでは、まず、前提となる概念であるELMについてまとめると以下のようになる[51]。ELMではメッセージを受けた際の態度形成ルートの違いにより、2つに分類している。1つは、そのメッセージを入念に考慮して態度を形成する中心的態度変化である。もう一方は、動機や能力の欠如により、深く考慮せずにメッセージに対する態度形成が行われる周辺的態度変化である。前者の場合は、その形成過程の強固さにより、追加的メッセージに触れても、態度変化は生じにくいことになる。一方、後者の場合、その形成過程の脆弱さにより、追加メッセージによる態度変化が生じやすいことになる。

そして、Fiske[52] の調査結果によると、被験者が CRM 広告に触れたときに、周辺的態度変化のみが確認されている。しかし、同稿で調査の限界として述べているように、CRM 広告に被験者が長期間接触した場合には、中心的態度変化をもたらす可能性がある。Davidson[53] は CRM を成功させるためには、消費者の心のなかで「商品」と「支

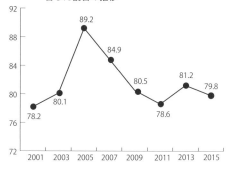

図表 6-8 「1つの社会貢献活動に腰を据えて取り組んでいる企業」の方が「多くの社会貢献活動に短期間ずつ取り組んでいる企業」より好ましいと回答した割合の推移

出所：筆者が大学生を対象に行った調査（被験者数：2001年 184名、2003年 151名、2005年 95名、2007年 249名、2009年 249名、2011年 667名、2013年 378名、2015年 526名）。

援先」との関係が「自然な関係」として映らなければならないとしている。そして、そのためには長期間にわたる支援が必要だとしている。

したがって、CRM 広告の消費者にもたらす態度変化の測定は、長期間にわたり行わなければ判明しないことになる。しかし、被験者はその間に様々な情報にさらされることになるため、定量的手法により、CRM 広告のみによる態度変化を測定することは、極めて困難であるといわざるをえない。

そこで、Drumwright[54] では、この点を克服すべく、定性的調査を用いた。その結果、社会的な側面を持った広告は、数年間と長期間にわたる方が、成功を収めていることが判明している。

Thomas ら[55] では、長い歴史のある CRM の「ブランドと支援先コーズの関係」については、ブランドのコミットは大きいと捉えられるとしている。また、CRM が長期間に及ぶことを、消費者が望んでいることは、筆者が行った調査結果からも裏づけられる。図表 6-8 は、企業が社会貢献に取り組む姿勢として以下の2つのうちどちらが好ましいかを尋ねた推移をまとめたものである。

①「1つの社会貢献活動に腰を据えて取り組んでいる企業」

②「多くの社会貢献活動に短期間ずつ取り組んでいる企業」

その結果、前者の「1つの社会貢献活動に腰を据えて取り組んでいる企業」の方が好ましいと回答した割合は、80％前後で推移していることがわかる。米国においても、同様に、Cone ら[56] による同内容の質問に対して、77％が前者の方が後者よりも好ましいと回答している。

　前述のように、CRM は当初、売上の一定割合を寄付するという短期間に成果の現れるかたちに限定して定義づけられていた。しかし、CRM の適用範囲をマーケティング全般に拡張して捉えることにより、長期にわたるブランド構築手段といった側面も担うことになった。

(2) 関連づける商品の特性

　前述のように、楽しみのために消費される娯楽品（frivolous products）と、目的のために消費される実用品（practical products）について、Strahilevitz ら[57] は、娯楽品を消費することによる罪悪感に起因して、チャリティーによるインセンティブは、実用品よりも、娯楽品において、有効であるとの結論を導出している。

　酒、たばこ、ギャンブルといった批難を受けている商品（stigmatized products）について、Bhattachaya[58] は、そのような商品を製造している企業は、他の企業と比べて CRM からの利益を享受しにくいとしている。

　商品の知名度について、Arora ら[59] は、有名なブランドよりも無名のブランドの方が CRM の利益を享受しやすいとしている。

　商品価格について、Chang[60] は、コーズと共にプロモーションを行う場合、低額商品の方が高額商品よりも効果的であるとしている。また、寄付率の影響があるのは高額商品のみであるとしている。しかし、Holmes ら[61] ではその影響が否定されている。これらの相反する結果を受けて、筆者が行った研究[62] では、Holmes ら[63] において、寄付額を一定としたため、寄付率でみると低額商品の寄付率の方が、高額商品の寄付率よりも高くなっていた点に着目し、寄付率を一定にし、純粋に商品価格が及ぼす影響について検証した結果、1％という低寄付率の場合は商品価格の違いの影響はないが、20％や10％という高寄付率

の場合は低額商品の方が高額商品よりも、購買意欲が高まることが判明している。このことから、CRMではある程度の寄付率を確保できるのであれば、高額商品よりも低額商品と連動させた方が、有効であるとしている。

一方、筆者が行った別の研究[64] では、「寄付連動型懸賞における商品価格による応募意欲と落選時の印象の違い」についての24組の検定を行ったが有意差がみられたのは、1組だけであり、それも危険率5%水準という結果になった。この結果から、寄付連動型懸賞においては、商品価格の違いの影響はほとんどなく、どのような価格帯の商品に対しても援用可能で同様の効果が得られるとしている。

商品の量について、Folseら[65] は、販売量が増えると（単位あたりの価格は変えず、1本10ドルで販売しているものを、4本40ドルでの販売に変更した場合）、CRMにマイナスの影響があるとしている。

（3）関連づける寄付の特性
①寄付の多寡
寄付の多寡については、以下のように、寄付が多い方が良い結果に結びついている。筆者が行った研究[66] では、寄付率の高低が購買意欲に影響を与え、寄付の絶対額の多寡も同様に、購買意欲に影響をあたえるとしている。

Dahlら[67] では、ジュース1パックにつき1/4セントの少額寄付の場合と、ジュース1パックにつき10セントの高額寄付の場合とを比較し、調査を行った。そして、CRMによる寄付が少額の場合、企業はコーズを利用しているという印象をあたえるとの結果を導出した。Moosmayerら[68] では、高額寄付の方が少額寄付よりも、CRMキャンペーンに対する好感度は高く、コーズが受ける恩恵に対して肯定的に捉えるという調査結果を導出している。Grauら[69] では、定性調査の結果、65%の被験者が商品価格に対する寄付額は重要と回答し、寄付が価格に対して少額の場合、けち（skimpy）と思われ、懐疑的な目でみられるとしている。

一方、Strahilevitz[70] では、寄付とキャッシュ・バックの選択を迫られた場合

は、高額になるほど、寄付を選ばなくなるとしている。また、Chang[71] では、寄付が高額になるほど、寄付表記の影響は小さくなるとしている。また、筆者が行った別の研究[72] では懸賞応募と寄付を連動させた場合の「寄付の多寡による応募意欲」と「寄付の多寡による落選時の印象」についての計12組（コーズと懸賞の違いによる）の検定において、有意差がみられたのは、1組だけであり、それも危険率5％水準という結果になった。この結果から、寄付連動型懸賞においては、寄付の多寡の影響は小さく、0.01％という極めて低い寄付率においても効果が確認できたため、企業にとっては効率の良い CRM といえる。

②寄付形態

寄付形態に着目した研究として、Ellen ら[73] がある。現金とモノの比較では、モノを提供する方が、企業側の努力が必要なため、現金よりも高く評価されるとの調査結果を導出している。さらに、「企業のコアビジネス」と「コーズへの提供物」との適合度を取りあげている。そして、その適合度が低いほど、利他的とみられるとの仮説を立てた。そのうえで、スーパーマーケット（grocery store）と、建築資材店（building supply store）において調査を行った。この仮説では、自らの店で販売しているものを提供すると「企業のコアビジネス」と「コーズへの提供物」の適合度が高く、利己的な理由で行っていると捉えられるということになる。検定の結果、スーパーマーケットにおいては、仮説は棄却されたが、建築資材店においては、10％水準で支持されている。この結果に関して、スーパーマーケットについては、コーズ支援を行っていることが広く知れわたっているため、その提供物が自らの商品であっても、否定的に捉えられないと説明している。そして、CRM を始めたばかりのときは、消費者とのあいだで企業の支援動機に関する信頼感が形成されていないので、企業と適合度の低いものを提供することを勧めている。

③寄付表記

Olsen ら[74] が検証している「寄付が売上と利益のどちらと連動しているかの違いに意識を払わず、売上と利益を同額と見なしてしまう PEP（Profit-Equals-Price）効果」は、筆者が行った研究[75] によって、日本においても確認されてい

る。なお、筆者が行った研究では、10,000円の高額商品においては、PEP効果がみられたが、100円の低額商品では、売上と連動させた方が、利益と連動させるよりも購買意欲が高くなっている。また、「売上の一部」という曖昧表記は0.1%よりは多く1%よりは少ない寄付と同程度の購買意欲を喚起しているということが判明している。そのため、1%以上の寄付がなされるのであれば、曖昧表記は避けた方が良いことになる。パーセント表記と絶対額表記について、Fiske[76]ではパーセント表記と絶対額表記による違いがないとしている。筆者が行った研究では、高額商品においては、両者の違いはみられないが、低額商品においては、寄付をパーセント表記した方が絶対額表記するよりも購買意欲を喚起するという結果を導出している。

CRM実施時の留意点に関する検証

前節では、CRM実施時の留意点についてみてきたが、ここでは、そのなかの「消費者と支援先コーズの関係」については、配慮しない場合のリスクに警鐘を鳴らす必要があるため、「寄付表記」については、利益と連動させることができれば、赤字のときに無理をする必要もなくなることにより、CRM導入のハードルを下げることができるため、それぞれ検証を行った。

1.「消費者と支援先コーズの関係」がCRMに与える影響の検証[77]

企業メセナ協議会が行った4,109社に対する調査[78]によると、メセナ活動の評価に際して、「消費者や投資家の評価を取り入れる仕組みがある」と回答した企業は、1.5%に過ぎない。このことからも、日本においては、支援先選定に際して、消費者の意向を配慮して決めることの重要性に関する認識が低いと考えられる。しかし、CRM研究のなかでは、支援先選定時に「消費者と支援先コーズの関係」に配慮する必要性が指摘されている。

そこで、本研究では、日本においても、支援先選定に際して、「消費者と支援先コーズの関係」に配慮する必要があるかを検証していく。そのため、ま

ず、CRM 評価に影響をあたえる要因に関する先行研究をレビューしたうえで、そのなかでも「消費者と支援先コーズの関係」に関する先行研究を通して、仮説を導出する。そのうえで、調査を通してそれを検証していく。

（1）先行研究と仮説の導出
①「コーズの人気度」に関する先行研究と仮説の導出

Varadarajan ら[79] では、支援先の人気度の効用を認めつつも、CRM がそれに埋没する危険性を指摘していた。はたして支援先の人気度は消費者の評価に影響をあたえるのであろうか。

前述のように、Fiske[80] では、この問題に取り組んでいる。人気のある支援先として「赤十字」を、あまり関心を持たれていない支援先として「マダラフクロウ保護活動」を選び、消費者のブランドに対する態度についての調査を行った。その結果、両者のあいだに、差異は見られなかった。つまり、支援先の人気は、CRM の有効性とは無関係ということになる。しかし、用いられたコーズに問題があると考えられる。人気度に関する調査を行うためには、「マダラフクロウ保護活動」という無名のコーズを用いるよりも、もっと、消費者と密接な、コーズを提示して調査する必要がある。そこで、後述のように、「YOSAKOI ソーラン祭り」を調査対象とした。

また、先行研究の多くは、紙媒体の広告を用いて行われているので、新たな試みとして、本調査では、テレビ CM を用いて行った。

そして、従属変数としては、その CRMCM そのものへの好感度と、その CM を通しての商品への好感度を設定した。そこで、コーズの人気度に関わる調査の仮説としては、以下の 2 つを立てた。

▶**仮説 1**　支援先コーズの人気度は、CRMCM に対する評価へ影響をあたえる。
▶**仮説 2**　支援先コーズの人気度は、CRMCM を通した商品への好感度へ影響をあたえる。

②「消費者と支援先コーズとの関係」に関する先行研究と仮説の導出

Lafferty[81] では、「CRM 支援先の自分にとっての重要性」が、消費者の「商

品に対する態度」および、「購買意欲」に与える影響を調査している。そして、「支援先の自分にとっての重要性」は、両者に影響をあたえるという調査結果を導出している。

　また、Webb[82] では支援先コーズへの個人的な関与度が、消費者が CRM に対する評価を下す際の、最も重要な決定要因としている。

　さらに、Landreth[83] では、コーズの重要性が、商品に対する態度や、購買意欲や、CRM キャンペーンへの参加意欲に、影響をあたえるとしている。

　いずれの研究においても消費者と支援先コーズとの関係が、CRM 評価に影響をあたえることが確認されている。そこで、本調査では、日本においても、同様の効果が確認できるかを、前述の「コーズの人気度」に関する調査と、同じ従属変数を用いて調査していく。そのため、以下のような仮説を設定した。

▶**仮説 3**　消費者と支援先コーズとの関係は、CRMCM 評価に影響をあたえる。

▶**仮説 4**　消費者と支援先コーズとの関係は、CRMCM を通した商品評価へ影響をあたえる。

　さらに、支援先コーズとの関係に関して、Lafferty[84] では、重要でない、または、なじみのないコーズを支援した場合、マイナスの結果が出る可能性を指摘している。CRM 広告において、消費者との関係の薄い支援先であれば、むしろ、支援先を明記しない方が良い可能性がある。

　本調査では、この点についても、日本においても、同様のことがいえるかを確認したい。そこで、以下のような仮説を設定した。

▶**仮説 5**　支援先コーズとの関係が薄い人に対しては、CRMCM より、通常の CM の方が有効である。

　さらに、コーズとの関係が深い人に対しては、逆の仮説が成り立つことが予測できる。したがって、以下の仮説を設定した。

▶**仮説 6**　支援先コーズとの関係が深い人に対しては、通常の CM より、CRMCM の方が有効である。

（2）調査の概要

前述の仮説を検証するため、以下のような調査を行った。

①調査対象コーズ（YOSAKOI ソーラン祭り）

YOSAKOI ソーラン祭りは、高知県の「よさこい祭り」と、北海道の「ソーラン節」が、融合して、生まれた新しい祭りである。自由で独創的な踊りが、繰り広げられるこの祭りは、札幌の初夏を彩る風物詩として定着した。この祭りは、1992 年 6 月に 10 チーム 1,000 人の参加者、20 万人の観客で始まった。その後、急成長し、調査対象となった 2003 年の第 12 回 YOSAKOI ソーラン祭りでは、330 チーム、44,000 人が参加し、観客動員数は過去最多の 202 万人を数えた[85]。

このコーズ選択にあたっては、以下の 2 点を考慮した。第 1 に、消費者と密接なコーズである点である。本調査では、独立変数として、「コーズの人気度」と「コーズとの関係」を設定したため、被験者が、好きかどうかの判断を下すことができ、関係している被験者が多い必要があったからである。そして、第 2 に、地域のコーズである点である。前述の先行研究の結果[86]から、支援先コーズは、全国的なものよりも、地域限定のものの方が良いことが判明しているからである。

第 1 点については、前述のように、多くの人が参加していることから、消費者と密接なコーズといえ、第 2 点に関しては、YOSAKOI ソーラン祭りは、北海道という地域の祭りであるので、それを満たしている。以上、2 点に合致したコーズとして、YOSAKOI ソーラン祭りを調査対象とした。

②調査対象企業（東洋水産）

〈選択理由〉　YOSAKOI ソーランのスポンサーのなかから、東洋水産を、調査対象として選択した。その理由は、以下の 2 点において、コーズ支援をマーケティング活動と結びつける努力をしていたからである。1 つは、テレビ CM を通して、YOSAKOI ソーランを支援している旨を、積極的にコミュニケーションしていた点である。CM で訴えることにより、消費者に同社のコーズ支援を周知させることが期待できる。そして、もう 1 点は、YOSAKOI ソー

ランという北海道の祭りを、北海道限定商品である「やきそば弁当」と結びつけていた点である。商品の地域限定という特性を、その地域のコーズ支援を通して補完することが期待できる。

〈支援理由と支援内容〉[87]　「やきそば弁当」の特徴としては、粉末のスープが付いており、カップ焼きそばの戻し汁を、粉末スープに注ぎ、スープができるようになっている点があげられる。この商品は、全国ネットのテレビ番組でも紹介され、北海道の土産品となっている。このような背景もあり、カップ焼きそば市場を地域別にみると、唯一北海道地区においてのみ、同社商品が首位の座にあった。そのため、同商品に対する思い入れが強く、北海道でのコーズ支援の一因になった。また、コーズのなかから、YOSAKOI ソーラン祭りが、選ばれた理由は、急成長し、勢いがあるコーズであったためである。

　同社は、2000 年 6 月以来、CM、パッケージ、看板、トラック等で、YOSAKOI ソーラン祭りを支援している旨を宣伝することができるプラチナ・スポンサーとして、1,000 万円を寄付すると共に、「マルちゃん賞」として、「やきそば弁当」を 30 ケース提供していた。

　長期的な効果は計測されていないが、短期的効果としては、コンビニエンス・ストアにおいて「YOSAKOI ソーラン・フェア」が実施された際に、大量陳列されるという効果が確認されている。

③調査方法

　本調査は、2003 年 7 月に北海道の大学生 151 人を対象に行った。性別、年齢別の被験者の特性は以下のようになっている。性別では、男性 92 名（60.9%）、女性 58 名（38.4%）（欠損値 1）となった。また、年齢別では、19 歳から 22 歳の被験者が、全体の 87.3% を占めた（欠損値 1）。

　独立変数としては、「コーズの人気度」と「コーズとの関係」を設定した。「コーズの人気度」をはかる指標として、「YOSAKOI ソーランは好きですか」という質問を設け、被験者には、「はい」か「いいえ」の二者択一で選択してもらった。一方、「コーズとの関係」は、被験者の行動を通して計測した。具体的には、最も関係が深いレベルとして、実際に踊り手として参加したことが

あるかを尋ねた。続いて、次に関係が深いレベルとして、観客として見に行ったことがあるかを尋ねた。そして、最も関係が薄いレベルとして、テレビで見たことがあるかを尋ねた。北海道では、YOSAKOI ソーラン祭り開催期間中、長時間にわたり、各局が、中継番組を放映していたためである。つまり、関係に関しては、「踊り手レベル」、「見物客レベル」、「テレビ鑑賞レベル」の３つのレベルを設定した。なお、それぞれ、「はい」か「いいえ」の二者択一で回答してもらった。

　一方、従属変数としては、「CRMCM の好感度」と、「CRMCM を通した商品への好感度」を設定した。CRMCM としては、東洋水産の「やきそば弁当」の CM を使用した。この CM は、YOSAKOI ソーラン開催に合わせて、2003 年４月１日から６月８日にかけて放映された[88]。内容は、「やきそば弁当」の CM の最後に、YOSAKOI ソーラン祭りの映像を流し、「マルちゃんは YOSAKOI ソーラン祭りを応援しています」というテロップと共に、「YOSAKOI ソーランを応援します」との声のメッセージを入れたものである。

　従属変数である「CRMCM の好感度」をはかるために、以下の調査を行った。まず、CRMCM として、被験者に YOSAKOI ソーラン支援メッセージが入った CM を見せた。一方、通常の CM として、その部分をカットした CM を見せた。そのうえで、どちらの CM に好感を持ったかを尋ねた。

　一方、もう１つの従属変数である「CRMCM を通した商品への好感度」を調べるため、前述の CRMCM を流した直後と、前述の通常の CM を流した直後に、それぞれ「CM を見て商品に好感を持てたか」を、「はい」か「いいえ」の二者択一で尋ねた。

　なお、調査は、２回行った。被験者の数はそれぞれ、74 名、77 名であり、２回の調査間に重複する被験者は存在しなかった。CRMCM と通常の CM の２種類の CM を用いて調査を行ったため、順序による影響を軽減すべく、１回目と２回目では、CM を流す順序を逆にした。具体的には、１回目の調査では、CRMCM を先に流し、その直後に「CM を見て商品に好感を持てたか」を回答してもらい、次に、通常の CM を流し、その直後に同じ質問に回答しても

らい、最後に、どちらの CM に好感を持ったかを尋ねた。2回目の調査では、逆に、通常の CM を先に流し、その直後に「CM を見て商品に好感を持てたか」を回答してもらい、次に、CRMCM を流し、その直後に同じ質問に回答してもらい、最後に、どちらの CM に好感を持ったかを回答してもらった。結果は、これら2回の調査を合算したものである。

(3) 結果と考察
①従属変数に関する調査結果

従属変数である「CRMCM の好感度」に関する調査の結果、CRMCM の方に好感を持った割合は 66.7% となり、通常の CM の方に好感を持った割合は 33.3% となった。

また、もう一方の従属変数である「CRMCM を通した商品への好感度」の調査結果は以下のようになった。CRMCM を見た場合、商品に好感を持った割合は 53.6% であった。一方、通常の CM を見た場合、商品に好感を持った割合は、52.3% となった。

以下では、これらの従属変数に独立変数を掛け合わせた結果をみていく。

② 「コーズの人気度」が従属変数に与える影響に関する調査結果

「コーズの人気度」をはかるための質問である「YOSAKOI ソーランは好きですか」という質問に対して、「はい」と回答した被験者は 44% と半数に届かなかった。

この「コーズの人気度」を独立変数とし、「CRMCM の好感度」を従属変数に取り、カイ二乗検定を行った結果は、図表6-9のようになった。カイ二乗値は、24.417（自由度1）となり、危険率1%の

図表 6-9 「コーズの人気度」による「CRMCM の好感度」の違い

| | | どちらの CM に好感を持ったか | | 合計 |
		CRMCM	通常の CM	
YOSAKOI ソーランは好きか	はい	87.9%	12.1%	100%
	いいえ	49.4%	50.6%	100%
合計		66.4%	33.6%	100%

カイ二乗値＝ 24.417（1%水準で有意）

水準で有意となった。したがって、「支援先コーズの人気度は、CRMCM に対する評価へ影響をあたえる」という仮説 1 は支持されたことになる。図表 6-9 から判断すると、危険率 1 ％の水準で、「YOSAKOI ソーランは好きか」という質問に対して、「はい」と回答した人の方が、「いいえ」と回答した人よりも、通常の CM と比べ、CRMCM の方に好感をもつといえる。換言すると、コーズに対する人気度が高いほど、CRMCM に対する好感度は高くなるということになる。

　同様に、「コーズの人気度」を独立変数とし、「CRMCM を通した商品への好感度」を従属変数に取り、カイ二乗検定を行った結果は図表 6-11 のようになった。通常の CM の場合、カイ二乗値は、1.951（自由度 1）となり、有意な違いは見られなかった。一方、CRMCM の場合は、カイ二乗値は、11.691（自由度 1）となり、危険率 1％ の水準で有意となった。

　したがって、「コーズの人気度」は、通常の CM では、影響がなかったのに対し、CRMCM では、影響があることになり、「支援先コーズの人気度は、CRMCM を通した商品への好感度へ影響をあたえる」という仮説 2 は支持されたことになる。図表 6-10 の右の表から、CRMCM を見た場合、危険率 1 ％の水準で、「YOSAKOI ソーランは好きか」という質問に対して、「はい」と回答した人の方が、「いいえ」と回答した人よりも、商品に好感を持つといえる。換言すると、コーズに対する人気度が高いほど、CRMCM を通して、より商品に好感を持つといえる。

　これらの「コーズの人気度」を独立変数にとった場合の調査結果をまとめると、以下のようになる。

　　「CRM において、支援先コーズの人気が高いほど、CRMCM に対する好感度は上がり、CRMCM を通した商品に対する好感度も上がる」

③「コーズとの関係」が従属変数に与える影響に関する調査結果

　もう一方の独立変数である「コーズとの関係」については、「コーズとの関係」が深まるにつれて、関係する人の割合は小さくなるという結果になっている。「テレビ鑑賞レベル」では 90.7％ の人が関係しているのに対し、「見物客レベ

図表 6-10 「コーズの人気度」による「CRMCM を通した商品への好感度」の違い

〈通常の CM の場合〉

		CM を通して商品に好感を持ったか		合計
		はい	いいえ	
YOSAKOI ソーランは好きか	はい	59.1%	40.9%	100%
	いいえ	47.6%	52.4%	100%
合計		52.7%	47.3%	100%

カイ二乗値= 1.951（違いがない）

〈CRMCM の場合〉

		CM を通して商品に好感を持ったか		合計
		はい	いいえ	
YOSAKOI ソーランは好きか	はい	69.7%	30.3%	100%
	いいえ	41.7%	58.3%	100%
合計		54.0%	46.0%	100%

カイ二乗値= 11.691（1%水準で有意）

図表 6-11　YOSAKOI ソーランを見に行ったことがあるかどうかによる「CRMCM の好感度」の違い

		どちらの CM に好感を持ったか		合計
		CRMCM	通常の CM	
見に行ったことがあるか	はい	78.9%	21.1%	100%
	いいえ	48.3%	51.7%	100%
合計		66.7%	33.3%	100%

カイ二乗値= 15.125（1%水準で有意）

ル」では 59.6%、「踊り手レベル」では僅か6.0%となった。その結果、踊り手として YOSAKOI ソーランに参加した人の標本数が9とな り、独立変数と掛け合わせ、カイ二乗検定を行った際、すべての場合で、期待度数が 5 未満のセルが発生し、検定を行うことができなかった。したがって、本調査では、「テレビ鑑賞レベル」と「見物客レベル」の 2 つのレベルにおける検定を行った。

　まず、「コーズとの関係」を独立変数とし、「CRMCM の好感度」を従属変数に取り、カイ二乗検定を行った。この場合、「踊り手レベル」に加え、「テレビ鑑賞レベル」においても、期待度数 5 未満のセルが、発生し、検定を行うことができなかった。そのため、検定は、「見物客レベル」においてのみ行った。結果は、図表 6-11 のようになった。カイ二乗値は、15.125（自由度1）となり、危険率 1% の水準で有意となった。したがって、「消費者と支援先コーズの関係は、CRMCM 評価に影響をたえる」という仮説 3 は支持されたことになる。図表 6-12 から、危険率 1% の水準で「YOSAKOI ソーランを見に行ったことがあるか」という質問に対して、「はい」と回答した人の方が、「いいえ」と回答し

図表 6-12　YOSAKOI ソーランをテレビで見たことがあるかどうかによる「CRMCM を通した商品への好感度」の違い

〈通常の CM の場合〉

		CM を通して商品に好感を持ったか		合計
		はい	いいえ	
テレビで見たことがあるか	はい	51.1%	48.9%	100%
	いいえ	64.3%	35.7%	100%
合計		52.3%	47.7%	100%

カイ二乗値＝ 0.886（違いがない）

〈CRMCM の場合〉

		CM を通して商品に好感を持ったか		合計
		はい	いいえ	
テレビで見たことがあるか	はい	55.5%	44.5%	100%
	いいえ	35.7%	64.3%	100%
合計		53.6%	46.4%	100%

カイ二乗値＝ 1.994（違いがない）

図表 6-13　YOSAKOI ソーランを見に行ったことがあるかどうかによる「CRMCM を通した商品への好感度」の違い

〈通常の CM の場合〉

		CM を通して商品に好感を持ったか		合計
		はい	いいえ	
見に行ったことがあるか	はい	53.3%	46.7%	100%
	いいえ	50.8%	49.2%	100%
合計		52.3%	47.7%	100%

カイ二乗値＝ 0.762（違いがない）

〈CRMCM の場合〉

		CM を通して商品に好感を持ったか		合計
		はい	いいえ	
見に行ったことがあるか	はい	66.7%	33.3%	100%
	いいえ	34.4%	65.6%	100%
合計		53.6%	46.4%	100%

カイ二乗値＝ 15.197（1%水準で有意）

た人よりも、通常の CM と比べ、CRMCM の方に、好感を持つといえる。換言すると、コーズとの関係が深いほど、CRMCM に対する好感度は高くなるということになる。

　同様に、「コーズとの関係」を独立変数とし、「CRMCM を通した商品への好感度」を従属変数に取り、カイ二乗検定を行った。図表 6-12 のように、「テレビ鑑賞レベル」では、「CRMCM を通した商品への好感度」と、「通常の CM を通した商品の好感度」とのあいだのカイ二乗値は、それぞれ 1.994、0.886（共に自由度 1）となり、有意な違いはみられなかった。つまり、「テレビで YOSAKOI ソーランを見たことがあるか」というレベルにおける関係の差では、CRMCM を通した商品の好感度へ影響をあたえないことになる。

　一方、「見物客レベル」では、図表 6-13 のように、通常の CM の場合、カイ

二乗値は、0.762（自由度 1）となり、有意な違いはみられなかったが、CRMCM の場合は、カイ二乗値は、15.197（自由度 1）となり、危険率 1% の水準で有意な違いがみられた。

　したがって、「コーズとの関係」は、通常の CM では、影響がなかったのに対し、CRMCM では、影響があったことになり、「消費者と支援先コーズとの関係は、CRMCM を通した商品評価へ影響をあたえる」という仮説 4 は支持されたことになる。図表 6-13 の右の表から、危険率 1 % の水準で、CRMCM を見た場合、「YOSAKOI ソーランを見に行ったことがあるか」という質問に対して、「はい」と回答した人の方が、「いいえ」と回答した人よりも、商品に好感を持つといえる。換言すると、CRMCM を見た場合、支援先コーズとの関係が深いほど、商品に対する好感度は高くなるということになる。

　続いて、「支援先コーズとの関係が薄い人に対しては、CRMCM より、通常の CM の方が有効である」という仮説 5 を検証すべく、被験者がコーズとの関係が薄い場合として、「YOSAKOI ソーランを見に行ったことがない」と回答した被験者をサンプルにとった。そして、これらの被験者の CRMCM と、通常の CM を見た場合の商品に対する好感度の違いを表したのが図表 6-14（標本数：61）である。通常の CM を見て、商品に好感を持った割合が 50.8% であるのに対し、CRMCM を見て商品に好感を持った割合は、34.4% であった。

　この差が有意であるかを検定するため、対応がある場合の比率の差の検定であるマクネマー検定を行った。その結果、P 値が 0.013 となり、危険率 5% で有意となった。したがって、YOSAKOI ソーランを見に行ったことがない場

合、YOSAKOI ソーラン支援メッセージが入っていない CM を見た場合の方が、支援メッセージが入っている CM を見た場合より、商品に好感を持ったことになる。換言すると、支援先コ

図表 6-14　YOSAKOI ソーランを見に行ったことがない被験者の CM を見て商品に好感を持った割合

CRMCM　34.4%

通常の CM　50.8%

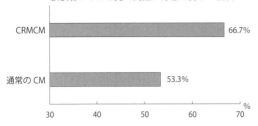

図表 6-15　YOSAKOI ソーランを見に行ったことがある
被験者のＣＭを見て商品に好感を持った割合

CRMCM　66.7%

通常の CM　53.3%

30　40　50　60　70 %

ーズとの関係が薄い場合、CRMCM より、通常の CM を用いた方が商品に、好感を持つということになる。したがって、仮説5は支持されたことになる。ここで、重要な点は、支援先コーズとの関係が薄い人に対しては、支援メッセージが入ることにより、商品に対して好感を持つ割合が低下している点である。

　同様に、「支援先コーズとの関係が深い人に対しては、通常の CM より、CRMCM の方が有効である」という仮説6を検証すべく、被験者がコーズとの関係が深い場合として、「YOSAKOI ソーランを見に行ったことがある」と回答した被験者をサンプルにとった。そして、これらの被験者の CRMCM と、通常の CM を見た場合の、商品に対する好感度の違いを表したのが図表 6-15（標本数 90）である。通常の CM を見て商品に好感を持った割合が 53.3% であるのに対し、CRMCM を見て商品に好感を持った割合は、66.7% であった。

　この差が有意であるかを検定するため、同様にマクネマー検定を行った。その結果、P 値が 0.017 となり、危険率5％で有意となった。したがって、YOSAKOI ソーランを見に行ったことがある場合、YOSAKOI ソーラン支援メッセージが入っている CM を通しての方が、支援メッセージが入っていない CM を通してより、商品に好感を持ったことになる。換言すると、コーズと関係が深い場合、通常の CM より、CRMCM を見た方が、商品に、好感を持ったということになる。したがって、仮説6は支持されたことになる。

　これらの「コーズとの関係」を独立変数にとった場合の調査結果をまとめると、以下のようになる。

　　「CRM において、消費者と支援先コーズの関係が深いほど、CRMCM に対する好感度は上がり、CRMCM を通した商品に対する好感度も上がる」

　　「支援先コーズと関係が薄い人に対しては、CRMCM より、通常の CM の方が有効

であり、逆に、支援先コーズと関係が深い人に対しては、通常の CM より、CRMCM の方が有効である」

(4) 要約と意義・課題

　本調査結果から、日本においても、コーズ選定時に「消費者と支援先コーズの関係」に配慮する必要があることが判明した。特に重要な点は、YOSAKOI ソーランを見に行ったことがない人は、YOSAKOI ソーラン支援メッセージが入ることにより、商品に対して好感を持つ割合が低下した点である。良いことを行っているので、自社にとって良い結果が出るのは当然と考え、CRM を意識しない社会貢献を行うと、マイナスの影響が出る可能性もあるということになる。最後に、先行研究を踏まえた本研究の CRM の実証研究における意義としては、テレビ CM を通した調査である点があげられる。CRM の実証分析において、被験者に提示される媒体としては、紙媒体が用いられることが多かった。映像を用いた調査としては、Garcia ら[89] があるが、CRM はマイナスの影響があるとしていた。テレビ CM を用いて、CRM のプラスの効果が実証された点が、本研究の CRM の実証研究における意義といえよう。

　なお、本稿執筆時[90] に、コーズとして YOSAKOI ソーランを調査対象としたが、他のコーズを使った調査を行い研究を蓄積していきたいという課題をあげた。その点については、その後の研究[91] において実施した。

2. 寄付表記が CRM に与える影響の検証[92]

　CRM における寄付表記には様々なものが見受けられるが、以下の3種類に大別できる。1つは「売上の1%」や「一食10円」といった寄付額を正確に把握できる場合、次に「利益の1%」といった過去の売上高経常利益率等の実績から寄付額の予測が可能な場合、最後に「利益の一部」といった予測不可能な場合である。また、寄付表記に関しては、寄付率による寄付の多寡や、寄付表記にパーセント表記を用いるか、絶対額表記を用いるかといった違いもある。本研究では、これらの寄付表記上の相違点が CRM 効果にもたらす影響を検証していく。

（1）先行研究と仮説の導出

①寄付を売上と連動させた場合と利益と連動させた場合について

　前述のように、Olsen ら[93] では、消費者が売上高に利益率を乗じて利益を計算する過程を省略し、売上と利益との違いに意識を払わない傾向を指摘し、このように誤って売上と利益を同額とみなしてしまう効果を PEP 効果としている。同稿では、この PEP 効果の検証を行った。まず、被験者を 2 つのグループに分け、1 つのグループには「利益の 5%」を地域のチャリティーに寄付すると表示した 149.96 ドルのインクジェット・プリンターの新聞広告を提示し、もう一方のグループには「利益の 5%」の部分を「価格の 5%」と変更した新聞広告を提示した。そのうえで、被験者に「プリンターが 1 台売れるごとにいくら寄付されるか」と尋ねた。その結果、両グループの平均値に有意差はみられなかった。そこでは、本来は低いはずの「利益の 5%」と書かれた新聞広告を見た被験者の平均寄付予想額が 7.48 ドルとなり、「価格の 5%」と書かれた新聞広告を見た被験者の平均寄付予想額の 7.07 ドルを数字上は上回るという結果になっている。さらに、この結果は、会計に関する知識の有無や、調査に対する謝金の有無に起因するものではないことも検証している。

　寄付を売上と連動させるのではなく、利益と連動させることにより、黒字になったときのみ、無理なく社会貢献を実施することができる。そのため、寄付を利益と連動させることは、CRM の仕組みを企業業績の浮き沈みと関係なく継続させるための一手段と考えられる。そこで、本研究では、先行研究では欠けていた「商品価格」や「消費者と支援先コーズの関係」といった要素も含めてこの問題についてみていく。まずは、これらの要素を含まない場合についての仮説 1 を設定した。

▶**仮説 1**　寄付を売上と連動するか利益と連動するかにより購買意欲に違いがある。

　なお、純利益（net proceeds）と利益（proceeds）の間の予想寄付額の違いがみられないことは Pracejus ら[94] で確認されている。

②曖昧表記について

　寄付表記には、「価格（売上）の1%」といった計算可能な表記と、過去の実績から予測可能な「利益の1%」という表記に加え、「売上や利益の一部」といった全く予測不可能な表記が見受けられる。Pracejus ら[95] では、価格（売上）の一定割合という表記法を「計算可能表記（calculable formats）」、利益の一定割合という表記法を「予測可能表記（estimable formats）」、利益の一部という表記法を「曖昧表記（abstract formats）」と呼び、これらの表記法がそれぞれどの程度用いられているかを調べたうえで、その表記法がもたらす影響を検証している。3,414 件の CRM に関するウェブ・サイト上の寄付表記を調べた結果、69.92% が曖昧表記を用い、予測可能表記は 25.63%、計算可能表記はわずか 4.45% に過ぎないとしている。そして、「かなりの部分（a substantial portion）」と表記した場合と、「一部（a portion）」と表記した場合の被験者の寄付予想額の違いを検証し、「かなりの部分」と表記した場合は 9.8% 相当額の寄付がなされ、「一部」と表記した場合は 4.79% 相当額の寄付がなされると捉えているという結果を導出している。

　Pracejus ら[96] では、「かなりの部分」と「一部」と表記された場合の違いをみるために、被験者にそれぞれの表記から予測される寄付率や寄付額を尋ねている。しかし、被験者に直接、予想寄付率や予想寄付額を尋ねても、具体的に数値で回答することは難しいであろう。そこで、本研究では、「売上の一部」という曖昧表記の場合の購買意欲と、10,000 円の商品に対する具体的な寄付額を提示した場合の購買意欲が等しいという仮説 2 がどの程度の寄付率まで棄却できるかをみることにより、曖昧表記の捉えられ方を検証する。

▶ **仮説 2**　曖昧表記と絶対額表記をした場合の購買意欲に違いはない。

③寄付の多寡について

　寄付の多寡も CRM の成否を評価する際の重要な要因となる。前述のように、Dahl ら[97] では、CRM による寄付が低額の場合、企業はコーズを利用しているという印象を与えるとの結果を導出している。

Pracejus ら[98] では、売上に対して 0％、1％、5％、10％ という 4 種類の寄付のレベルを設定し、分析を行った結果、寄付の多寡が消費者の選択にかなりの影響を及ぼしているという結果を導出している。

　さらに、Olsen ら[99] では、「売上の 1％」と「売上の 10％」と「利益の 1％」と「利益の 10％」の 4 種類の広告を用意し、それらのうち 1 つの広告を見た被験者に「広告に対する態度」と「広告主に対する態度」と「購買意欲」について尋ねた。その結果、いずれに対しても、10％ の広告を見た被験者の方が、1％ の広告を見た被験者よりも高い評価をあたえている。

　これらの寄付率の多寡による CRM 効果に関する先行研究においては、寄付率の多寡が消費者の選択に影響をあたえるという結果を導出している。そのなかで、Olsen ら[100] は売上と利益の両方に連動させた場合について被験者に尋ねているが、分析する際には売上と利益の結果を統合し、10％ の場合と 1％ の場合に分け、分析を行っている。そこで、本研究では売上と連動した場合（仮説 3）と利益と連動した場合（仮説 4）に分けて寄付率の変化が購買意欲へあたえる影響について検証していく。さらに、先行研究では、10％ の寄付までの分析を行っているが、本研究ではさらに高い、20％ の寄付も含めた分析を行っていく。

▶**仮説 3**　売上に対する寄付率の高低により購買意欲に違いがある。
▶**仮説 4**　利益に対する寄付率の高低により購買意欲に違いがある。

　寄付率を売上と連動させると、商品を 1 つ売り上げるごとの寄付額を算出することができる。そのため、結果的には絶対額を表示することと同じになる。そこで、実際に絶対額を提示した場合のその多寡が購買意欲へあたえる影響について検証するため、仮説 5 を設定した。

▶**仮説 5**　寄付の絶対額の多寡により購買意欲に違いがある。

④パーセント表記と絶対額表記について
　寄付額を表す際に、パーセント表記を用いるか、絶対額表記を用いるかの選択も問題となる。Fiske[101] では、ビデオテープの広告上で、「1 本買うごと

に1ドル」という寄付方式の場合と、それと同額になる「収入（20ドルの商品）の5%」という寄付方式の場合とを被験者に示し、ブランドに対する態度の違いを検証している。そして、両者のあいだに違いはみられず、パーセント表記と絶対額表記による違いがないという結果を導出している。同稿では、商品価格と寄付率については1種類の組み合わせのみについて検証している。しかし、次に取りあげる商品価格や、前述の寄付率の高低によっても異なる結果が出る可能性がある。そこで、本研究では仮説6において、それらの要素も加えて検証していく。

▶ **仮説6** 同額寄付であればパーセント表記と絶対額表記とのあいだに購買意欲に違いはない。

⑤商品価格と寄付表記について

　次に、「商品価格による違い」を加味して、寄付表記が与える影響をみていく。Grauら[102]では定性調査を行い、「1つ売れるごとにいくら寄付するかは商品価格によって決定されるべきだと思うか」という質問に対して、65%の被験者が商品価格は重要と回答し、24%が商品価格は重要でないと回答している。残りの11%は中立的な回答をしている。

　Holmesら[103]では、被験者に、架空のミュージック・ストアのチラシを用意した。そこには、一定額の寄付がCD、カセットテープ、レコードアルバムのいずれかの商品を1枚購入するごとに、被験者が選んだチャリティーへ寄付されるというメッセージが印刷されている。チラシには、CD、カセットテープ、レコードアルバムの価格も提示されている。その価格は、それぞれ「13.79ドル、8.79ドル、8.79ドル」、「14.29ドル、9.29ドル、9.29ドル」、「14.79ドル、9.79ドル、9.79ドル」の3種類の組み合わせのうちいずれかになっており、寄付の「0ドル、0.5ドル、1ドル」の3つのレベルとの組み合わせで9通りのチラシが用意され、そのうち1枚を被験者に提示している。ここでは、商品価格が異なるのにもかかわらず、寄付額は一定になっているため、比較的高額なCDの場合の寄付率は、その他の商品の寄付率よりも低いことになる。この調

査の結果、商品価格が低くなるほど（寄付率が高くなるため）チラシを見た被験者の態度や行動に影響するという仮説は否定されている。

このように、Grau ら[104] では商品価格の影響を肯定しているのに対して、Holmes ら[105] ではその影響が否定されている。これらの相反する結果を受けて、本研究では、Holmes ら[106] において、寄付額を一定としたため、寄付率でみると低額商品の寄付率の方が高額商品の寄付率よりも高くなっていた点に着目した。そこで、寄付率を一定にし、純粋に商品価格が及ぼす影響について検証するため、仮説 7 を設定した。

▶**仮説7**　寄付率が同じ商品においては商品価格により購買意欲に違いはない。

さらに、この商品価格が前述の寄付表記の問題との関係でどのような影響を及ぼすかを検証するため、仮説 8 を設定した。

▶**仮説8**　商品価格のいかんを問わず、寄付を売上と利益のどちらと連動させるかによる購買意欲に違いはない。

⑤「消費者と支援先コーズの関係」と寄付表記について

次に「消費者と支援先コーズの関係」を加味して、寄付表記があたえる影響をみていく。「消費者と支援先コーズの関係」が、「CRM を通した消費者の態度形成に影響を与える」としている研究[107] と、「CRM を通した消費者の購買意欲へ影響を与える」としている研究[108] が多くある一方で、Lafferty ら[109] とFiske[110] では、「消費者と支援先コーズの関係」が CRM を通した消費者の態度や購買意欲へ及ぼす影響が否定されている。

また、筆者が行った研究[111] では、「消費者と支援先コーズの関係」がサンプリング促進作用へ影響を及ぼすとしている。

本書では、これらの先行研究が取り上げていない寄付率によって、支援先コーズや「消費者と支援先コーズの関係」が及ぼす影響に違いがあるかを検証するため、仮説 9 と仮説 10 を設定した。

▶**仮説 9** 寄付率のいかんを問わず、支援先コースにより購買意欲に違いがある。

▶**仮説 10** 寄付率のいかんを問わず、支援先コースにおける「消費者と支援先コースの関係」により購買意欲に違いがある。

さらに、この「消費者と支援先コースの関係」が前述の売上と利益のどちらと連動させるかの問題との関係でどのような影響を及ぼすかを検証するため仮説 11 を設定した。

▶**仮説 11** 寄付を売上と利益のどちらと連動させるかによる購買意欲は支援先コースにより違いがある。

(2) 調査の概要

以上の仮説を検証すべく、2007 年 9 月から 10 月にかけて 2 種類の調査を行った。**調査 1** では主に支援先コースによる違いをみるべく質問を設定し、**調査 2** では主に商品価格による違いをみるべく質問を設定した。

【**調査 1**】　　筆者が北海道の大学生を対象に行った研究[112] において支援先コースの 1 つとして、被験者に提示した「YOSAKOI ソーラン祭り」は、札幌の初夏を彩る風物詩として定着している。そして、その祭りという性格上、それに肯定的な被験者と否定的な被験者の温度差が激しいため、「消費者と支援先コースの関係」が与える影響を調べるのに適していた。しかし、本調査は東京の大学生 241 名を対象として行った。そのため、北海道の祭りである「YOSAKOI ソーラン祭り」を支援先コースとして被験者に提示することはできなかった。そこで、被験者すべてが認知している祭りに関するコースとして、錦祭（被験者が所属する東京電機大学の学園祭）実行委員会を支援先コースとして提示した。なお、調査対象において、19 歳から 22 歳の被験者が全体の 88.1% を占めた（欠損値 5）。

また、比較対象としては、筆者の行った調査[113] の結果、支援先として最もふさわしいと考えられている環境問題に関するコースとして環境保護団体と、最も支持が少なかった麻薬問題に関するコースとして麻薬撲滅運動団体を支援先コースとして提示した。

そして、「売上の 20%」、「売上の 10%」、「売上の 1%」、「利益の 20%」、「利益の 10%」、「利益の 1%」をそれぞれ前述の 3 つのコーズへ寄付した場合の購買意欲を 5 段階リッカート法を用いて、回答してもらった（購買意欲が増すことに同意する = 1、どちらかといえば同意する = 2、どちらともいえない = 3、どちらかといえば同意しない = 4、同意しない = 5）。

　同時に、消費者と支援先コーズの関係が与える影響を調べるべく、それぞれのコーズに対する関心の有無についても被験者に尋ねた。

【調査 2】　　調査 2 は東京の大学生 185 名を対象とし、19 歳から 22 歳の被験者が、全体の 87.9% を占めた（欠損値 3）。調査 1 では商品の価格を特に提示しなかったのに対し、調査 2 では、100 円の低額商品と、10,000 円の高額商品の 2 通りの場合について尋ねた。また、「売上の一部」という曖昧表記を用いた場合の購買意欲も尋ねた。そして、その曖昧表記の影響やパーセント表記の影響を調べるための比較対象として、寄付を絶対額表記したときの購買意欲についても尋ねた。具体的に、10,000 円の商品に対して 1 円、5 円、10 円、50 円、100 円、1,000 円、2,000 円の各寄付がなされた場合の購買意欲を尋ねた。こちらの調査においても、調査 1 と同内容の 5 段階リッカート法による選択肢を提示した。

（3）結　果

　図表 6-16 は調査 1 において、売上と利益に連動してそれぞれ同率の寄付が環境保護団体へなされる場合の結果を並べて表記したものである。寄付が同率と

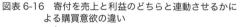

図表 6-16　寄付を売上と利益のどちらと連動させるかによる購買意欲の違い

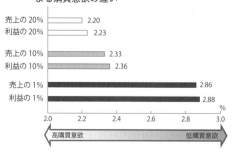

なっている「売上の 20%」と「利益の 20%」、「売上の 10%」と「利益の 10%」、「売上の 1%」と「利益の 1%」の組み合わせについて、購買意欲の違いを対応のある t 検定を行った結果が図表 6-17 である。すべての寄付率において、寄付を売

図表6-17　寄付を売上と利益のどちらと連動させるかによる購買意欲の違いの対応のあるt検定

寄付率	n	Mean ± SD		検定統計量	P-value
		売上と連動	利益と連動		
20%	240	2.20 ± 1.036	2.23 ± 1.052	t=0.611	n.s.
10%	240	2.33 ± 1.032	2.36 ± 1.030	t=0.780	n.s.
1%	238	2.86 ± 1.077	2.88 ± 1.084	t=0.556	n.s.

n.s. 有意差なし

上と連動した場合と利益と連動した場合に有意差はみられなかった。したがって「寄付を売上と連動するか利益と連動するかにより購買意欲に違いがある」という仮説1は棄却されたことになる。

図表6-18は、調査2の10,000円の商品に対して、1円から2,000円までの様々な寄付がなされた場合の購買意欲を表したものである。2,000円を寄付したときの購買意欲

図表6-18　寄付額を明記した場合と曖昧表記した場合の購買意欲の違い

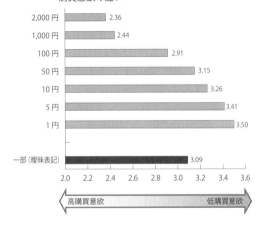

図表6-19　寄付額を明記した場合と曖昧表記した場合の購買意欲の違いの対応のあるt検定

表記する寄付額	n	Mean ± SD		検定統計量	P-value
		寄付額を表記	売上の一部と表記（曖昧表記）		
2,000円	185	2.36 ± 1.291	3.09 ± 1.105	t=7.665	**
1,000円	185	2.44 ± 1.206	3.09 ± 1.105	t=7.993	**
100円	184	2.91 ± 1.125	3.10 ± 1.097	t=3.034	**
50円	185	3.15 ± 1.132	3.09 ± 1.105	t=1.105	n.s.
10円	182	3.26 ± 1.150	3.08 ± 1.102	t=2.531	*
5円	181	3.41 ± 1.130	3.08 ± 1.105	t=4.588	**
1円	184	3.50 ± 1.187	3.08 ± 1.099	t=5.815	**

**P<0.01 *P<0.05 n.s. 有意差なし

が 2.36 と一番高く、1 円を寄付したときの購買意欲が 3.50 と一番低くなっている。また、「売上の一部」という曖昧表記がなされた場合の購買意欲は 3.09 となっている。この曖昧表記をした際の購買意欲と、1 円から 2,000 円までの各寄付額における購買意欲を対応のある t 検定を行った結果が図表 6-19 である。50 円の場合を除き、曖昧表記した場合と絶対額表記した場合の購買意欲に有意差がある。したがって、50 円以外では、「曖昧表記と絶対額表記をした場合の購買意欲に違いはない」という仮説 2 は棄却されたことになる。この結果から、「売上の一部」と表記した場合、10,000 円の商品に対して、10 円の寄付よりは、購買意欲がわくが、100 円の寄付よりは、購買意欲がわかないということになる。これを、寄付率に直すと、10 円の寄付は売上の 0.1% となり、100 円の寄付は売上の 1% になる。このことから、「売上の一部」と表記した場合の購買意欲は、売上の 0.1% を寄付した場合よりは高く、売上の 1% を寄付した場合よりは低いという結果になった。

　次に、図表 6-16 の売上と連動した部分だけをみると、購買意欲は寄付率が 20% のときに 2.20、10% のときに 2.33、1% のときに 2.86 となっている。この売上に対する寄付率による購買意欲の違いの一元配置の分散分析を行うと、危険率 1% 水準で有意差がみられた（F（1.470, 349.976）=57.051, p<0.01）。したがって、売上に対する寄付率の違いが購買意欲へ影響していることになり、「売上に対する寄付率の高低により購買意欲に違いがある」という仮説 3 は支持されたことになる。なお、Bonferroni 法を用いた多重比較によるとすべての寄付率間で有意差（p<0.05）がみられた。

　同様に、図表 6-16 の利益と連動した部分だけをみると、購買意欲は寄付率が 20% のときに 2.23、10% のときに 2.36、1% のときに 2.88 となっている。この利益に対する寄付率による購買意欲の違いの一元配置の分散分析を行うと、危険率 1% 水準で有意差がみられた（F（1.451, 346.901）=60.752, p<0.01）。したがって、利益に対する寄付率の違いが購買意欲へ影響していることになり、「利益に対する寄付率の高低により購買意欲に違いがある」という仮説 4 は支持されたことになる。なお、Bonferroni 法を用いた多重比較によるとすべての寄付

率間で有意差（p<0.05）がみられた。

　寄付の絶対額の多寡による購買意欲の違いを、グラフで表した図表6-18において、「売上の一部」という曖昧表記を除いた残りの、1円から2,000円までの7段階において、寄付の絶対額の高低による購買意欲の違いの一元配置の分散分析を行うと、危険率1%水準で有意差がみられた（F(2.039, 358.893)=73.868, p<0.01）。したがって、寄付の絶対額の多寡が購買意欲へ影響していることになり、「寄付の絶対額の多寡により購買意欲に違いがある」という仮説5は支持されたことになる。なお、Bonferroni法を用いた多重比較によると「1,000円と2,000円間」と「10円と50円間」を除くすべての寄付額間で有意差（p<0.05）がみられた。

　次に、図表6-20は調査2において、絶対額表記とパーセント表記と表記法に違いがあるものの、寄付額が同額となる組み合わせを2つずつ並べたものである。同額となるのは、図表6-20の上から「10,000円の20%」と「2,000円」、「10,000円の10%」と「1,000円」、「10,000円の1%」

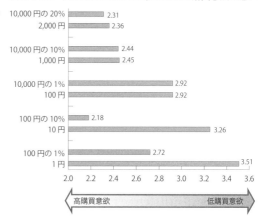

図表6-20　同額寄付における表記法による購買意欲の違い

10,000円の20%	2.31
2,000円	2.36
10,000円の10%	2.44
1,000円	2.45
10,000円の1%	2.92
100円	2.92
100円の10%	2.18
10円	3.26
100円の1%	2.72
1円	3.51

2.0　2.2　2.4　2.6　2.8　3.0　3.2　3.4　3.6

高購買意欲　　　　低購買意欲

図表6-21　表記法が異なる同額の寄付が購買意欲へ与える影響の対応のあるt検定

	n	Mean ± SD		検定統計量	P-value
		パーセント表記	寄付額をそのまま表記		
「10,000円の20%」と2000円	183	2.31 ± 1.278	2.36 ± 1.293	t=0.752	n.s.
「10,000万円の10%」と1000円	183	2.44 ± 1.193	2.45 ± 1.207	t=0.187	n.s.
「10,000円の1%」と100円	181	2.92 ± 1.138	2.92 ± 1.128	t=0.000	n.s.
「100円の10%」と10円	182	2.18 ± 1.063	3.26 ± 1.150	t=10.926	**
「100円の1%」と1円	183	2.72 ± 1.131	3.51 ± 1.176	t=8.238	**

**P<0.01　　n.s. 有意差なし

と「100円」、「100円の10%」と「10円」、「100円の1%」と「1円」という組み合わせである。これらの組み合わせにおける購買意欲の差をみるため対応のあるt検定を行った結果が図表6-21である。10,000円の商品の場合は、寄付率のいかんを問わず、両表記のあいだに有意差はみられなかった。しかし、100円の商品の場合、10%の寄付の場合も1%の寄付の場合も共に、危険率1%の水準でパーセント表記の方が、絶対額表記よりも購買意欲が高くなっている。したがって、「同額寄付であればパーセント表記と絶対額表記とのあいだに購買意欲に違いはない」という仮説6は10,000円の商品の場合は支持されたが、100円の商品の場合は棄却されたことになる。この結果から、低額商品においては、寄付をパーセント表記した方が絶対額表記するよりも、購買意欲を喚起するということになる。

　図表6-22は、調査2において寄付の割合は同率であるが、商品価格が異なる組み合わせを2つずつ並べたものである。具体的には、「100円の20%」と「10,000円の20%」、「100円の10%」と「10,000円の10%」、「100円の1%」と「10,000円の1%」という組み合わせになっている。これらの組み合わせにおける購

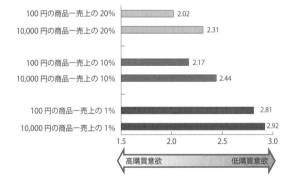

図表6-22　寄付率が同じ商品における商品価格による購買意欲の違い

図表6-23　寄付率が同じ商品における商品価格による購買意欲の違いの対応のあるt検定

寄付率	n	Mean ± SD		検定統計量	P-value
		100円の商品	10,000円の商品		
20%	183	2.02 ± 1.112	2.31 ± 1.278	t=3.788	**
10%	183	2.17 ± 1.060	2.44 ± 1.193	t=3.515	**
1%	182	2.81 ± 1.107	2.92 ± 1.134	t=1.425	n.s.

**P<0.01　　n.s. 有意差なし

買意欲の違いを対応のある t 検定したものが、図表 6-23 である。ここでは寄付率が 10% の場合と 20% の場合、100 円の商品の購買意欲が 10,000 円の商品の購買意欲を危険率 1% 水準で上回っている。一方、寄付率 1% の場合は、両者間に有意差はみられなかった。この結果から、寄付率 1% の低寄付率の場合、「寄付率が同じ商品においては商品価格により購買意欲に違いはない」という仮説 7 は支持されたが、寄付率 10% と寄付率 20% の高寄付率の場合において仮説 7 は棄却されたことになる。つまり、寄付率が高率な場合は高額商品よりも低額商品において、CRM が購買意欲に与える効果が高いということになる。

仮説 1 で検証した売上と利益のどちらと連動させるかによる購買意欲の違いに、商品価格の違いという要素を加えたものが図表 6-24 である。これは、100 円と 10,000 円という 2 種類の価格帯の商品において、それぞれ20%、10%、1% という3 段階の寄付をした場合

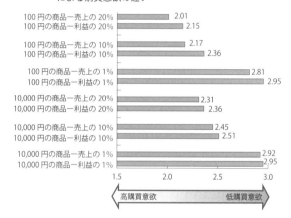

図表 6-24 商品価格ごとの売上と利益のどちらと連動させるかによる購買意欲の違い

図表 6-25 商品価格ごとの売上と利益のどちらと連動させるかによる購買意欲の違いの対応のある t 検定

商品金額	寄付率	n	Mean ± SD		検定統計量	P-value
			売上と連動	利益と連動		
100 円	20%	185	2.01 ± 1.108	2.15 ± 1.063	t=2.670	**
100 円	10%	185	2.17 ± 1.054	2.36 ± 1.060	t=3.672	**
100 円	1%	185	2.81 ± 1.099	2.95 ± 1.097	t=3.126	**
10,000 円	20%	182	2.31 ± 1.280	2.36 ± 1.225	t=1.117	n.s.
10,000 円	10%	182	2.45 ± 1.191	2.51 ± 1.160	t=1.347	n.s.
10,000 円	1%	181	2.92 ± 1.138	2.95 ± 1.112	t=0.744	n.s.

**P<0.01　n.s. 有意差なし

の売上と利益のどちらと連動させるかによる購買意欲の違いを示したものである。この違いを対応のある t 検定したものが、図表 6-25 である。100 円という低額商品の場合は、いずれの寄付率においても、危険率 1% の水準で、売上と連動させた方が利益と連動させるよりも、購買意欲が高くなっている。一方、10,000 円の商品の場合は、いずれの寄付率においても、売上と連動させた場合と利益と連動させた場合とで、有意差はみられなかった。したがって、100 円の商品のときに、売上と連動させた場合と利益と連動させた場合の購買意欲に有意差があったことから、「商品価格のいかんを問わず、寄付を売上と利益のどちらと連動させるかによる購買意欲に違いはない」という仮説 8 は棄却されたことになる。

　図 6-26 は調査 1 の売上に対する 20%、10%、1% の各寄付率における支援先コーズによる購買意欲の違いを示したものである。それぞれの寄付率において支援先コーズによる購買意欲の違いが有意であるか、一元配置の分散分析を行った結果、すべて危険率 1% 水準で有意となった（寄付率 1% の場合：F (1.797, 424.123) =57.021, p<0.01、寄付率 10% の場合：F (1.774,424.046) =156.657, p<0.01、寄付率 20% の場合：F (1.815, 433.804) =161.622, p<0.01）。この結果から、「寄付率のいかんを問わず、支援先コーズにより購買意欲に違いがある」という仮説 9 は支持されたことになる。なお、Bonferroni 法を用いた多重比較によると、寄付率が 10% と 20% の場合、すべてのコーズ間で有意差（p<0.05）がみられ、寄付率が 1% の場合は「学園祭実行委員会と環境保護団体」および「学園祭実行委員会と麻薬撲滅運動団体」のあいだに有意差（p<0.05）がみられたが、「環

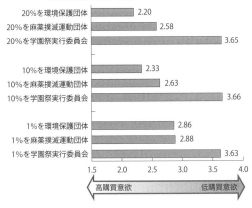

図表 6-26　売上に対する各寄付率における支援先コーズによる購買意欲の違い

境保護団体と麻薬撲滅運動団体」のあいだには有意差はみられなかった。

図表 6-27 は調査 1 の売上と連動して環境保護団体へ寄付した場合の、環境問題に関心がある被験者(n=219) と、関心がない被験者(n=22) のあいだの購買意欲の違いを示したものである。これを対応のない t 検定を行った結果、すべての寄付率において有意差があった(20%：t=3.750, df=22.996, p<0.01、10%：t=3.439, df=22.985, p<0.01、1%：t=3.432, df=237, p<0.01)。したがって、環境保護団体に関して「寄付率のいかんを問わず、支援先コーズにおける『消費者と支援先コーズの関係』により購

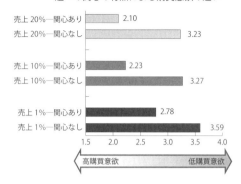

図表 6-27　環境保護団体へ寄付した場合の環境問題への関心の有無による購買意欲の違い

売上 20%—関心あり　2.10
売上 20%—関心なし　3.23

売上 10%—関心あり　2.23
売上 10%—関心なし　3.27

売上 1%—関心あり　2.78
売上 1%—関心なし　3.59

高購買意欲　　　　低購買意欲

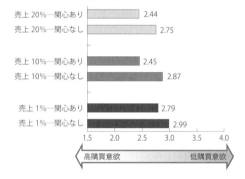

図表 6-28　麻薬撲滅運動団体へ寄付した場合の麻薬問題への関心の有無による購買意欲の違い

売上 20%—関心あり　2.44
売上 20%—関心なし　2.75

売上 10%—関心あり　2.45
売上 10%—関心なし　2.87

売上 1%—関心あり　2.79
売上 1%—関心なし　2.99

高購買意欲　　　　低購買意欲

買意欲に違いがある」という仮説 10 は支持されたことになる。

図表 6-28 は調査 1 の売上と連動して麻薬撲滅運動団体へ寄付した場合の、麻薬問題に関心がある被験者(n=135) と、関心がない被験者(n=104) のあいだの購買意欲の違いを示したものである。これを対応のない t 検定を行った結果、売上の 20% を寄付した場合と 10% を寄付した場合に有意差があった(20%：t=2.093, df=237, p<0.05、10%：t=2.929, df=237, p<0.01)。一方、寄付率が 1% の場合は両者間に有意差はみられなかった(1%：t=1.514, df=237, n.s.)。したがって、麻薬撲滅運動団体に関しては、寄付率 1% の場合に支援先コーズに対する関心の有無による購買意欲に有意差が認められなかったことになり、「寄付率のいか

んを問わず、支援先コーズにおける『消費者と支援先コーズの関係』により購買意欲に違いがある」という仮説 10 は棄却されたことになる。

図表 6-29 は調査 1 の売上と連動して学園祭実行委員会へ寄付した場合の、学園祭に関心がある被験者(n=105) と、関心がない被験者(n=132) のあいだの購買意欲の違いを示したものである。これを対応のない t 検定を行った結果、すべての寄付率において有意差があった (20%：t=4.126, df=199.087, p<0.01、10%：t=4.523, df=196.271, p<0.01、1%：t=4.429, df=234, p<0.01)。したがって、学園祭実行委員会に関して「寄付率のいかんを問わず、支援先コーズにおける『消費者と支援先コーズの関係』により購買意欲に違いがある」という仮説 10 は支持されたことになる。

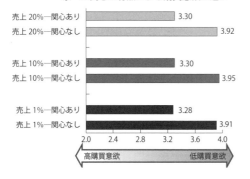

図表 6-29　学園祭実行委員会へ寄付した場合の学園
祭への関心の有無による購買意欲の違い

調査 1 の麻薬撲滅運動団体と学園祭実行委員会に対する寄付を売上と利益のどちらと連動させるかによる購買意欲の違いを対応のある t 検定し、その結果を、支援先コーズごとにまとめたものが図表 6-30 である。麻薬撲滅運動団体と学園祭実行委員会に関して、どの寄付率にお

図表 6-30　支援先コーズごとの寄付を売上と利益のどちらと連動させるかによる購買意欲の違い
の対応のある t 検定

支援先コーズ	寄付率	n	Mean ± SD		検定統計量	P-value
			売上と連動	利益と連動		
麻薬撲滅運動団体	20%	240	2.58 ± 1.125	2.58 ± 1.150	t=0.118	n.s.
	10%	239	2.64 ± 1.099	2.68 ± 1.138	t=1.232	n.s.
	1%	240	2.88 ± 1.039	2.91 ± 1.047	t=0.894	n.s.
学園祭実行委員会	20%	240	3.65 ± 1.177	3.66 ± 1.185	t=0.632	n.s.
	10%	240	3.66 ± 1.131	3.68 ± 1.162	t=0.383	n.s.
	1%	239	3.63 ± 1.130	3.69 ± 1.128	t=1.952	n.s.

n.s. 有意差なし

いても、売上と利益のあいだで有意差はみられなかった。前述の図表6-17の環境保護団体への寄付を行った場合も同様に、売上と連動させた場合と利益と連動させた場合に有意差がみられなかった。これらの図表6-17と図表6-30の結果から、「寄付を売上と利益のどちらと連動させるかによる購買意欲は支援先コーズにより違いがある」という仮説11は棄却されたことになる。

（4）考　察
　前述の結果を考察し、そこから導かれるCRMの寄付表記における留意点に言及していく。

①寄付を売上と連動させた場合と利益と連動させた場合
　「寄付を売上と連動するか利益と連動するかにより購買意欲に違いがある」という仮説1が棄却されたことにより、商品価格を提示しない場合、日本においても、売上と利益を同額と捉えるPEP効果が確認されたことになる。
　一方、これに、商品価格という要素を加えた仮説8では、低額商品においては、20%、10%、1%のすべての寄付率において、売上と利益のどちらと連動させるかによって、有意差がみられたのに対し、高額商品ではすべての寄付率において有意差がみられなかった。この結果から、低額商品に関しては、寄付を売上の代わりに利益と連動させると購買意欲が低下したが、高額商品に関しては、寄付を売上の代わりに利益と連動させても購買意欲へ影響がないことになる。つまり、高額商品においてはPEP効果が確認されたことから、寄付を売上と連動させるよりも、利益と連動させた方が、効果的ということになる。
　日本銀行の統計[114]によると、2011年の売上高経常利益率の全産業の平均は3.42%となっている。この平均的水準の企業の場合、「売上の1%」の寄付は「利益の29.2%（1/3.42）の寄付」と同額ということになる。そのため、この平均的利益水準の企業が、「売上の1%の寄付」という表記から、同額を寄付することになる「利益の29.2%の寄付」という表記に変更した場合、高額商品においては、PEP効果により、「売上の29.2%の寄付」と表記した場合と同等の購買意欲を喚起することになる。

また、「利益の29.2%」という寄付率は、本調査で被験者に提示した「利益の20%」よりも、高率の寄付ということになる。そこで、PEP効果がみられなかった低額商品（100円の商品）において、「売上の1％」を寄付した場合の購買意欲と、「利益の20%」を寄付した場合の購買意欲を比較するとそれぞれ、2.81と2.15となっている。この違いを対応のあるt検定を行った結果、危険率1%水準で有意となった。そして、「利益の29.2%」の寄付をすればこの差はさらに広がることになるため、平均的利益水準の企業であれば、同額の寄付をするのであれば、低額商品においても、寄付を利益との割合で表記した方が、売上との割合で表記するよりも、購買意欲を喚起することになる。

②曖昧表記について

　仮説2の検証結果から、「売上の一部」という曖昧表記は0.1%よりは多く1%よりは少ない寄付と同程度の購買意欲を喚起しているということが判明した。そのため、1%以上の寄付がなされるのであれば、曖昧表記は避けた方が良いことになる。Pracejusら[115]が行ったウェブ・サイト上のCRM表記に関する調査における寄付率の中央値は10%であったことを考慮すると、多くの場合、曖昧表記は避けた方が良いということになろう。

③寄付の多寡について

　仮説3の検証結果から売上と連動した場合、仮説4の検証結果から利益と連動した場合、共に寄付率の高低により購買意欲に有意差がみられた。また、仮説5の検証結果から寄付の絶対額に関しても高低により購買意欲に有意差がみられた。これらの結果から、寄付率や絶対額の高低が購買意欲に影響をもたらすことが明らかになった。

　したがって、購買意欲を高めるためには、寄付率を高めた方が良いということになる。しかし、実際には、企業は販売促進費を、寄付に充当するか値引きに充当するかという判断を迫られることになる。その際、参考になるのがStrahilevitz[116]の研究である。同稿では、「価格の一定割合の寄付をした場合」と「その寄付と同額の値引きをした場合」の二者択一において、被験者の選択における寄付率の影響について調べている。寄付率5%と寄付率50%の組み

合わせと、寄付率1％と寄付率25％の組み合わせの2組について調べ、共に、寄付率が低い方が、値引きよりも寄付を選択するという結果を導出している。同稿の結果から、販売促進の原資が乏しい場合（低率の場合）、それを「値引き」よりも「寄付」にまわした方が有効ということになる。しかし、この「値引き」と「寄付」との選択に際し、寄付を売上と連動させるか、利益と連動させるかという要素を入れると、両者の選択はさらに複雑になる。前述のように高額商品では、寄付を売上と連動させても、利益と連動させても購買意欲に有意差はみられなかった。そこで、ここに寄付を「利益」と連動させることを選択肢に入れると、PEP効果が確認された高額商品においては、寄付がより高率の値引きと同等の購買意欲を喚起する効果が期待できる。そのため、企業が販売促進費を「値引き」から「寄付」へ振り分ける可能性が高まることになる。

④パーセント表記と絶対額表記について

　仮説6の結果から、パーセント表記と絶対額表記については、高額商品の場合は両者のあいだに差はみられなかったが、100円の低額商品の場合はパーセント表記の方が、絶対額表記よりも、購買意欲を喚起していることから、低額商品においては、絶対額表記ではなく、パーセント表記をした方が効果的ということになる。Fiske[117]では、両者のあいだに有意差は認められなかったが、提示した商品の価格が20ドルであったため、本調査の10,000円の高額商品と同じ結果になったと考えられる。そのため、低額商品に関する本研究の結果は、CRM研究における新たな知見と位置づけられよう。

⑤商品価格について

　仮説7の結果から、寄付率が20％や10％と比較的高率の場合、低額商品の方が高額商品よりも、購買意欲が高まることが判明した。このことから、CRMではある程度の寄付率を確保できるのであれば、高額商品よりも低額商品と連動させた方が有効であることになる。

⑥支援先コーズについて

　仮説9の結果から、20％、10％、1％のすべての寄付率において支援先コーズにより、購買意欲に有意差がみられた。この原因として考えられる「消費者と

支援先コーズの関係」が与える影響が、すべての寄付率においてみられるかを検証した仮説 10 は、環境保護団体と学園祭実行委員会においては支持された。麻薬撲滅運動団体に関しても寄付率 1% 以外ではその影響が確認された。

　さらに、支援先コーズに対して関心がない人が寄付率によって影響を受けるかを確認するため、環境問題に対して関心がないと回答した被験者(n=22) のみを抽出し、環境保護団体への売上に対する寄付率がそれぞれ、20%、10%、1% の場合の購買意欲についてみてみると、それぞれ、3.23、3.27、3.59 であった。この違いの一元配置の分散分析を行ったところ、有意差はみられなかった ($F_{(1.295, 27.192)}$ =1.629, n.s.)。そして、その比較対象として、環境問題に対して関心があると回答した被験者(n=219) のみを抽出し、環境保護団体への売上に対する寄付率がそれぞれ、20%、10%、1% の場合の購買意欲についてみてみると、それぞれ、2.09、2.23、2.78 であった。この違いの一元配置の分散分析を行ったところ、危険率 1% 水準で有意差がみられた ($F_{(1.487, 321.237)}$ =56.682, $p<0.01$)。これらの結果から、支援先コーズに対する関心の有無によって、寄付率の多寡の影響が変わってくることがわかる。つまり、支援先コーズに関心がある人に対しては寄付率の高低が購買意欲へ影響するが、関心がない人に対しては寄付率の高低は、購買意欲へ影響をあたえないことになる。

（5）要約と意義・課題

　先行研究を踏まえた本研究の CRM の実証研究における意義としては、寄付表記の問題に、新たに「商品価格の違い」や「消費者と支援先コーズとの関係」という要素を加えて検証したことにより、以下のような点を指摘できたことをあげておきたい。

　本研究では、まず、寄付を売上と連動させた場合と、利益と連動させた場合の購買意欲については、低額商品において、両者のあいだに有意差がみられた。一方、高額商品に関しては、寄付を売上の代わりに利益と連動させても購買意欲へ影響がない PEP 効果が確認されたことから、寄付を売上と連動させるよりも、利益と連動させた方が、効果的ということになる。

この結果を先行研究と比較すると、Olsen ら[118] では、売上と利益のどちらと連動させるかによって有意差がみられなかった。同稿では、149.96 ドルという高額商品のみを被験者に提示しており、これは本研究の 10,000 円の高額商品の結果と一致している。そのため、100 円の低額商品に関する本研究の結果は、CRM 研究における新たな知見と位置づけられよう。

　また、日本企業の平均利益率を鑑みると、低額商品においても、寄付を売上との割合で表記するよりも、利益との割合で表記した方が、より効果的であるということが指摘できた。

　さらに、低額商品においては、絶対額表記よりもパーセント表記の方が、購買意欲を喚起することが確認できた。また、「売上の一部」といった曖昧表記は顧客の購買意欲を喚起するという観点からは、多くの場合避けた方が良いということも指摘できた。さらに、CRM は 10% や 20% といった高率の寄付が可能な場合は、高額商品よりも低額商品で、有効であることが判明した。また、環境保護団体や学園祭実行委員会といったコーズにおいては、支援先コーズに対する関心の有無が、寄付率のいかんを問わず購買意欲へ影響をあたえることがわかった。

　最後に本研究の結果を踏まえた今後の研究課題をあげておきたい。本研究では寄付を利益と連動させた場合の短期的な効果についてみてきた。実際に、寄付を利益と連動した際に、利益があがらなければ、寄付がなされないことになる。その場合、実際には寄付がなされないのにもかかわらず、あたかも寄付がなされるような印象をあたえる危惧がある。その反倫理的側面が、長期的には、企業の印象にどのような影響を及ぼすかを考慮し、利益と連動した寄付を約束し、赤字になった際のルール作り等の対応策について検討する必要がある。

　また、本稿執筆時[119] に、調査 2 において、同一の被験者に対して 1 円から2,000 円までの 7 段階の寄付をした場合について尋ねたことによる誤差が生じた可能性があるため、それぞれを異なる被験者に尋ねた調査も実施する必要があるという課題をあげたが、その後の研究[120] において実施した。

<注>
(1) この節は以下の論文を加筆修正したものである。

　　世良耕一（1998）「コーズ・リレイテッド・マーケティングの概念と日本における必要性
　～フィランソロピーと併存する『社会貢献を行う際の選択肢として』～」『函大商学論究』
　（函館大学）第 31 輯第 1 号、pp.79-99。

　　世良耕一（2002）「コーズ・リレイテッド・マーケティングを通した消費者とのマーケティング
　・コミュニケーションに関する一考察」『函大商学論究』（函館大学）第 34 輯第 2 号、pp.45-71。

　　世良耕一（2004a）「コーズ・リレイテッド・マーケティング評価に影響を与える要因に関す
　る一考察～『消費者とコーズの関係』からのアプローチ～」『広告科学』（日本広告学会）第
　45 集、pp.90-105。

　　世良耕一（2007a）「コーズ・リレイテッド・マーケティングのサンプリング促進効果に
　関する一考察～『消費者と支援先コーズの関係』を中心にして～」『広告科学』（日本広告
　学会）第 48 集、pp.66-79。

　　世良耕一（2008a）「コーズ・リレイテッド・マーケティングにおける寄付表記がもたらす
　影響に関する一考察」『広告科学』（日本広告学会）第 49 集、pp.46-61。

　　世良耕一（2009a）「コーズ・リレーテッド・マーケティングの懸賞における効果に関する
　一考察」『広告科学』（日本広告学会）第 50 集、pp.33-49。

　　世良耕一（2010a）「コーズ・リレーテッド・マーケティングにおける『正直なコミュニ
　ケーション』の必要性について」『日経広告研究所報』252 号、pp.27-34。

(2) Strahilevitz, Michael（2003）, "The Effects of Prior Impressions of a Firm's Ethics on the
Success of a Cause-Related Marketing Campaign: Do the Good Look Better While the Bad
Look Worse?", *Journal of Nonprofit & Public Sector Marketing*, Vol.11, Iss.1, pp.77-92.

(3) Lichtenstein, Donald R, Minette E Drumwright, and Bridgette M Braig（2004）, "The
Effect of Corporate Social Responsibility on Customer Donations to Corporate-Supported
Nonprofits," *Journal of Marketing*, Vol.68, Iss.4（October）, pp.16-32.

(4) Ross, John K., Mary Ann Stutts, and Larry Patterson（1991）, "Tactical Considerations
for the Effective Use of Cause-Related Marketing," *Journal of Applied Business Research*,
Vol. 7, Iss. 2, pp. 58-65. では、地域のコーズの方が全国的なコーズや国際コーズより
も、支持されているとしている。また、Vilela, Alexandra Magalhaes（2001）, "Factors
Contributing to Success for CRM Campaigns: Attitudes of Genders toward Different
Types of Causes and Corporations," Dissertation, Michigan State University. においても、
全国的な企業の場合、全国的なコーズより、地域のコーズを支援した方が、高い評価を
得ている。Grau, Stacy Landreth and Judith A. Garretson Folse（2007）, "Cause-Related
Marketing（CRM）: The Influence of Donation Proximity and Message-Framing Cues on
the Less-Involved Consumer," *Journal of Advertising*, Vol.36, Iss.4, pp.19-33. では、コーズに
対する関係が薄い人に関しては、地域のコーズの方が全国的なコーズよりも高い評価を獲
得している。

(5) Ross, John K., Larry T. Patterson, and Mary Ann Stutts（1992）, "Consumer Perceptions
of Organizations That Use Cause Related Marketing," *Journal of the Academy of Marketing
Science*, Vol.20 Iss.1, pp.93-97. では、地域のスペシャル・オリンピックを支援した場合よりも、
全国のスペシャル・オリンピックを支援した場合の方が、企業と支援先コーズに対する態度
に関する 6 つのすべての質問において、数値上は上回っているものの、統計上の有意差は認
められなかったとしている。Cui, Yanli, Elizabeth S. Trent, Pauline M. Sullivan, and Grace
N. Matiru（2003）, "Cause Related Marketing: How Generation Y Responds," *International*

Journal of Retail & Distribution Management, Vol.31, Iss.6, pp.310-320. においても、地域のコーズと全国のコーズによる CRM に対する評価に違いはみられなかった。

(6) Oppewal, Harmen, Andrew Alexander, and Pauline Sullivan (2006), "Consumer Perceptions of Corporate Social Responsibility in Town Shopping Centres and Their Influence on Shopping Evaluations," *Journal of Retailing and Consumer Services*, Vol.13, Iss.4, pp.261-274.

(7) Vanhamme, Joëlle, Adam Lindgreen, Jon Reast, and Nathalie van Popering (2012), "To Do Well by Doing Good: Improving Corporate Image Through Cause-Related Marketing," *Journal of Business Ethics*, Vol. 109, Iss. 3, pp.259-274.

(8) Vilela (2001), 前掲論文。

(9) Ellen, Pam Scholder, Lois A. Mohr, and Deborah J. Webb (2000), "Charitable Programs and Retailer: Do They Mix?" *Journal of Retailing*, Vol. 76, Iss.3, pp.393-406.

(10) Cui, Trent, Sullivan, and Matiru (2003), 前掲論文。

(11) Ross, Stutts, and Patterson (1991), 前掲論文および Ross, Patterson, and Stutts (1992), 前掲論文では、CRM 実施時に、女性の方が、男性よりも企業と支援先コーズに、好意的な態度をとるとしている。また、Cui, Trent, Sullivan, and Matiru (2003), 前掲論文では、女子学生の方が男子学生よりも、CRM に対して、肯定的な態度をとったとしている。さらに、Moosmayer, Dirk C. and Alexandre Fuljahn (2010), "Consumer Perceptions of Cause Related Marketing Campaigns," *Journal of Consumer Marketing*, Vol. 27, Iss. 6, pp.543-549. では、男性よりも、女性の方が、CRM 実施企業の行動に対して、肯定的に捉え、CRM 実施企業の商品に対する態度は良く、CRM キャンペーンに対する好感度は高いという調査結果を導出している。そして、性別が CRM に対する態度のみならず、購買行動にまで影響を及ぼすとしているのは、Cone (2007), *Research Report 2007 Cone Cause Evolution & Environmental Survey*, http://www.coneinc.com/stuff/contentmgr/files/0/a888 0735bb2e2e894a949830055ad559/files/2007_cause_evolution_survey.pdf. である。何を買うかを決める際、または、どこで買うかを決める際、企業の社会問題へのコミットメントを考慮するとしている割合は女性は 84％であるのに対し、男性は 75％であるとしている。

(12) Youn, Seounmi and Hyuksoo Kim (2008), "Antecedents of Consumer Attitudes toward Cause-Related Marketing," *Journal of Advertising Research*, Vol. 48, Iss. 1, pp.123-137.

(13) Webb, Deborah J. and Louis A. Mohr (1998), "A Typology of Consumer Responses to Cause-Related Marketing: From Skeptics to Socially Concerned," *Journal of Public Policy & Marketing*, Vol.17, Iss.2, (Fall), pp.226-238.

(14) Youn and Kim (2008), 前掲論文。

(15) Advertising Age (2003), "Cause Marketing: After Two Decades of Growth, The Billion Spending Mark is in Sight," *Advertising Age* (*Midwest Region Edition*), Jul. 28, p.2.

(16) Gupta, Shruti and Julie Pirsch (2006), "The Company-Cause-Customer Fit Decision in Cause-Related Marketing," *Journal of Consumer Marketing*, Vol.23, Iss.6, pp.314-326.

(17) Westberg, Kate and Nigel Pope (2005), "An Examination of Cause-Related Marketing in the Context of Brand Attitudes, Purchase Intention, Perceived Fit and Personal Values," *ANZMAC 2005, Proceedings*, pp.222-230.

(18) Lafferty, Barbara A., Ronald E. Goldsmith, and G. Tomas M. Hult (2004), "The Impact of the Alliance on the Partners: A Look at Cause-Brand Alliances," *Psychology & Marketing*, Vol.21, Iss.7, pp.509-531.

(19) Lafferty, Barbara A. (1999), "Assessing Cause-Brand Alliance Evaluations on

Subsequent Attitudes toward the Cause and Brand," Dissertation, The Florida State University College of Business.

(20) Thomas, Michael L. (2007), "Cause-Related Marketing Partnerships: An application of Associative Learning Theory Principles for Both Short and Long-Term Success for the Brand," Dissertation, Southern Illinois University Carbondale.

(21) Rifon, Nora J., Sejung Marina Choi, Carrie S. Trimble, and Hairong Li (2004), "Congruence Effects in Sponsorship: The Marketing Role of Sponsor Credibility and Consumer Attributions of Sponsor Motive," *Journal of Advertising*, Vol.33, Iss.1, pp.29-42.

(22) Landreth, Stacy (2002), "For A Good Cause: The Effects of Cause Importance, Cause Proximity, Congruency and Participation Effort on Consumers' Evaluations of Cause Related Marketing," Dissertation, Louisiana State University and Agricultural and Mechanical College.

(23) Hoek, Janet and Philip Gendall (2008), "An Analysis of Consumers' Responses to Cause Related Marketing," *Journal of Nonprofit & Public Sector Marketing*, Vol. 20, Iss. 2, pp.283-297.

(24) Lafferty, Barbara A. (2007), "The Relevance of Fit in a Cause-Brand Alliance When Consumers Evaluate Corporate Credibility," *Journal of Business Research*, Vol.60, Iss.5, pp.447-453.

(25) Zdravkovic, Srdan, Peter Magnusson, and Sarah M. Stanley (2010), "Dimensions of Fit Between a Brand and a Social Cause and Their Influence on Attitudes," *International Journal of Research in Marketing*, Vol. 27, Iss. 2, pp.151-160.

(26) Lafferty, Goldsmith, and Hult (2004), 前掲論文。

(27) Gupta and Pirsch (2006), 前掲論文。

(28) Barone, Michael J., Andrew T. Norman, and Anthony D. Miyazaki (2007), "Consumer Response to Retailer Use of Cause-Related Marketing: Is More Fit Better?," *Journal of Retailing*, Vol.83, Iss.4, pp.437-445.

(29) Trimble, Carrie S. and Nora J. Rifon (2006), "Consumer Perceptions of Compatibility in Cause-Related Marketing Messages," *International Journal of Nonprofit Voluntary Sector Marketing*, Vol.11, Iss.1, pp.29-47.

(30) Gupta and Pirsch (2006), 前掲論文。

(31) Nan, Xialoli and Kwangjun Heo (2007), "Consumer Responses to Corporate Social Responsibility (CSR) Initiatives: Examining the Role of Brand-Cause Fit in Cause-Related Marketing," *Journal of Advertising*, Vol.36, Iss.2, pp.63-74.

(32) Haas, Sarah M. and Peter Magnusson (2006), "Cause Marketing: Does Cause/Brand "Fit" Affect Brand Attitude," *AMA Summer Educators' Conference 2006*, Vol.17, pp.152-153.

(33) Broderick, Anne, Amandeep Jogi and Tony Garry (2003), "Tickled Pink: The Personal Meaning of Cause Related Marketing for Customers," *Journal of Marketing Management*, Vol.19, Iss.5/6, pp.583-610.

(34) Lafferty (1999), 前掲論文。

(35) 本書「第6章② 1. 『消費者と支援先コーズの関係』が CRM に与える影響の検証」。

(36) 本書「第6章② 2. 寄付表記が CRM に与える影響の検証」。

(37) Webb, Deborah J. (1999), "Consumer Attributions Regarding Cause-related Marketing Offers and Their Impact on Evaluations of the Firm and Purchase Intent: An Experimental Examination," Dissertation, College of Business Administration of Georgia State University.

(38) Lafferty, Barbara A. (1997), "Cause-Related Marketing: Does the Cause Make a Difference in Consumers' Attitudes and Purchase Intentions toward the Product?", *Advances*

in *Consumer Research*, Vol.24, M Brucks and D.MacInnis eds., Tucson, AZ.: Association for Consumer Research, p113.

(39) Landreth (2002), 前掲論文。

(40) Carr, Patrick Joseph (2005), "Cause Related Marketing: A Study of Consumer Nonprofit Brand Identification," Dissertation, Department of Planning, Public Policy, and Management and the Graduate School of the University of Oregon.

(41) Cornwell, T. Bettina and Leonard V. Coote (2005), "Corporate Sponsorship of a Cause: The Role of Identification in Purchase Intent," *Journal of Business Research*, Vol.58, pp.268-276.

(42) Vaidyanathan, Rajiv and Praveen Aggarwal (2005), "Using Commitment to Drive Consistency: Enhancing the Effectiveness of Cause-Related Marketing Communications," *Journal of Marketing Communications*, Vol.11, Iss.4, pp.231-246.

(43) Fiske, Carlo A. (1997), "Understanding the Effects of Cause-Related Advertising on Consumer Attitudes," Dissertation, College of Business Administration University of South Carolina.

(44) Lafferty, A. Barbara and Ronald E. Goldsmith (2005), "Cause-Brand Alliances: Does the Cause Help the Brand or Does the Brand Help the Cause," *Journal of Business Research*, Vol. 58, Iss.4 pp.423-429.

(45) 本書「第 5 章① CRM のサンプリング促進効果の検証」。

(46) 本書「第 5 章② CRM の懸賞に対する効果の検証」。

(47) 日経ビジネス 2002 年 7 月 29 日号、および日経プラスワン 2002 年 9 月 7 日、および北海道新聞 2003 年 11 月 18 日。

(48) Cone (2008), *Past. Present. Future. The 25th Anniversary of Cause Marketing*, http://www.coneinc.com/stuff/contentmgr/files/0/8ac1ce2f758c08eb226580a3b67d5617/files/cone25thcause.pdf.

(49) CM 総合研究所 (2009)『CM INDEX』2009 年 8 月号、第 24 巻第 8 号、p.90。

(50) Fiske (1997), 前掲論文。

(51) 清水聰 (1999)『新しい消費者行動』千倉書房。

(52) Fiske (1997), 前掲論文。

(53) Davidson, John (1997), "Cancer Sells," *Working Woman*, Vol.22 Iss.5, pp.36-39,68.

(54) Drumwright, Minette E. (1996),"Company Advertising with a Social Dimension: The Role of Noneconomic Criteria," *Journal of Marketing*, Vol.60, Iss.4 (October), pp.71-87.

(55) Thomas, Michael L., John P. Fraedrich, and Linda G. Mullen (2011), "Successful Cause-Related Marketing Partnering as a Means to Aligning Corporate and Philanthropic Goals: An Empirical Study," *Academy of Marketing Studies Journal*, Vol. 15, Iss. 2, pp.113-132.

(56) Cone Inc. and Roper Starch Worldwide INC (1999), *THE EVOLUTION of Cause Branding 1999 Cone/Roper Cause Related Trends Report*, Cone, Inc.

(57) Strahilevitz, Michal and John G. Myers (1998), "Donations to Charity as Purchase Incentives: How Well They Work May Depend on What You Are Trying to Sell," *Journal of Consumer Research*, Vol.24, (March), pp.434-446.

(58) Bhattacharya, Smeeta (2004), "Cause Related Marketing: The Case of Stigmatized Products," Dissertation, Michigan State University.

(59) Arora, Neeraj and Ty Henderson (2007), "Embedded Premium Promotion: Why It Works and How to Make It More Effective," *Marketing Science*, Vol.26, Iss.4, pp.514-531.

(60) Chang, Chun-Tuan (2008), "To Donate or Not to Donate? Product Characteristics and

Framing Effects of Cause-Related Marketing on Consumer Purchase Behavior," *Psychology & Marketing*, Vol. 25, Iss. 12, pp. 1089-1110.

（61） Holmes, John H. and Christopher J. Kilbane （1993）, "Selected Effects of Price and Charitable Donations," *Journal of Nonprofit & Public Sector Marketing*, Vol.1, Iss.4, pp.67-83.

（62） 本書「第 6 章② 2. 寄付表記が CRM に与える影響の検証」。

（63） Holmes and Kilbane（1993），前掲論文。

（64） 本書「第 5 章② CRM の懸賞に対する効果の検証」。

（65） Folse, Judith Anne Garretson, Ronald W. Niedrich, and Stacy Landreth Grau （2010）, "Cause-Relating Marketing: The Effects of Purchase Quantity and Firm Donation Amount on Consumer Inferences and Participation Intentions," *Journal of Retailing*, Vol.86, Iss.4, pp.295-309.

（66） 本書「第 6 章② 2. 寄付表記が CRM に与える影響の検証」。

（67） Dahl, Darren W. and Anne M. Lavack （1995）, "Cause-Related Marketing: Impact of Size of Cause Related Promotion on Consumer Perceptions and Participation," *1995 AMA Winter Educators' Conference Proceedings: Marketing Theory and Applications*, Vol.6, pp.476-481.

（68） Moosmayer, Dirk C. and Alexandre Fuljahn （2010） , "Consumer Perceptions of Cause Related Marketing Campaigns," *Journal of Consumer Marketing*, Vol. 27, Iss. 6, pp.543-549.

（69） Grau, Stacy Landreth, Judith A. Garretson, and Julie Pirsch （2007） , "Cause-Related Marketing: An Exploratory Study of Campaign Donation Structures Issues," *Journal of Nonprofit & Public Sector Marketing*, Vol. 18, Iss. 2, pp.69-91.

（70） Strahilevitz, Michal（1993）, "An Inquiry into the Value of Giving: Implications for Promotions and Product-Incentive Bundling," Dissertation, University of California, Berkeley.

（71） Chang（2008），前掲論文。

（72） 本書「第 5 章② CRM の懸賞に対する効果の検証」。

（73） Ellen, Mohr and Webb（2000），前掲論文。

（74） Olsen, G. Gouglas, John W. Pracejus, and Norman C. Brown （2003）, "When Profit Equals Price: Consumer Confusion About Donation Amount in Cause-Related Marketing," *Journal of Public Policy & Marketing*, Vol.22, Iss.2, pp. 170-180.

（75） 本書「第 6 章② 2. 寄付表記が CRM に与える影響の検証」。

（76） Fiske（1997），前掲論文。

（77） この項は世良（2004a）、前掲論文を加筆修正したものである。

（78） 企業メセナ協議会 （2003a）『メセナマネジメント～戦略的社会貢献のすすめ　メセナ白書シリーズ』ダイヤモンド社。

（79） Varadarajan, P.Rajan and Anil Menon （1988）,"Cause-Related Marketing: A Coalignment of Marketing Strategy and Corporate Philanthropy," *Journal of Marketing*, Vol.52, Iss.3（July）, pp.58-74.

（80） Fiske（1997），前掲論文。

（81） Lafferty（1997），前掲論文。

（82） Webb（1999），前掲論文。

（83） Landreth（2002），前掲論文。

（84） Lafferty（1997），前掲論文。

（85） YOSAKOI ソーラン祭り 公式ホームページ　http://www.yosanet.com/yosakoi/index.html

（86） Ross, Patterson, and Stutts（1992），前掲論文。

（87） 2003 年 7 月に行った東洋水産株式会社広報宣伝部（当時）白石巌氏へのインタビューによる。

（88） 同上。

（89） Garcia, Inaki, Juan J. Gibaja, and Alazne Mujika（2003）, "A Study on the Effect of Cause-Related Marketing on the Attitude towards the Brand: The Case of Pepsi in Spain," *Journal of Nonprofit & Public Sector Marketing*, Vol.11, No.1, pp.111-135.

（90） 世良（2004a）、前掲論文。

（91） 世良（2007a）、前掲論文、および世良（2008a）、前掲論文、および世良（2009a）、前掲論文。

（92） この項は世良（2008a）、前掲論文を加筆修正したものである。

（93） Olsen, Pracejus, and Brown（2003）, 前掲論文。

（94） Pracejus, John W., G. Douglas Olsen, and Norman R. Brown（2003/2004）, "On the Prevalence and Impact of Vague Quantifiers in the Advertising of Cause-Related Marketing（CRM）," *Journal of Advertising*, Vol.32, Iss.4, pp.19-28.

（95） Pracejus, Olsen, and Brown（2003/2004）, 前掲論文。

（96） Pracejus, Olsen, and Brown（2003/2004）, 前掲論文。

（97） Dahl and Lavack（1995）, 前掲論文。

（98） Pracejus, Olsen, and Brown（2003/2004）, 前掲論文。

（99） Olsen Pracejus, and Brown（2003）, 前掲論文。

（100） Olsen Pracejus, and Brown（2003）, 前掲論文。

（101） Fiske（1997）, 前掲論文。

（102） Grau, Garretson, and Pirsch（2007）, 前掲論文。

（103） Holmes and Kilbane（1993）, 前掲論文。

（104） Grau, Garretson, and Pirsch（2007）, 前掲論文。

（105） Holmes and Kilbane（1993）, 前掲論文。

（106） Holmes and Kilbane（1993）, 前掲論文。

（107） Broderick, Jogi, and Garry（2003）, 前掲論文；Lafferty（1999）, 前掲論文；世良（2004a）、前掲論文。

（108） Carr（2005）, 前掲論文；Cornwell and Coote（2005）, 前掲論文；Lafferty（1997）, 前掲論文；Landreth（2002）, 前掲論文；Vaidyanathan and Aggarwal（2005）, 前掲論文；Webb（1999）, 前掲論文。

（109） Lafferty and Goldsmith（2005）, 前掲論文。

（110） Fiske（1997）, 前掲論文。

（111） 本書「第5章① CRM のサンプリング促進効果の検証」。

（112） 本書「第6章② 1.『消費者と支援先コーズの関係』が CRM に与える影響の検証」および、本書「第5章① CRM のサンプリング促進効果の検証」。

（113） 本書図表 5-1（p.118）。

（114） 日本銀行企業短期経済観測調査（短観）（2012 年9月調査全容）http://www.boj.or.jp/statistics/tk/zenyo/2011/all1209.htm/。

（115） Pracejus, Olsen, and Brown（2003/2004）, 前掲論文。

（116） Strahilevitz, Michal（1999）, "The Effect of Product Type and Donation Magnitude on Willingness to Pay More for a Charity-Linked Brand," *Journal of Consumer Psychology*, No.8, Iss.3, pp.215-241.

（117） Fiske（1997）, 前掲論文。

（118） Olsen, Pracejus, and Brown（2003）, 前掲論文。

（119） 世良（2008a）、前掲論文。

（120） 世良（2009a）、前掲論文。

第7章
日本でのコーズ・リレーテッド・マーケティング受容に必要な俯瞰[(1)]

● ● ● ● ● ● ● ● ●

　北米における CRM の年間支出額は第 1 章の図表 1-4 で示したように、右肩上がりに推移している。また、Hamula[(2)] によると、米国の 129 人のテレビ局のマネージャーに尋ねたところ、90% が新しい挑戦となる「広告以外の非伝統的な収入分野や手法」を追求すると回答し、その中でも追求中のものとして最も多く（70%）あがったのが CRM であった。

　しかし、日本においては、寄付付き商品は多く見受けられるようになったものの、前述の「ボルヴィックの 1 リッター・フォー・10 リッター・プログラム」のように、マーケティングと位置づけられていないため、CRM ではない事例が多いというのが現状である。そこで、陰徳の呪縛がある日本において、CRM を普及させていくための解決策として、「企業と公益」の関係に焦点を当て、納税も含めて俯瞰的にとらえることの必要性に言及していく。

 ## CRM と陰徳

　筆者が検討委員会の委員長として参加した農林水産省「平成 22 年度国民参加による農と食品産業との絆づくりのための取組に関する実態調査」（全国 15歳〜 69 歳の男女 2,000 人に対する web アンケート調査、2011 年 1 月実施）によると、「寄付付き商品について、企業にどのような情報を公開してほしいと思いますか」という質問に対し、重複を許して 13 の選択肢からの回答を求めたところ、「どのような目的や狙いで、寄付付き商品を販売しているのか」という

選択肢が 56.8％ と最も高い支持を得た。このことから、消費者は寄付付き商品を販売する本当の目的を知りたがっていることがわかる。

それでは、実際のマーケティング目標の設定状況はどのようになっているのであろうか。筆者がアンケート設計に参画し、国土緑化推進機構が行った調査（『四季報（上場：2010

図表 7-1　CSR におけるマーケティング目標の設定状況

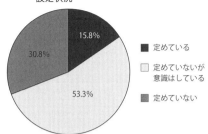

- ■ 定めている
- □ 定めていないが意識はしている
- ■ 定めていない

出所：国土緑化推進機構、美しい森林づくり全国推進会議（2011）をもとに筆者が作成。

年秋号／未上場：2010 年下期）』（東洋経済新報社発行）において、連結従業員数 3,000 名以上あるいは単独従業員 1,000 名以上の企業 276 社に対する郵送アンケート調査、2010 年 12 月実施）によると、「マーケティング活動を意識した、或いは連動した CSR 活動を行っていますか」という質問に対して、「既に実施している」か「検討している」と回答した企業（他の選択肢は、「興味はあるが具体的に検討していない」と「特に興味はない」である）に対して、具体的なマーケティング目標を定めているかを尋ねた結果は図表 7-1 のようになっている。マーケティング目標を定めている企業は 15.8％ に過ぎず、53.3％ と多くの企業がマーケティング目標を意識するというレベルに留まっている。これは、陰徳という概念がある日本においては、マーケティングを意識しながらも、それを顕在化させることに対する抵抗があるためであると思われる。トヨタ自動車においても「トヨタの森」について、「外向きには社会貢献活動であるが、社内での実施理由は『ビジネスの種』という捉え方であった」[3] としているように、陰徳を意識し、社内外の目標の使い分けがなされている。

納税を含めて俯瞰的に CRM を捉えることの必要性

消費者が CRM に抵抗を示すのであれば、企業はマーケティング目標を設定したコーズ支援を行っていることを開示し難くなる。そこで、消費者に求めら

れるのが、「企業と社会の関係」をミクロの視点で捉え、その企業が倫理的で
あるかどうかを判断するのではなく、利益からの納税も含めたマクロの視点で
「企業と社会の関係」を捉えることである。消費者がそのような視点で企業を
捉えるようになれば、企業は堂々と利益と結びつけた社会貢献を行うことがで
きるようになり、社会全体の公益は増加することになる。ここでは、その仕組
みについてみていく。

　まずは、「企業と社会の関係」をミクロの視点でみてみよう。その場合、消
費者は、「マーケティングを考えながら、自らの利益を高めるために、社会貢
献を行っている企業」よりも、「フィランソロピーとして社会のためだけに社
会貢献を行っているのであり、マーケティングの成果は全く求めていないと主
張している企業」の方が、社会にとって良き存在であると捉えることになるで
あろう。しかし、マクロの視点で捉え直すと、企業がマーケティングを考えず
に、社会貢献を行うということは、見返りがないため、その分、利益が減るこ
とになる。利益が減るということは、納税を通した間接的な社会貢献が減少す
ることになる。一方、CRM として、社会貢献をマーケティングと結びつける
と、社会貢献を通して企業に利益が生じ、社会貢献を実施するための費用によ
り減った利益を補っていくことになる。利益は、納税を通して間接的な社会貢
献に繋がると同時に、ドラッカー（Drucker, Peter F.）[4] も指摘しているように
「企業は社会の機関であり、その目的は社会にある」かぎり、その利益を活用
し、本業を通して直接的に何らかのかたちで社会に貢献していくことになる。
また、利益をあげることにより、社内や株主の理解を得やすくなり、寄付を継
続的に行うことができる可能性が高まることになる。

　以下では、図を通して、「企業と社会の関係」において重要な役割を果たす
納税を含めて両者の関係についてみていく。まず、「本業以外の社会貢献」を
行っていない企業の社会に対する貢献を図示すると図表 7-2 のようになる。こ
の図において、まず、企業は本業を通して社会に貢献することになる（①）。
さらに、利益があがればこれに納税を通した間接的な社会貢献が加わることに
なる（②）。

なお、社会的企業と呼ばれる企業の場合、図表7-2の①の本業を通した社会への貢献を、特に強調した企業と捉えることができる。前述のように、社会的企業と呼ばれる企業以外の企業も、本業を通して何らかの形で社会に貢献している。そのため、社会的企業と普通の企業はどういったコミュニケーションを行うかの違いと捉えることが

図表 7-2　「本業以外の社会貢献を行っていない企業」の社会への貢献

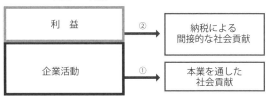

図表 7-3　「フィランソロピーとして社会貢献を行った企業」の社会への貢献

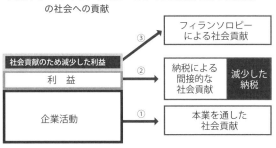

できる。例えば「誰でも学べる低額の塾」というコンセプトの企業があったとしよう。ここで、「貧困層にも教育機会を与え、教育格差を是正するための塾」というコミュニケーションを行えば、社会的企業となる。しかし、同じ目的で事業を行っているのにもかかわらず、陰徳の精神でそのようなコミュニケーションを行うことを自重し、「家計にやさしい塾」とコミュニケーションを行えば、その企業は普通の企業とみなされてしまうことになる。

　また、国家からの助成を受けている社会的企業は②の部分の矢印が逆方向になり、社会に対してマイナスの影響があることになる。社会的企業をみるときに、①の部分のみをミクロの視点でみている場合が多いが、②の部分も含めたマクロの視点で企業を捉えて社会に対する貢献度合をはかる必要があろう。

　続いて、フィランソロピーとして本業以外の社会貢献を行っている企業について示したものが、図表7-3である。この場合、利益の一部が社会貢献に充てられることになるため、納税による間接的な社会貢献（②）は減少することになる。その一方で、フィランソロピーによる社会貢献が行われることになる（③）。

石井[5] では、このフィランソロピーによる税金の減額の問題を提起している。メセナ[6]事業として展開する公共性の高い分野をどのようにして見分けるのかという公共性の問題を指摘し、企業という私人による他の利害関係者を排除したある種独占的意思決定を行うことが、公共的分野における歪んだ資源配分をもたらすと考えられるとしている。フィランソロピーとしてコーズ支援を行い、利益が減ずる場合は、このような問題が発生する。この問題を解決するためにも、コーズ支援を CRM により利益に結びつけて、社会貢献により減じた分の利益を補い、納税額を保っていくことが重要であろう。3 メガバンクは過去の不良債権処理で繰り越し欠損金を抱えたため、長年にわたり、法人税を免除されていた[7] が、このあいだも社会貢献活動を行っていた。もしも、これらの活動が、見返りを求めないフィランソロピーとして行われていたのであれば、本来は国家が判断すべき、公共性の判断を 3 メガバンクが独自に行っていたということになる。したがって、法人税の納付を免除されていたあいだの社会貢献活動は、フィランソロピーではなく、納税を再開するために十分な利益をあげるために行った CRM と位置づけられていなければならないことになる。

　最後に、CRM による社会貢献を行った場合を図示したものが図表 7-4 である。本業以外の社会貢献をマーケティング活動の一環と捉え、コミュニケーションすることにより、CRM による利

図表 7-4　「CRM として社会貢献を行った企業」の社会への貢献

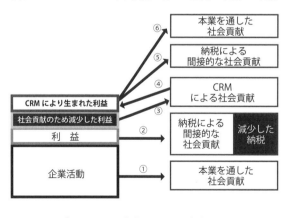

図表 7-5　CRM 批判＝ミクロの視点

益が生まれる（④）。そして、この利益から納税による間接的な社会貢献（⑤）がなされ、さらに、利益が本業にまわれば、そこから本業を通した社会貢献（⑥）が生まれる。

このように「企業と社会の関係」を、納税も含めて捉えると、利益をあげることは決してはばかられることでないことは自明である。このような考えが浸透していけば、企業はCRMを通したコーズ支援を実施しやすくなるであろう。

CRMに対する批判の多くは図表7-4において図表7-5で示した部分だけをミクロの視点で捉え、コーズ支援をコミュニケーションして利益に結びつけるとは陰徳の精神に反するといったものである。しかし、図表7-5のようなミクロの視点ではなく、図表7-4のようなマクロの視点でCRMを捉えれば、そのような批判も起こらないであろう。

以上の関係を1つの図にまとめたものが図表7-6である。左側の列のように、本業以外の社会貢献を行っていない企業の場合、本業を通した社会貢献に加え、利益が出ていれば納税を通した間接的な社会貢献がなされ、公益に寄与することになる。次に、真ん中の列のフィランソロピーとして社会貢献を行った

図表 7-6　CRM とフィランソロピーを通した「企業と公益」の関係

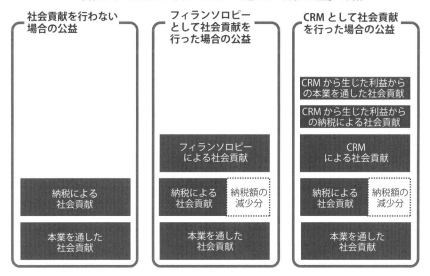

企業の場合、左の列の社会貢献を行っていない企業と比べ、フィランソロピーを通した社会貢献の分だけ、公益に寄与することになる一方、利益が減ることにより、納税による間接的な社会貢献を通した公益に対する寄与は減ずることになる。最後に、右の列のように、CRM を通して社会貢献を行った場合、真ん中の列のフィランソロピーを通して社会貢献を行った場合と比べて、マーケティング効果によって増えた利益が納税にまわった分に関しては間接的に、また、本業にまわった分に関しては本業を通して直接的に公益に寄与するため、フィランソロピーとして社会貢献を行う場合よりも、公益に寄与することになる。

　複雑になるため、本章では言及しなかったが、第 3 章で提示した「本業を通した CRM」を通して、「本業を通した社会対応」によって創造される社会的価値をマーケティング・ツールとして活用し、マーケティング目標を設定したうえで、コミュニケーションし、利益に結びつければ、そこからも同様な循環が生まれることになり、創造される公益はさらに増加することになる。

　また、前述のように筆者が行った研究[8]では、CRM を意識せずに、消費者の支持を得ていないコーズを支援した場合、企業が社会貢献を行うことにより、マイナスの効果が出る場合があることが判明している。マイナス効果が出れば、利益は減ずることになり、結果として、納税を通した間接的な社会貢献も減ずることになる。そのような事態を避けるためにも、企業が社会貢献を行う際には、CRM を意識して行うべきであるといえよう。

　「企業と社会の関係」をミクロの視点で捉えた消費者のもとでは、企業はCRM を通して社会貢献と利益を結びつけることが難しくなる。一方、消費者が「企業と社会の関係」を、納税も含んだ社会全体の公益を考慮したマクロの視点で捉えれば、企業はそれに呼応し、CRM を通して堂々と社会貢献と利益を結びつけることができる。そして、結果として、社会全体の公益増に寄与できることになる。つまり、CRM を通して社会の公益を増大させるためには、消費者が納税も含めて、俯瞰的に「企業と社会の関係」を捉えることが重要になる。

<注>
(1) この章は以下の論文・書籍を加筆修正したものである。

　　世良耕一（2010a）「コーズ・リレーテッド・マーケティングにおける『正直なコミュニケーション』の必要性について」『日経広告研究所報』252 号、pp.27-34。

　　世良耕一（2010b）「コーズ・リレーテッド・マーケティングと生協」『協う』（くらしと協同の研究所）Vol.122、pp.8-9。

　　世良耕一（2012）「コーズ・リレーテッド・マーケティング受容のために求められる俯瞰」『CEL』（大阪ガス　エネルギー・文化研究所）Vol. 98、pp.34-37。

　　世良耕一（2013）「第 3 章　コーズ・リレーテッド・マーケティングを通した企業と公益のありかた」公益研究センター編『東日本大震災後の公益法人・NPO・公益学』文眞堂。

(2) Hamula, Scott R.（2006）, "Sales Promotions as Nontraditional Revenue: A Comparison of Television and Radio," *Journal of Promotion Management*, Vol.12, Iss.2, pp.19-33.

(3) 国土緑化推進機構（2009a）『森づくりコミッションブックレット『企業の森づくり事例集』（企業別取組事例編）』国緑化推進機構。

(4) Drucker, Peter F.（1954）, *The Practice of Management*, Harper & Row,（上田惇生訳『現代の経営（上）』ダイヤモンド社、2006 年）。

(5) 石井淳蔵（1992）「企業メセナの新しい視点」『マーケティング・ジャーナル』第 11 巻 3 号、pp.15-23。

(6) 石井（1992）、前掲論文ではメセナとフィランソロピーを同義と捉えている。

(7) 朝日新聞、2011 年 5 月 7 日。

(8) 本書「第 6 章 ② 1.『消費者と支援先コーズの関係』が CRM に与える影響の検証」。

増補改訂版あとがき

　初版が出版され、約3年が経過した。その間、多くの方にご購読いただいた。そのうえ、日本NPO学会から優秀賞をいただき、それに対し勤務校から感謝状をいただくという栄にも浴した。読者の方々と学会賞にご推薦いただいたCRM研究会の井上小太郎氏と楠正吉氏には改めて謝意を表したい。また、『日経広告研究所報』には慶応大学の高橋郁夫先生が、『ノンプロフィット・レビュー』には日本NPOセンターの椎野修平先生が、共に1ページ全体にわたり書評をご執筆していただいたのをはじめ、『宣伝会議』や『公益法人』等、様々な誌面で書評を通して本書を紹介していただいたことを御礼申し上げたい。

　今回、全面的に改訂したのが第3章である。曖昧であった「企業と社会の関係」を、CSV概念を取り入れたうえで、企業の社会対応活動が「1. 本業を通した活動か、それとも本業以外の活動か」、「2. 自主的な活動か、それとも強制されて行っている活動か」、「3. 社会的価値のみを創造する活動か、それとも共通価値（社会的価値と経済的価値）を創造する活動か」、という3つの視点で整理し直した。さらに、CRM概念を「企業倫理」に援用しマーケティングとして活用することを「エシックス・リレーテッド・マーケティング」としていたが、CRMの援用範囲を「CSV」や「コンプライアンス」も含む「本業を通した社会対応活動」全般へと広げ、それをマーケティングとして活用することを「本業を通したコーズ・リレーテッド・マーケティング」とした。一方、第1章の「コーズ」の定義についても、「公益性のある支援対象」とし、曖昧さを排除した。さらに、9つの図表において、隔年ごとに実施している調査の最新結果を追加した。

　最後に、改訂の機会をいただき、今回も筆者の要望に柔軟にご対応いただいたうえ、学会賞受賞時には思いがけず花束をご恵送いただくご配慮をいただいた北樹出版の木村慎也氏に謝意を表したい。

　2017年3月

世良　耕一

あ と が き

　それは、1通の手紙から始まった。北樹出版の木村慎也氏からのものである。手書きによる丁寧な執筆依頼であった。筆者の論文を読まれた上での文章から熱意が伝わってきた。出版に際し、筆者の要望に誠実にご対応いただいた。

　90年代の半ばに、欧米の文献を通して「コーズ・リレーテッド・マーケティング（CRM）」と出会い、社会貢献を通した利益を素直に認めないフィランソロピーに対し抱いていた違和感が解消され、霧が晴れたような思いがした。以来20年近くにわたり研究を続けてきた。意志はあるものの、その成果をまとめられずにいた筆者にとって、締め切りの設定は、まさに渡りに船となり、ようやく書き上げることができた。木村氏にここに謹んで感謝の意を表したい。

　振り返ると、心のどこかで大学教員という夢をもちつつ就職した銀行で留学する機会を得、そこで、学問の世界へ誘っていただいたのが、同級生となった横川潤先生（文教大学）であった。ニューヨーク大学のDarius Jal Sabavala先生には、ケース・スタディー中心のMBAでは、論文執筆の機会が無いなか、特別に科目を開設し、その機会を与えていただき、丁寧にご指導いただいた。

　その後、新聞に掲載された函館大学の公募広告に応募し、突然、研究者になった筆者に対して、親切にご指導いただいたのが、大学のサークルの先輩であった清水聰先生（慶応大学）である。そして、高橋郁夫先生（慶応大学）と近藤浩之先生（東京経済大学）と東徹先生（立教大学）にもお世話になった。慶応大学のゼミの恩師である小松隆二先生には、筆者が先生の専門とは違う分野に進んだにもかかわらず、現在にいたるまで温かくご指導いただいている。

　実業界においても、ラッキーピエロの王一郎社長と王未来副社長には、CRM研究における重要なヒントをいただいたうえ、公私共々お世話になっている。リバネスの丸幸弘CEOとは、私が学会員で無いのにも関わらず招待いただいた日本知財学会にて、パネリストとして同席した際に知り合ったご縁で、同社からは、白書での巻頭対談、講演、教育CSR大賞特別審査員等の様々な機会をいただいている。筆者の講演にご参加いただいたNPO法人

TSUBASA を運営されているロムテックの松本壮志氏からは研究奨励費をいただいた。その際、東京電機大学の徳永晶一氏には仲介の労をとっていただいた。筆者の最初の講演にご参加いただいた北海道電力の高橋尋重氏には、その後、講演会を開催していただき、それがご縁でノーステック財団のアドバイザーとして北海道下川町のプロジェクトに関わる機会をいただいた。また、日本NPO学会において質問をした際にお声がけいただき、CRM研究会へ誘っていただいた井上小太郎氏（大阪ボランティア協会）とその研究会座長の楠正吉氏（積水ハウス）をはじめとする会員の皆さんにはお世話になっている。

　職場においても多くの方々にお世話になった。函館大学の故大野和雄先生、河村博旨先生、田部井英夫先生、大江田清志先生、坂田聡先生、津金孝行先生、田中弘樹先生をはじめとする教職員の方々。北海学園大学の伊藤友章先生をはじめとする教職員の方々。特に黒田重雄先生には、大学院のゼミへの参加を受け入れていただき、ご指導いただいた。現在の職場である東京電機大学人間科学系列の同僚の皆さんからは、研究しやすい環境を提供していただいている。

　プライベートでは、函館、札幌、ニューヨークと、筆者が住んだ全ての場所に激励に来てくれた長塚秀夫氏、独特の世界観で刺激を与えてくれる浅羽一秀氏等、学生時代からの友人の多くからいつも励まされている。

　他の多くの恩のある方々を含め、改めて皆さんに謝意を表したい。

　最後に、筆者の研究活動を常に温かく見守ってくれた、父・耕作と母・玲子。そして、育児で忙しい中、執筆を支えてくれた妻・寛子、執筆中寂しい思いをさせ、ついには、出勤の際に「また来てね」と言わせてしまったのにもかかわらず、その笑顔で応援してくれた2歳の愛娘・真夢。家族に、本書を捧げたい。

　　2014年3月

　　　　　　　　　　　　　さだまさしを聴きながら　　世良　耕一

参考文献

〈欧文〉

Adkins, Sue (1999), *Cause Related Marketing : Who Cares wins*, Butterworth-Heinemann.

Advertising Age (2003), "Cause Marketing: After Two Decades of Growth, The Billion Spending Mark is in Sight," *Advertising Age* (*Midwest Region Edition*), Jul. 28, p.2.

Alniacik, Umit, Esra Alniacik, and Nurullah Genc (2011), "How corporate social responsibility information influences stakeholders' intentions," *Corporate Social Responsibility and Environmental Management*, Vol.18, Iss.4, pp.234-254.

Andreasen, Alan R. (1996), "Profits for Nonprofits : Find a Corporate Partner," *Harvard Business Review*, Vol.74 Iss.6, pp.47-59.

Arnott, Nancy (1994), "Marketing with a Passion," *Sales and Marketing Management*, Vol.146, Iss.1, pp.64-71.

Arora, Neeraj and Ty Henderson (2007), "Embedded Premium Promotion: Why It Works and How to Make It More Effective," *Marketing Science*, Vol.26, Iss.4, pp.514-531.

Barnes, Nora Ganim (1991), "Philanthropy, Profits, and Problems: The Emergence of Joint Venture Marketing," *Akron Business and Economic Review*, Vol.22, Iss.4, pp.78-86.

Barnes, Nora Ganim (1994), "Cause-Related Marketing Revisited the Effects of the United Way Scandal," *American Business Review*, Vol. 12, Iss. 2, pp.95-99.

Barnes, Nora Ganim and Debra A. Fitzgibbons (1991), "Is Cause Related Marketing in Your Future?", *Business Forum. Fall 91*, Vol. 16 Issue 4, pp. 20-23.

Barnes, Nora Ganim, and Debra A. Fitzgibbons (1992), "Strategic Marketing for Charitable Organizations," *Health Marketing Quarterly*," Vol.9, Iss.3,4, pp.103-114.

Barone, Michael J., Anthony D. Miyazaki, and Kimberly A. Taylor (2000), "The Influence of Cause-Related Marketing on Consumer Choice: Does One Good Turn Deserve Another?" *Academy of Marketing Science*, Vol.28, Iss.2 (Spring 2000), pp.248-262.

Barone, Michael J., Andrew T. Norman, and Anthony D. Miyazaki (2007), "Consumer Response to Retailer Use of Cause-Related Marketing: Is More Fit Better?," *Journal of Retailing*, Vol.83, Iss.4, pp.437-445.

Bawa, Kapil and Robert Shoemaker (2004), "The Effects of Free Sample Promotions on Incremental Brand Sales," *Marketing Science*, Vol.23, Iss.3, pp.345-363.

Bearden, William O.,Thomas N. Ingram, and Raymond W. LaForge (2003) *Marketing : Principles and Perspectives*, McGraw-Hill.

Bennett , Peter D. (1995), *Dictionary of Marketing Terms*, NTC Business Books.

Bhattacharya, Smeeta (2004), "Cause Related Marketing: The Case of Stigmatized Products," Dissertation, Michigan State University.

Broderick, Anne, Amandeep Jogi, and Tony Garry (2003), "Tickled Pink: The Personal Meaning of Cause Related Marketing for Customers," *Journal of Marketing Management*, Vol.19, Iss.5/6, pp.583-610.

Business in the Community (2001), *Cause Related Marketing Corporate Survey III*, Business in the Community.

Business in the Community (2004), *Brand Benefits: How Cause Related Marketing Impacts on Brand Equity, Consumer behaviour and The Bottom Line*, http://www.bitc.org.uk/resources/publications/brand_benefits.html.

Business Week (1982), "AmEx Shows the Way to Benefit from Giving," *Business Week*, Oct. 18, pp.34-35.

Caesar, Patricia (1986), "Cause-Related Marketing: New Face of Corporate Philanthropy," *Business & Society Review*, Iss. 59 (Fall) pp.15-19.

Carr, Patrick Joseph (2005), "Cause Related Marketing: A Study of Consumer Nonprofit Brand Identification," Dissertation, Department of Planning, Public Policy, and Management and the Graduate School of the University of Oregon.

Cause Marketing Forum (2013), *The Growth of Cause Marketing*, http://www.causemarketingforum.com/site/c.bkLUKcOTLkK4E/b.6452355/apps/s/content.asp?ct=8965443.

Chang, Chun-Atuan (2008), "To Donate or Not to Donate? Product Characteristics and Framing Effects of Cause-Related Marketing on Consumer Purchase Behavior," *Psychology & Marketing*, Vol. 25, Iss. 12, pp. 1089-1110.

Cone, Carol (1999), "So What's Your Cause?," *Discount Store News*, Vol.38, Iss.8, p.17.

Cone Inc. and Roper Starch Worldwide INC (1999), *THE EVOLUTION of Cause Branding 1999 Cone/Roper Cause Related Trends Report*, Cone, Inc.

Cone (2001), *Post-September 11th: Major Shift in American Attitudes towards Companies Involved with Social Issues*, http://www.coneinc.com/Pages/pr_8.html.

Cone (2002), *2002 Cone Corporate Citizenship Study: The Role of Cause Branding*, http://www.coneinc.com/Pages/ pr_13.html.

Cone (2004), *2004 Cone Corporate Citizenship Study: Building Brand Trust*, http://www.coneinc.com/stuff/contentmgr/files/0/84d3119bfe09009ccba4134a2c9fd5ae/files/200 4_cone_corporate_citizenship_exec_summary.pdf.

Cone (2007), *Research Report 2007 Cone Cause Evolution & Environmental Survey*, http://www.coneinc.com/stuff/contentmgr/files/0/a8880735bb2e2e894a949830055ad559/files/2007_cause_evolution_survey.pdf.

Cone (2008), *Past. Present. Future. The 25th Anniversary of Cause Marketing*, http://www.coneinc.com/stuff/contentmgr/files/0/8ac1ce2f758c08eb226580a3b67d5617/files/cone25thcause.pdf.

Cone (2010), *2010 Cone Cause Evolution Study*, http://www.coneinc.com/2010-cone-cause-evolution-study.

Coomes, Steve (2009), "Cause Marketing Takes KFC's 'Freshness' Message to The Streets," *Nation's Restaurant News*, Vol. 43, Iss. 18, pp. 84-85.

Cornwell, T. Bettina and Leonard V. Coote (2005), "Corporate Sponsorship of a Cause: The Role of Identification in Purchase Intent," *Journal of Business Research*, Vol.58, pp.268-276.

Creyer, Elizabeth H. and William T. Ross Jr. (1996), "The Impact of Corporate Behavior on Perceived Product Value," *Marketing Letters*, Vol.7, Iss.2, pp.173-185.

Creyer, Elizabeth H. and William T. Ross Jr. (1997),"The Influence of Firm Behavior on Purchase Intention: Do Consumer Really Care about Business Ethics? ," *Journal of Consumer*

Marketing, Vol.14, Iss.6, pp.421-432.

Cui, Yanli, Elizabeth S. Trent, Pauline M. Sullivan, and Grace N. Matiru (2003), "Cause Related Marketing: How Generation Y Responds," *International Journal of Retail & Distribution Management*, Vol.31, Iss.6, pp.310-320.

Dahl, Darren W. and Anne M. Lavack (1995), "Cause-Related Marketing: Impact of Size of Cause Related Promotion on Consumer Perceptions and Participation," *1995 AMA Winter Educators' Conference Proceedings: Marketing Theory and Applications*, Vol.6, pp.476-481.

Davidson, John (1997), "Cancer Sells," *Working Woman*, Vol.22 Iss.5, pp.36-39,68.

Docherty, Sylvie and Sally Hibbert (2003), "Examining Company Experiences of a UK Cause-related Marketing Campaign," *International Journal of Nonprofit and Voluntary Sector Marketing*, Vol.8, Iss.4, pp378-389.

Drucker, Peter F. (1954), *The Practice of Management*, Harper & Row, (上田惇生訳 『現代の経営(上)』ダイヤモンド社、2006年)。

Drumwright, Minette E. (1996),"Company Advertising with a Social Dimension: The Role of Noneconomic Criteria," *Journal of Marketing*, Vol.60, Iss.4 (October), pp.71-87.

Dwek, Robert (1992), "Doing Well by Giving Generously," *Marketing*, July 23, pp.16-18.

Edomondson, Brad (1992), "Cause-Related Reasoning," *American Demographics*, Vol. 14, Iss.1, p.2.

Eikenberry, Angela M. (2009), "The Hidden Costs of Cause Marketing," *Stanford Social Innovation Review*, Vol. 7, Iss. 3, pp.51-55.

Ellen, Pam Scholder, Lois A. Mohr, and Deborah J. Webb (2000), "Charitable Programs and Retailer: Do They Mix?" *Journal of Retailing*, Vol. 76, Iss.3, pp.393-406.

Fill, Chris (2002), *Marketing: Communications*, Contexts, Strategies, and Applications, Prentice Hall.

Fiske, Carlo A. (1997), "Understanding the Effects of Cause-Related Advertising on Consumer Attitudes," Dissertation, College of Business Administration University of South Carolina.

Folse, Judith Anne Garretson, Ronald W. Niedrich, and Stacy Landreth Grau (2010), "Cause-Relating Marketing: The Effects of Purchase Quantity and Firm Donation Amount on Consumer Inferences and Participation Intentions," *Journal of Retailing*, Vol.86, Iss.4, pp.295-309.

Forehand, Mark R. and Sonya Grier (2003), When Is Honesty the Best Policy? The Effect of Stated Company Intent on Consumer Skepticism, *Journal of Consumer Psychology*, Vol. 13, Iss.3, pp.349-356.

Garcia, Inaki, Juan J. Gibaja, and Alazne Mujika (2003), "A Study on the Effect of Cause-Related Marketing on the Attitude towards the Brand: The Case of Pepsi in Spain," *Journal of Nonprofit & Public Sector Marketing*, Vol.11, No.1, pp.111-135.

Garrison, John R. (1990), "A New Twist to Cause Marketing," *Fund Raising Management*, Vol.20 Iss.12, pp.40-44,68.

Gourville, John T. and V. Kasturi Rangan (2004), "Valuing the Cause Marketing Relationship," *California Management Review*, Vol.47, Iss.1, pp.38-57.

Govindarajan, Vijay and Chris Trimble (2012), *Reverse Innovation: Create Far Fraom Home,Win Everywhere*, Harvard Business Review Press, (渡部典子訳『リバース・イノベーション』ダイヤモンド社、2012年)。

Grau, Stacy Landreth and Judith A. Garretson Folse (2007), "Cause-Related Marketing (CRM) : The Influence of Donation Proximity and Message-Framing Cues on the Less-Involved Consumer," *Journal of Advertising*, Vol.36, Iss.4, pp.19-33.

Grau, Stacy Landreth, Judith A. Garretson, and Julie Pirsch (2007), "Cause-Related Marketing: An Exploratory Study of Campaign Donation Structures Issues," *Journal of Nonprofit & Public Sector Marketing*, Vol. 18, Iss. 2, pp.69-91.

Gray, Robert (1998), "All in a Good Cause," *Marketing*, Jan.29 1998, pp.19-20.

Gupta, Shruti and Julie Pirsch (2006), "The Company-Cause-Customer Fit Decision in Cause-Related Marketing," *Journal of Consumer Marketing*, Vol.23, Iss.6, pp.314-326.

Haas, Sarah M. and Peter Magnusson (2006), "Cause Marketing: Does Cause/Brand "Fit" Affect Brand Attitude," *AMA Summer Educators' Conference 2006*, Vol.17, pp.152-153.

Hamula, Scott R. (2006), "Sales Promotions as Nontraditional Revenue: A Comparison of Television and Radio," *Journal of Promotion Management*, Vol.12, Iss.2, pp.19-33.

Heiman, Amir, Bruce McWilliams, Zhihua Shen, and David Zilberman (2001), "Learning and Forgetting: Modeling Optimal Product Sampling Over Time," *Management Science*, Vol.47, Iss.4, pp.532-546.

Hemphill, Thomas A. (1996), "Cause-Related Marketing, Fundraising, and Environmental Nonprofit Organizations," *Nonprofit Management & Leadership*, Vol.6, Iss.4, pp.403-418.

Henricks, Mark (1991), "Doing Well While Doing Good," *Small Business Reports*, Vol.16, Iss.11, pp.28-38.

Hoek, Janet and Philip Gendall (2008), "An Analysis of Consumers' Responses to Cause Related Marketing," *Journal of Nonprofit & Public Sector Marketing*, Vol. 20, Iss. 2, pp.283-297.

Holmes, John H. and Christopher J. Kilbane (1993), "Selected Effects of Price and Charitable Donations," *Journal of Nonprofit & Public Sector Marketing*, Vol.1, Iss.4, pp.67-83.

Holmes, John H. and John D. Lett, Jr. (1977), "Product Sampling and Word of Mouth," *Journal of Advertising Research*, Vol.17, Iss.5, pp.35-40.

Huff, Lenard C. and Dana L. Alden (1998), "An Investigation of Consumer Response to Sales Promotions in Developing Markets: A Three-Country Analysis," *Journal of Advertising Research*, Vol., pp.47-56.

Hunt, Avery (1986), "Strategic Philanthropy," *Across the Board*, Vol.23, Jul.-Aug., pp.23-30.

Husted, Stewart W. and Francis R. Whitehouse, Jr. (2002), "Cause-Related Marketing via the World Wide Web: A Relationship Marketing Strategy," *Journal of Nonprofit & Public Sector Marketing*, Vol. 10, Iss. 1, pp. 3-22.

IEG (2016), "Corporate Do-Gooders: The Most Active Sponsors Of Causes," *IEG Sponsorship Report*, http://www.sponsorship.com/IEGSR/2016/09/26/Corporate-Do-Gooders--The-Most-Active-Sponsors-Of.aspx.

Irwin, Richard L., Tony Lachowetz, T. Bettina Cornwell, and John S. Clark (2003), "Cause-Related Sponsorhip: An Assessment of Spectator Beliefs, Attitudes, and Behavioral

Intentions," *Sport Marketing Quarterly*, Vol. 12, Iss. 3, pp.131-139.

Iwane, David F (2010), "Cause-Related Marketing as a Solution for Companies with Negative Reputations: An Exploratory Investigation," Dissertation: Capella University.

Josephson, Nancy (1984), "AmEx Raises Corporate Giving to Marketing Art," *Advertising Age*, Vol.55, Iss.4 (Jan. 23), pp.M10-11, M14.

Kalra, Ajay and Mengze Shi (2002), "Consumer Value-Maximizing Sweepstakes & Contests: A Theoretical and Experimental Investigation," *Review of Marketing Science Working Papers*, Vol.1, Iss.3, Article 2, pp.1-36.

Keegan, Warren, Sandra Moriarty, and Tom Duncan (1992), *Marketing*. Prentice-Hall.

Kelley, Bill (1991), "Cause-Related Marketing: Doing Well While Doing Good," *Sales & Marketing Management*, Vol.143, Iss.3, pp.60-65.

Kerin, Roger A., Eric N Berkowitz, Steven W. Hartley, and William Rudelius (2002), *Marketing 7th ed.*, McGraw-Hill.

Kim, Cue D., Shirish Dant, C. Christopher Lee, and Yun-Oh Whang (2001), "Increasing Response Rate in Industrial Mail Surveys: The Effect of Respondent Involvement in Sweepstakes Incentive," *Academy of Marketing Studies Journal*, Vol.5, Iss.1, pp.49-56.

Kim, Kyudong, Chulho Lee, and Yun-Oh Whang (1995), "The Effect of Respondent Involvement in Sweepstakes on Response Rate in Mail Surveys," *Proceedings of the Survey Research Methods Section, American Statistical Association*, pp.216-220.

Kiviat, Barbara (2008), "A Brief History of Creative Capitalism," *Time*, Vol. 172, Iss. 6, pp.42-43.

Kotler, Philip (2000a), "Future Markets," *Executive Excellence*, Vol.17, Iss.2, Feb, p.6.

Kotler, Philip (2000b), *Marketing Management, the Millennium Edition*, Prentice Hall.

Kotler, Philip and Gray Armstrong (2006), *Principles of Marketing 11th ed.*, Prentice-Hall.

Kotler, Philip, Hermawan Kartajaya, and Iwan Setiawan (2010), *Marketing 3.0: From Products to Customers to the Human Spirit*, Wiley, (恩蔵直人監訳、藤井清美訳『コトラーのマーケティング3.0 ソーシャルメディア時代の新法則』朝日新聞出版、2010年)。

Krishna, Aradhna and Uday Rajan (2009), "Cause Maketing: Spillover Effect of Cause-Related Products in a Product Portfolio," *Management Science*, Vol.55, Iss. 9, pp. 1469-1485.

Lachowetz, Tony and Richard Irwin (2002), "FedEx and the St. Jude Classic: An Application of a Cause-Related Marketing Program (CRMP)," *Sport Marketing Quarterly*, Vol. 11, Iss. 2, pp. 114-116.

Lafferty, Barbara A. (1997), "Cause-Related Marketing: Does the Cause Make a Difference in Consumers' Attitudes and Purchase Intentions Toward the Product?", *Advances in Consumer Research*, Vol.24, M Brucks and D.MacInnis eds., Tucson, AZ.: Association for Consumer Research, p113.

Lafferty, Barbara A. (1999), "Assessing Cause-Brand Alliance Evaluations on Subsequent Attitudes toward the Cause and Brand," Dissertation, The Florida State University College of Business.

Lafferty, Barbara A. (2007), "The Relevance of Fit in a Cause-Brand Alliance When Consumers Evaluate Corporate Credibility," *Journal of Business Research*, Vol.60, Iss.5 pp.447-453.

Lafferty, Barbara A. and Ronald E. Goldsmith (2005), "Cause-Brand Alliances: Does the Cause

Help the Brand or Does the Brand Help the Cause," *Journal of Business Research*, Vol.58, Iss.4, pp.423-429.

Lafferty, Barbara A., Ronald E. Goldsmith, and G. Tomas M. Hult (2004), "The Impact of the Alliance on the Partners: A Look at Cause-Brand Alliances," *Psychology & Marketing*, Vol. 21, Iss.7, pp.509-531.

Landreth, Stacy (2002), "For A Good Cause: The Effects of Cause Importance, Cause Proximity, Congruency and Participation Effort on Consumers` Evaluations of Cause Related Marketing," Dissertation, Louisiana State University and Agricultural and Mechanical College.

Larson, Brian V. (1999), "Doing Well by Doing Good: Linking Cause-Related Marketing to Sales Representatives` Corporate Evaluations," Dissertation, Oklahoma State University.

Larson, Brian V., Karen E. Flaherty, Alex R. Zablah, Tom J. Brown, and Joshua L. Wiener (2008), "Linking Cause-Related Marketing to Sales Force Responses and Performance in a Direct Selling Context," *Journal of the Academy of Marketing Science*, Vol.36, Iss.2, pp.271-277.

Lichtenstein, Donald R, Minette E Drumwright, and Bridgette M Braig (2004), "The Effect of Corporate Social Responsibility on Customer Donations to Corporate-Supported Nonprofits," *Journal of Marketing*, Vol.68, Iss.4 (October), pp.16-32.

Liu, Gordon and Wai-Wai Ko (2011), "An Analysis of Cause-Related Marketing Implementation Strategies Through Social Alliance: Partnership Conditions and Strategic Objectives," *Journal of Business Ethics*, Vol.100, Iss.2, pp.253-283.

Mahe, Thuriane (2010), "Are Stated Preferences Confirmed by Purchasing Behaviours? The Case of Fair Trade-Certified Bananas in Switzerland, " *Journal of Business Ethics*, Vol.92, pp.301-315.

Marketing (1998), "A Cautionary Tale from the US", *Marketing*, Mar. 26, p.37.

Marks, Lawrence J. and Michael A. Kamins (1988), "The Use of Product Sampling and Advertising: Effects of Sequence of Exposure and Degree of Advertising Claim Exaggeration on Consumers` Belief, Belief Confidence, and Attitudes." *Journal of Marketing Research*, Vol.25, Iss.3, pp.266-281.

Maslow, Abraham (1943) "A Theory of Human Motivation," *Psychological Review*, Vol.50, Iss.4, pp.370-396.

Massengill, Reed (1999), *Becoming American Express: 150 Years of Reinvention and Customer Service*, American Express Company, (『アメリカン・エキスプレスの歩み』アメリカン・エキスプレス、1999 年)。

McGlone, Colleen and Nathan Martin (2006), "Nike`s Corporate Interest Lives Strong: A Case of Cause-Related Marketing and Leveraging," *Sport Marketing Quarterly*, Vol.15, Iss.3, pp.184-188.

Medcalf, Graham (2006), "Social Activism," *NZ Marketing Magazine*, Vol. 25, Iss. 11, pp. 14-19.

Mescon, Timothy S., Donn J. Tilson, and Robert Desman (1995), "Corporate Philanthropy: A Strategic Approach to the Bottom Line," *Philanthropy and Economic Development, (Edited by Richard F. America)*, Greenwood Pub Group, pp.54-64.

Miller, William H (1990), "Doing Well by Doing Good", *Industry Week*, Vol.239, Iss.21 (Nov.5) pp.54-55.

Mooney, Jennifer (2002), "Avon to Stop Sponsoring Breast-Cancer Walks," *Denver Post*, 02 Aug.

Moosmayer, Dirk C. and Alexandre Fuljahn (2010), "Consumer Perceptions of Cause Related Marketing Campaigns," *Journal of Consumer Marketing*, Vol. 27, Iss. 6, pp.543-549.

Nan, Xialoli and Kwangjun Heo (2007), "Consumer Responses to Corporate Social Responsibility (CSR) Initiatives; Examining the Role of Brand-Cause Fit in Cause-Related Marketing," *Journal of Advertising*, Vol.36, Iss.2, pp.63-74.

Narayana, Chem L. and P. S. Raju (1985), "Gifts Versus Sweepstakes: Consumer Choices and Profiles," *Journal of Advertising*, Vol. 14, Iss. 1, pp.50-53.

Nelson, Richard Alan, Ali M. Kanso and Steven R. Levitt (2007), "Integrating Public Service And Marketing Differentiation: An Analysis of the American Express Corporation's "Charge Against Hunger" Promotion Program," *Service Business*, Vol.1, pp.275-293.

Newcomb, Kelly (2007), "Cause Marketing : Good for Humanity and Good for Your Business," *Debt3*, Vol.22, Iss.6, pp.24-25.

Nickel, Patricia Mooney and Angela M. Eikenberry (2009), "A Critique of the Discourse of Marketized Philanthropy," *The American Behavioral Scientist*, Vol. 52, Iss. 7, pp. 974-989.

Northey, James A.(2006), "The Canadian Coffee Consumer: Understanding Consumer Preferences for Fair Trade Coffee Products," Dissertation, The University of Guelph.

Olsen, G. Gouglas, John W. Pracejus, and Norman R. Brown (2003), "When Profit Equals Price: Consumer Confusion About Donation Amount in Cause-Related Marketing," *Journal of Public Policy & Marketing*, Vol.22, Iss.2, pp.170-180.

Oppewal, Harmen, Andrew Alexander, and Pauline Sullivan (2006), "Consumer Perceptions of Corporate Social Responsibility in Town Shopping Centres and Their Influence on Shopping Evaluations," *Journal of Retailing and Consumer Services*, Vol.13, Iss.4, pp.261-274.

Porter, Michael E. and Mark R. Kramer (2006), "Strategy and Society: The Link Between Competitive Advantage and Corporate Social Responsibility," *Harvard Business Review*, Vol.84, Iss.12, pp.78-92. (Diamondハーバード・ビジネス・レビュー編集部編「『受動的』では価値を創出できない：競争優位のCSR戦略」『Diamondハーバード・ビジネス・レビュー』2008年1月号、pp.36-52).

Porter, Michael E. and Mark R. Kramer (2011), "Creating Shared Value," *Harvard Business Review*, Vol. 89, Iss.1/2, pp.62-77,(Diamond ハーバード・ビジネス・レビュー編集部訳「Creating Shared Value：経済的価値と社会的価値を同時実現する共通価値の戦略」『Diamond ハーバード・ビジネス・レビュー』6月号、pp.8-31).

Pracejus, John W., G. Douglas Olsen, and Norman R. Brown (2003/2004), "On the Prevalence and Impact of Vague Quantifiers in the Advertising of Cause-Related Marketing (CRM)," *Journal of Advertising*, Vol.32, Iss.4, pp.19-28.

Pringle, Hamish and Marjorie Thompson (1999), *Brand Spirit: How Cause Related Marketing Builds Brands*, Wiley.

Ptacek, Joseph J. and Gina Salazar (1997), "Enlightened Self-Interest: Selling Business on the

Benefits of Cause-Related Marketing," *Nonprofit World*, Vol. 15 Iss. 4, pp. 9-13.

Ratnesar, Romesh (1997), "Doing Well by Doing Good," *The New Republic*, Vol. 216, Iss. 1/2, pp.18-20.

Rentschler, Ruth and Greg Wood (2001), "Cause Related Marketing: Can the Arts Afford Not to Participate?", *Services Marketing Quarterly*, Vol. 22, Iss. 1, pp.57-69.

Rifon, Nora J., Sejung Marina Choi, Carrie S. Trimble, and Hairong Li (2004), "Congruence Effects in Sponsorship: The Mediating Role of Sponsor Credibility and Consumer Attributions of Sponsor Motive," *Journal of Advertising*, Vol.33, Iss.1, pp.29-42.

Ross, John K., Larry T. Patterson, and Mary Ann Stutts (1992), "Consumer Perceptions of Organizations That Use Cause Related Marketing," *Journal of the Academy of Marketing Science*, Vol.20 Iss.1, pp.93-97.

Ross, John K., Mary Ann Stutts, and Larry Patterson (1991), "Tactical Considerations for the Effective Use of Cause-Related Marketing," *Journal of Applied Business Research*, Vol.7, Iss. 2, pp.58-65.

Roy, Donald P. and Timothy R. Graeff (2003), "Consumer Attitudes Toward Cause-Related Marketing Activities in Professional Sports," *Sport Marketing Quarterly*, Vol.12, Iss. 3, pp.163-172.

Smith, Craig (1994), "The New Corporate Philanthropy," *Harvard Business Review*, Vol.72, Iss.3, pp105-116.

Smith, Geoffrey and Ron Stodghill II (1994), "Are Good Causes Good Marketing?," *Business Week*, Mar. 21, pp.64-66.

Smith, Robert E. and William R. Swinyard (1983), "Attitude-Behavior Consistency: The Impact of Product Trial Versus Advertising," *Journal of Marketing Research*, Vol.20, Iss.3, pp.257-267.

Smith, Warren and Matthew Higgins (2000), "Cause-Related Marketing: Ethics and Ecstatic," *Business and Society*, Vol.39, Iss.3, pp.304-322.

Stannard-Friel, Jessica (2004), *Proving the Win-Win Strategy of Cause Related Marketing*, http://www.onphilanthropy.com/site/News2?page=NewsArticle&id=5622.

Stark, Myra (1999), "Brand Aid: Cause Effective," *Brandweek*, Vol.40, Iss.8, pp.20-22.

Steckstor, Denise (2011), *The Effects of Cause-Related Marketing on Customers' Attitudes and Buying Behavior*, Gabler Verlag.

Stoolmacher, Irwin S. (2004), "Cause-Related Marketing and Your Nonprofit," *Board & Administrator; for Administrators Only*," Vol.20, Iss.6, pp.3-7.

Strahilevitz, Michal (1993), "An Inquiry into the Value of Giving: Implications for Promotions and Product-Incentive Bundling," Dissertation, University of California, Berkeley.

Strahilevitz, Michal (1999), "The Effect of Product Type and Donation Magnitude on Willingness to Pay More for a Charity-Linked Brand," *Journal of Consumer Psychology*, No.8, Iss.3, pp.215-241.

Strahilevitz, Michael (2003), "The Effects of Prior Impressions of a Firm's Ethics on the Success of a Cause-Related Marketing Campaign: Do the Good Look Better While the Bad Look Worse?", *Journal of Nonprofit & Public Sector Marketing*, Vol.11, Iss.1, pp.77-92.

Strahilevitz, Michal and John G. Myers (1998), "Donations to Charity as Purchase Incentives:

How Well They Work May Depend on What You Are Trying to Sell," *Journal of Consumer Research*, Vol.24, (March), pp.434-446.

Thomas, Michael L. (2007), "Cause-Related Marketing Partnerships: An application of Associative Learning Theory Principles for Both Short and Long-Term Success for the Brand," Dissertation, Southern Illinois University Carbondale.

Thomas, Michael L., John P. Fraedrich, and Linda G. Mullen (2011), "Successful Cause-Related Marketing Partnering as a Means to Aligning Corporate and Philanthropic Goals: An Empirical Study," *Academy of Marketing Studies Journal*, Vol.15, Iss.2, pp.113-132.

Trimble, Carrie S. and Nora J. Rifon (2006), "Consumer Perceptions of Compatibility in Cause-Related Marketing Messages," *International Journal of Nonprofit Voluntary Sector Marketing*, Vol.11, Iss.1, pp.29-47.

Vaidyanathan, Rajiv and Praveen Aggarwal (2005), "Using Commitment to Drive Consistency: Enhancing the Effectiveness of Cause-Related Marketing Communications," *Journal of Marketing Communications*, Vol.11, Iss.4, pp.231-246.

Vanhamme, Joëlle, Adam Lindgreen, Jon Reast, and Nathalie van Popering (2012), "To Do Well by Doing Good: Improving Corporate Image Through Cause-Related Marketing," *Journal of Business Ethics*, Vol. 109, Iss. 3, pp.259-274.

Varadarajan, P.Rajan and Anil Menon (1988), "Cause-Related Marketing: A Coalignment of Marketing Strategy and Corporate Philanthropy," *Journal of Marketing*, Vol.52, Iss.3 (July), pp.58-74.

Vass, Kathy (2005), "The New Cause And Effect of Promotional Marketing," *Textile World*, Vol.155, Iss.6, pp.18-19.

Vilela, Alexandra Magalhaes (2001), "Factors Contributing to Success for CRM Campaigns: Attitudes of Genders Toward Different Types of Causes and Corporations," Dissertation, Michigan State University.

Wall, Wendy L. (1984), "Helping Hands: Companies Change The Ways They Make Charitable Donations - 'Enlightened Self-Interest' is Used in Selecting Donees; Eyeing Cash Substitutes - Failure of a Worthy Cause," *Wall Street Journal (Eastern Edition)*, Jun. 21.

Ward, James C. and Ronald Paul Hill (1991), "Designing Effective Promotional Games: Opportunities and Problems," *Journal of Advertising*, Vol. 20, Iss. 3, pp.69-81.

Webb, Deborah J. (1999), "Consumer Attributions Regarding Cause-related Marketing Offers and Their Impact on Evaluations of the Firm and Purchase Intent: An Experimental Examination," Dissertation, College of Business Administration of Georgia State University.

Webb, Deborah J. and Louis A. Mohr (1998),"A Typology of Consumer Responses to Cause-Related Marketing: From Skeptics to Socially Concerned," *Journal of Public Policy & Marketing*, Vol.17, Iss.2, (Fall), pp.226-238.

Welsh, Jerry C (1999), "Good Cause, Good Business," *Harvard Business Review*, Vol.77 Iss. 5, pp.21-24.

Westberg, Kate and Nigel Pope (2005), "An Examination of Cause-Related Marketing in the Context of Brand Attitudes, Purchase Intention, Perceived Fit and Personal Values," *ANZMAC 2005, Proceedings*, pp. 222-230.

Wu, Shwu-Ing and Jr-Ming Hung（2007）, "The Performance Measurement of Cause-Related Marketing by Balance Scorecard," *Total Quality Management & Business Excellence*, Vol.18, Iss.7, pp.771-791.

Yoon, Yeosun, Zeynep Gurhan-Canli, and Norbert Schwarz（2006）, "The Effect of Corporate Social Responsibility（CSR）Activities on Companies with Bad Reputations," *Journal of Consumer Psychology*, Vol.16, Iss.4, pp.377-390.

Youn, Seounmi and Hyuksoo Kim（2008）, "Antecedents of Consumer Attitudes toward Cause-Related Marketing," *Journal of Advertising Research*, Vol. 48, Iss. 1, pp.123-137.

Zdravkovic, Srdan, Peter Magnusson, and Sarah M. Stanley（2010）, "Dimensions of Fit Between a Brand and a Social Cause and Their Influence on Attitudes," *International Journal of Research in Marketing*, Vol. 27, Iss. 2, pp.151-160.

〈邦文〉

東徹（1991）「拡張されたマーケティング概念の形成とその意義（2）」『北見大学論集』第 26 号、pp.63-91。

荒川祐吉（1978）『マーケティング・サイエンスの系譜』千倉書房。

石井淳蔵（1992）「企業メセナの新しい視点」『マーケティング・ジャーナル』第 11 巻 3 号、pp.15-23。

石井淳蔵（1999）『ブランド　価値の創造』岩波新書。

伊藤佳代（2008）「サステナ日本の新たな挑戦～ 2050 年プロジェクト～」http://www. sustainability-fj.org/project_2050/pdf/project_2050.pdf。

上原征彦（1999）『マーケティング戦略論　実践パラダイムの再構築』有斐閣。

宇野政雄・金子泰雄・西村林編著（1992）『現代商業・流通辞典』中央経済社。

岡本慶一（1993）「消費文化の変革と価値デザイン～日本型消費社会と企業～」星野克美編『文化・記号のマーケティング』国元書房。

小川孔輔・ミラー前野和子・野沢誠治（1999）「ブランド・エクイティと景品付きセールスプロモーション～ SP の長期効果についての実証分析～」『日経広告研究所報』184 号、pp.7-13。

金子泰雄・中西正雄・西村林編著（1998）『現代マーケティング辞典』中央経済社。

金田晃一（2010）「事例 2　キャリア・イノベーション　CSR オフィサー」服部篤子、武藤清、渋澤健編『ソーシャル・イノベーション─営利と非営利を超えて』日本経済評論社。

亀井昭宏監修（2001）『新広告用語事典』電通。

企業メセナ協議会（1992）『メセナ白書 '92』ダイヤモンド社。

企業メセナ協議会（1993）『メセナ白書 1993』ダイヤモンド社。

企業メセナ協議会（1994）『メセナ白書 1994』ダイヤモンド社。

企業メセナ協議会（1995）『メセナ白書 1995』ダイヤモンド社。

企業メセナ協議会（1996）『メセナ白書 1996』ダイヤモンド社。

企業メセナ協議会（1997）『メセナ白書 1997』ダイヤモンド社。

企業メセナ協議会（1998）『メセナ白書 1998』ダイヤモンド社。

企業メセナ協議会（1999）『メセナ白書 1999』ダイヤモンド社。

企業メセナ協議会（2000）『メセナ白書 2000』ダイヤモンド社。

企業メセナ協議会（2001）「メセナリポート 2001」『メセナ note』第 17 号。

企業メセナ協議会(2003a)『メセナマネジメント〜戦略的社会貢献のすすめ　メセナ白書シリーズ』ダイヤモンド社。

企業メセナ協議会(2003b)「メセナリポート 2003」『メセナ note』第 31 号。

企業メセナ協議会(2004)「メセナリポート 2004」『メセナ note』第 38 号。

企業メセナ協議会(2005)「メセナリポート 2005」『メセナ note』第 45 号。

企業メセナ協議会(2006)「メセナリポート 2006」『メセナ note』第 54 号。

企業メセナ協議会(2007)「メセナリポート 2007」『メセナ note』第 61 号。

企業メセナ協議会(2008)「メセナリポート 2008」『メセナ note』通巻 68 号。

企業メセナ協議会(2009)「メセナリポート 2009」『メセナ note』通巻 74 号。

企業メセナ協議会(2010)「メセナリポート 2010」『メセナ note』通巻 80 号。

木村達也(2007)『インターナル・マーケティング　内部組織へのマーケティング・アプローチ』中央経済社。

国土緑化推進機構(2009a)『森づくりコミッションブックレット『企業の森づくり事例集』(企業別取組事例編)』国緑化推進機構。

国土緑化推進機構(2009b)『森づくりコミッションブックレット『企業の森づくり事例集』(発展的事例編)』国土緑化推進機構。

国土緑化推進機構、美しい森林づくり全国推進会議(2011)「平成 22 年度林野庁補助事業『森林づくり国民運動推進事業』『マーケティングと連動した CSR 活動に係るアンケート』〜 2011 年国連『国際森林年』に向けて〜調査結果」。

小林保彦(2000)「『コミュニケーションと広告』再考〜 21 世紀、グローバルコミュニケーションを考える前に〜」『青山経営論集』第 35 巻、第 3 号、pp.7-24。

CM 総合研究所(2006)『CM　INDEX』2006 年 1 月号、第 21 巻第 1 号、p.59。

CM 総合研究所(2007)『CM　INDEX』2007 年 8 月号、第 22 巻第 8 号、p.88。

CM 総合研究所(2009)『CM　INDEX』2009 年 8 月号、第 24 巻第 8 号、p.90。

JRCM 産学金連携センター(2005)『産学連携実践型人材育成プログラムについての調査研究報告書』JRCM 産学金連携センター。

嶋口充輝(1984)『戦略的マーケティングの論理』誠文堂新光社。

清水聰(1999)『新しい消費者行動』千倉書房。

世良耕一(1998)「コーズ・リレイテッド・マーケティングの概念と日本における必要性〜フィランソロピーと併存する『社会貢献を行う際の選択肢として』〜」『函大商学論究』(函館大学)第 31 輯第 1 号、pp.79-99。

世良耕一(2000)「コーズ・リレイテッド・マーケティングに対する新しい視点」『函大商学論究』(函館大学)第 33 輯第 1 号、pp.35-56。

世良耕一(2001a)「コーズ・リレイテッド・マーケティングの定義に関する一考察〜企業と公益活動との新しい調和を目指して〜」『公益学研究』(日本公益学会)第 1 巻第 1 号、pp.9-16。

世良耕一(2001b)「コーズ・リレイテッド・マーケティングを通したブランド構築に関する一考察〜社会貢献による『ブランド拡張』と『ブランドの製品属性の補完』の可能性について〜」『函大商学論究』(函館大学)第 34 輯第 1 号、pp.59-82。

世良耕一(2002)「コーズ・リレイテッド・マーケティングを通した消費者とのマーケティング・コミュニケーションに関する一考察」『函大商学論究』(函館大学)第 34 輯第 2 号、pp.45-71。

世良耕一（2004a）「コーズ・リレイテッド・マーケティング評価に影響を与える要因に関する一考察〜『消費者とコーズの関係』からのアプローチ〜」『広告科学』（日本広告学会）第45集、pp.90-105。

世良耕一（2004b）「日本における『企業の社会的責任（CSR）』と『コーズ・リレイテッド・マーケティング』の関係に関する一考察」『経営論集』（北海学園大学）第1巻第4号、pp.93-104。

世良耕一（2004c）「第5章　マーケティング・コミュニケーション」黒田重雄、伊藤友章、世良耕一、赤石篤紀、青野正道『市場対応の経営』千倉書房、pp.167-204。

世良耕一（2005）「コーズ・リレイテッド・マーケティングを通したコーズ支援協働型インターンシップに関する一考察」、『経営論集』（北海学園大学）第3巻第2号、pp.15-37。

世良耕一（2006）「コーズ支援協働型インターンシップの可能性についての一考察〜コーズ・リレイテッド・マーケティングを通した日本型インターンシップとして〜」『公益学研究』（日本公益学会）第6巻第1号、pp.24-32。

世良耕一（2007a）「コーズ・リレイテッド・マーケティングのサンプリング促進効果に関する一考察〜『消費者と支援先コーズの関係』を中心にして〜」『広告科学』（日本広告学会）第48集、pp.66-79。

世良耕一（2007b）「コーズ・リレイテッド・マーケティングのパブリック・リレーションズ効果に関する一考察〜コーズ支援協働型インターンシップを通して〜」『日本経営倫理学会誌』第14号、pp.71-77。

世良耕一（2007c）「コーズ・リレイテッド・マーケティングの日本における展開と留意点」『日経広告研究所報』231号、pp.30-36。

世良耕一（2008a）「コーズ・リレイテッド・マーケティングにおける寄付表記がもたらす影響に関する一考察」『広告科学』（日本広告学会）第49集、pp.46-61。

世良耕一（2008b）「コーズ・リレイテッド・マーケティングの概観とCSRへの援用可能性」『月刊フィランソロピー』（日本フィランソロピー協会）NO.311、pp.8-11。

世良耕一（2009a）「コーズ・リレーテッド・マーケティングの懸賞における効果に関する一考察」『広告科学』（日本広告学会）第50集、pp.33-49。

世良耕一（2009b）「コーズ・リレーテッド・マーケティングの位置付けとそのCSR全般への援用について」『日本経営倫理学会誌』第16号、pp.251-258。

世良耕一（2009c）「第10章　販売促進」清水公一編『マーケティング・コミュニケーション』五絃舎、pp.159-174。

世良耕一（2010a）「コーズ・リレーテッド・マーケティングにおける『正直なコミュニケーション』の必要性について」『日経広告研究所報』252号、pp.27-34。

世良耕一（2010b）「コーズ・リレーテッド・マーケティングと生協」『協う』（くらしと協同の研究所）Vol. 122、pp.8-9。

世良耕一（2012）「コーズ・リレーテッド・マーケティング受容のために求められる俯瞰」『CEL』（大阪ガス　エネルギー・文化研究所）Vol.98、pp.34-37。

世良耕一（2013）「第3章　コーズ・リレーテッド・マーケティングを通した企業と公益のありかた」公益研究センター編『東日本大震災後の公益法人・NPO・公益学』文眞堂、pp.93-120。

世良耕一（2014a）「CRMに関する誤解を解く」『Volo（ウォロ）』Vol.491、pp.21-23。

世良耕一（2014b）「CRMの可能性」『Volo（ウォロ）』Vol.492、pp.21-23。

世良耕一（2015）「本業を通したコーズ・リレーテッド・マーケティング：CSVを取り入れ

た CRM 概念の拡張」『日経広告研究所報』Vol.283、pp.18-25。

世良耕一(2016a)「CSV を取り入れたコーズ・リレーテッド・マーケティング概念の拡張」『日本商業学会第 66 回全国研究大会報告論集』pp.35-37。

世良耕一(2016b)「第 6 章　本業を通じたコーズ・リレーテッド・マーケティング～ CSVの修正による『企業と社会の関係』の再考～」現代公益学会編『東日本大震災後の公益をめぐる企業・経営者の責任』文眞堂、pp.83-101。

竹内朗(2008)「企業価値を高めるコンプライアンス～コンプライアンス体制整備のためのいくつかの視点」『監査役』Vol. 547、pp.14-22。

竹内淑恵(2013)「『市場を創る』が変わる―論点提示型コミュニケーションの可能性」『ADStudies』Vol.44、pp.24-30。

巽健一(2004)「『広告』とその類縁概念(広報、ＰＲ、宣伝)の関係について」『広告科学』第45 集、pp.140-151。

西尾チヅル(2007)「第 1 章　マーケティング概念とその変遷」西尾チヅル編『マーケティングの基礎と潮流』八千代出版。

西尾チヅル(2015)「エシカル消費・行動の源泉」『流通情報』Vol. 516、pp.6-18。

日経産業新聞編(2008)『日経市場占有率 2009 年版』日本経済新聞出版社。

日経産業新聞編(2009)『日経市場占有率 2010 年版』日本経済新聞出版社。

日経産業新聞編(2010)『日経市場占有率 2011 年版』日本経済新聞出版社。

日経産業新聞編(2011)『日経シェア調査 195　2012 年版』日本経済新聞出版社。

日経産業新聞編(2012)『日経シェア調査 2013 年版』日本経済新聞出版社。

日経産業新聞編(2013)『日経シェア調査 2014 年版』日本経済新聞出版社。

浜岡誠(2012)「第 5 章　戦略的社会貢献とマーケティング」塚本一郎・関正雄編『社会貢献によるビジネス・イノベーション:「CSR」を超えて』丸善出版。

ベルマーク助成財団(2009)『ベルマーク手帳 2009』。

ポーター，マイケル(2011)「CSR の呪縛から脱却し、『社会と共有できる価値』の創出を:マイケル・ポーター米ハーバード大学教授が提示する新たな枠組み」日経ビジネスオンライン(中野目純一・広野彩子によるインタビュー記事) http://business.nikkeibp.co.jp/article/manage/20110516/219999/?rt=nocnt。

ポーター，マイケル(2013)「社会問題の解決と利益の創出を両立:企業に新たなビジネス機会をもたらす CSV とは〈上〉」日経 Biz アカデミー、2013/01/09(インタビュー記事) http://bizacademy.nikkei.co.jp/feature/article.aspx?id=MMACz2000007012013。

間々田孝夫(2000)『消費社会論』有斐閣。

丸岡吉人(2007)「第 6 章　新しいブランド・コミュニケーション」仁科貞文、田中洋、丸岡吉人『広告心理』電通。

水上武彦(2014)「『公器経営 2.0』の時代がやってきた(前編)」『日経 BizGate』http://bizgate.nikkei.co.jp/article/76215518.html。

宮澤永光・亀井昭宏編著 (1998)『マーケティング辞典』同文舘。

宮田安彦(2000)「日本企業とフィランソロピー～今、再び企業フィランソロピーを問う～」『Monograph』No.3-1、フジタ未来経営研究所。

柳井正(2009)「わがドラッカー流経営論」『仕事学のすすめ　2009 年 6・7 月』第 5 巻 8 号、NHK 出版。

八巻俊雄（2005）「量より質　テレビＣＭの売上効果」『日本広告学会第 36 回全国大会報告要旨集』pp.104-106。

八巻俊雄（2006）「TVCM の売り上げの効果は量より質」『マーケティング　ホライズン』第 571 号、pp.14-16。

リバネス教育総合研究所編（2010）『教育 CSR 白書　2010 年度版』リバネス出版。

索　引

〈著者紹介〉

世良耕一（せら　こういち）
　　1964 年生まれ。東京都出身
　　1987 年　慶應義塾大学経済学部卒業
　　1987 年　大和銀行（現りそな銀行）入行
　　1992 年　ニューヨーク大学経営大学院修了（MBA、大和銀行より派遣）
　　1994 年　函館大学商学部専任講師
　　2000 年　同　助教授
　　2003 年　北海学園大学経営学部助教授
　　2006 年　東京電機大学工学部人間科学系列助教授（2007 年より准教授に名称変更）
　　現　在　同　教授（2011 年より）

〈主要業績〉
共著　『市場対応の経営』千倉書房、2004 年
論文　「コーズ・リレイテッド・マーケティングの定義に関する一考察～企業と公益活
　　　　動との新しい調和を目指して～」『公益学研究』（日本公益学会）第 1 巻第 1
　　　　号、2001 年
　　　「コーズ・リレイテッド・マーケティング評価に影響を与える要因に関する一考
　　　　察～『消費者とコーズの関係』からのアプローチ～」『広告科学』（日本広告
　　　　学会）第 45 集、2004 年
　　　「コーズ・リレイテッド・マーケティングのサンプリング促進効果に関する一考
　　　　察～『消費者と支援先コーズの関係』を中心にして～」『広告科学』（日本広
　　　　告学会）第 48 集、2007 年
　　　「コーズ・リレイテッド・マーケティングにおける寄付表記がもたらす影響に関
　　　　する一考察」『広告科学』（日本広告学会）第 49 集、2008 年
　　　「コーズ・リレーテッド・マーケティングの懸賞における効果に関する一考察」
　　　　『広告科学』（日本広告学会）第 50 集、2009 年

コーズ・リレーテッド・マーケティング【増補改訂版】
　　　——社会貢献をマーケティングに活かす戦略

　　2014 年 4 月 30 日　初版第 1 刷発行
　　2015 年 9 月 1 日　　初版第 2 刷発行
　　2017 年 4 月 25 日　増補改訂版第 1 刷発行
　　2022 年 5 月 25 日　増補改訂版第 3 刷発行

　　　　　　　　　　　　　　　　　著　者　世良耕一

　　　　　　　　　　　　　　　　　発行者　木村慎也

　　　　　　　　　　　　印刷　新灯印刷／製本　新里製本所

　　　　　発行所　株式会社　北樹出版
　　　　　　　　　http://www.hokuju.jp
　　　　　　〒 153-0061　東京都目黒区中目黒 1-2-6
　　　　TEL：03-3715-1525（代表）　FAX：03-5720-1488

　　　　　　　　　　　　　ISBN　978-4-7793-0539-9

　　　　　　　　　　　　　（乱丁・落丁の場合はお取り替えします）